| 세미오시스 학술총서 12 |

디지털 문화와 놀이

미디어 세미오시스 분석

이 저서는 2010년도 대한민국 교육부와 한국연구재단의
인문한국(HK)지원사업의 지원을 받아 수행된 연구임(NRF-2010-361-A00013).

| 세미오시스 학술총서 12 |

디지털 문화와 놀이

TRANS MEDIA

SOCIAL MEDIA

미디어 세미오시스 분석

세미오시스 연구센터

DIGITAL NATIVE

HU:iNE

목차

머리말

놀이는 인류의 문화와 떼려야 뗄 수 없으며 인간의 삶에서 긍정적인 역할을 수행한다. 놀이는 비일상적, 참여적, 자체 목적적인 것, 그리고 무엇보다 재미있는 것이다. 넓은 의미에서 본 놀이는 단순히 시간 보내기만이 아니라 미래에 대처하는 적응도를 높이는 행위이기도 하다. 이러한 활동은 인간의 생존에 꼭 필요하기 때문에 더욱 잘 할 수 있도록 재미라는 보상이 따르기 마련이다. 재미는 놀이뿐만 아니라 다양한 활동을 통해서도 얻어지는 삶의 필수요소인 것이다.

오늘날 디지털 문화는 이러한 놀이의 성격과 외연을 유례없이 새롭게 변화, 확장시키고 있다. 몰입과 현장감으로 재미를 구현해 주는 디지털 게임이나 가상현실과 같은 본격적인 영역은 말할 것도 없고, 인터넷과 정보 기술로 구현되고 매개되는 디지털 세계가 우리의 일상적 삶 속에 거대한 '놀이터'를 만들어 주고 있다. 나아가 일각에서는 21세기를 '놀이의 세기(ludic century)'로 규정하기도 한다. 일과 놀이가, 다시 말해 '진지함'. '심각함', '무거움'의 영역과 '즐거움', '가벼움', '재미'의 영역이 서로 중첩되고 교섭하는 양상이 디지털 매체 시대에 와서 더욱 두드러지고 있는 것이다.

그래서 오늘날 디지털 문화에서 재미, 유머, 익살, 해학, 풍자, 아이러니의 '의미 만들기'가 매체를 통해 어떻게 구현되는지를 인문학적으로 세미오시스 관점에서 살피는 일이 필요하다고 본다. 또한 오늘날 디지털 문화에서는 '문화적 유전자'인 밈(meme)이 인터넷을 통해 빠르게 확산, 변용되고 있는데, 이러한 '인터넷 밈' 현상을 미디어 세미오시스와 '놀이의 정치'라는 관점에서 다루어 볼 수도 있을 것이다. <세미오시스 학술총서>의 열두 번째 책 『디지털 문화와 놀이: 미디어 세미오시스 분석』은 이러한 요청에 부응하기 위한 노력에서 나온 것이다. 문학, 언어학, 기호학, 철학, 문화학, 예술학 등 다양한 분야의 전공자들이 학제적 관점에서 연구한 성과를 여덟 개의 장으로 묶어 낸다.

제1장 "디지털 언어문화의 창의성과 유희성"(강병창)에서는 21세기 디지털 문화에서 중요한 축이 되고 있는 언어문화, 그 가운데서 특히 새로운 문자 소통 문화에 주목하여 디지털 글쓰기가 갖는 창의성의 차원을 유희성과 유머성의 측면에서 고찰하려 한다. 이를 위해 저자는 먼저 '창의성'의 개념을 다시 점검하고, '창의 세미오시스'의 시각에서 '인간성'을 되돌아보며, 21세기를 위한 학문융합의 큰 틀을 그려 보인다. 이를 배경으로 놀이와 언어 창의성의 관계를 톺아보며, 창의 과정의 핵심을 전혀 연관성이 없어 보이던 두 차원이 한곳에서 만나는 것에서 찾는다. 이러한 논의를 구체화하기 위해 이 글은 유머, 비유, 펀(pun)이 디지털 환경에서 어떻게 창의적으로 전개되는지를 오늘날 바이럴(viral)하게 확산되고 있는 언어 유희적 신어 분석을 통해 예시하고 있다.

제2장 "디지털 시대, 향유의 세미오시스: 디지털 스토리텔링의 논리"(류은영)는 디지털 시대, 미디어 향유의 세미오시스를, 디지털 담화의 전형이라 할 수 있는 디지털 스토리텔링을 중심으로 접근하면서, 그 기원부터 고유의 논리, 실제 그리고 쟁점까지 원론적으로 상론한

다. '작가의 죽음'과 더불어 문화의 '향유(jouissance)'를 논하며, 향유자, 즉 수동적 소비자가 아닌 능동적 프로슈머로서 대중(독자)의 탄생을 예견한 R. 바르트의 해체적 시각은, 당시 전위적이라 했으나, 이제 당연한 우리 디지털 시대, 대중문화의 논리가 되고 있다. 담화의 양식은 매체를 따라 변화하는 것으로, 구술에서부터 문자, 인쇄, 영상 그리고 디지털에 이르기까지 다변화하였으며, 특히 디지털은, 프로슈머인 우리 대중을 향유 주체로 하는 인터랙티브 미디어로서, 21세기 들어 우리 문화의 가장 주도적인 매체이자 담화 양식이 되고 있다.

제3장 "트랜스 미디어 스토리텔링의 유희성과 미학: 영화 <버닝>의 '포토 플레이'에 대한 기호적·실용적 접근"(이윤희)은 <버닝>의 영화 이미지가 불러일으키는 친화력과 낯설음의 정서, 그것으로 인해 환기되거나 소환되는 기억을 통한 느낌들이 교차하면서 만들어내는 트랜스 미디어 스토리텔링의 상상 놀이에 대해 고찰한다. 영화 텍스트에서 이미지와 내러티브의 관계는 디지털 시대 맥락에서 재매개화가 되어 새로운 관계로 변형되는데, 외부적 요소로서 현상인 이미지가 내부의 정신적 요소인 내러티브와 결합하며, 이는 영화 이미지와 관객 간 상호작용의 관계가 된다. 디지털 시대의 관객은 영화의 본질이 아니라 영화가 무엇을 하는지에 관심을 갖는데, 트랜스 미디어 스토리텔러로서 관객은 매체와 매체 간, 매체 내적 사이를 횡단한다. 이런 맥락에서 '포토 플레이'는 두 가지 의미를 갖는다. 한편으로는 이미지를 통한 시각적, 감각적 유희이고, 다른 한편으로 내러티브를 통한 정신적, 미적 유희이다. 내러티브 실천으로서 트랜스 미디어 스토리텔링은 낯선 이미지의 자극을 통한 '현기증' 놀이와 정신의 다이어그램인 영화 이미

지의 가추적 추리를 수반하는 지능 놀이 사이를 매개한다.

제4장 "놀이로서의 시(문학)"(김요한)에서는 시(문학)이 가지고 있는 놀이의 특성을 고찰한다. 네덜란드의 문화학자인 호이징하는 시가 놀이임을 증명하기 위해 놀이 자체의 특징을 다음과 같이 세 가지 활동으로 규정한다. 첫째, 놀이는 특정한 시간과 공간의 제약을 갖고 있는 활동이다. 둘째, 놀이는 자유롭게 받아들여진 규칙에 입각하여 명확한 질서를 확립하는 활동이다. 셋째, 놀이는 일상적 필요 혹은 물질적 실용성의 영역 밖에서 지속되는 활동이다. 이러한 놀이의 특성은 시(문학)이 가지고 있는 언어의 리드미컬하고 대칭적인 배열, 각운이나 유운으로 운율 맞추기, 의미의 고의적인 가장, 어구의 인공적이고 예술적인 구성 등과 같은 요소와 연결된다. 원시사회를 거쳐 고대사회, 근대사회, 심지어 현대에 이르기까지 모든 종교적 제의와 주술, 사회적 변혁에 대한 신념, 자연과 그 창조자에 대한 예찬과 개인의 감성을 표현한 노래 등은 흔히 엄격한 규칙을 준수하는 운문으로 표출되어 왔으며, 사회의 구성원들은 그것을 즐기고 자신의 사유 속에 받아들여 왔다. 다시 말해 시는 쾌락이자 의례이며 서로 주고받는 일정한 규칙을 지닌 '놀이'라 할 수 있다. 서양 문학 최초이자 최고의 걸작으로 꼽히는 서사시 <오디세이아>가 그랬고, 자연을 노래하거나 개인의 감정을 전하는 서정시도 마찬가지다. 물론 운율을 벗어나는 시 창작도 있다. 구체시가 대표적이다. 하지만 운율을 벗어난다고 시가 아무런 규칙 없이 창작되는 것은 아니다. 이러한 시들에도 운율 대신 배열이라는 규칙을 통해 놀이의 특성은 그대로 남는다. 디지털 방식으로 창작되는 시는 '상호작용성'과 '연출'이라는 기능을 통해 놀이로서의 시

와 강하게 연결된다. 이 글은 초기에서부터 디지털 기술을 이용한 시 창작에 이르기까지 시(문학)이 가지고 있는 이 같은 특성을 놀이의 관점에서 분석한다.

제5장 "호모 루덴스 vs. 호모 디기탈리스: 디지털 예술과 놀이 공간의 확장"(서송석)은 놀이에 탐닉하는 인간의 일상적이고 자연스러운 모습들에 대한 긍정적인 묘사로 시작한다. 이성과 합리성이 지배해 왔던 그간의 역사는 놀이를 비현실적이고 진지하지 않은 행위로 단정하고 일과 노동, 근면함 같은 속성과 대비시키면서 그 부정적 측면을 유난히 부각시켜 왔다. 하지만 하위징아와 핑크를 비롯한 놀이철학자들은 놀이가 단순히 노동의 성과에 대한 보상으로, 아니면 여가를 채우는 보충제 역할에 머무는 것이 아니라, 인간의 근원적인 욕망이자 인간의 인간됨을 구성하는 본질적인 요소로 파악함으로써 놀이 개념의 전복을 꾀한다. 인간은 놀이를 할 때에야 비로소 참된 인간으로 거듭난다는 것이다. 오늘날 디지털과 미디어 기술의 급속한 발달은 산업사회에 새로운 동력을 제공할 뿐만 아니라 인간의 놀이 욕망을 다층적으로 충족 시켜 줄 수 있는 여건을 마련한다. 디지털이 구성하는 새로운 차원의 공간마당은 인간의 인지능력과 감각 능력을 기발한 방식으로 시험하며 낯설지만 호기심을 불러일으키는 가상의 세계로 이끈다. 뉴미티어 아트를 비롯한 인터랙티브 아트는, 고전미학의 틀 내에서 분리된 영역을 고수하며 분리된 역할에 충실했던 예술생산자와 예술수용자를 한자리에 모으고 상호협력과 커뮤니케이션이라는 흥미로운 통로를 거쳐 작품들을 생산한다. 이와 같은 일련의 활동들은, 자율성의 보장, 자유로움, 그리고 상상력의 발휘를 주요 속성으로 지니고 있

다는 점에서 놀이와 크게 다르지 않은 예술세계에 전례 없는 역동성을 불어 넣으며 가상과 현실이 중첩되고 혼합된 새로운 놀이터로 호모 루덴스를 안내한다.

제6장 "디지털 네이티브의 소통"(변군혁)에서는 태어날 때부터 컴퓨터와 인터넷을 비롯한 다양한 디지털 미디어 환경에서 성장하여 디지털 기기를 특정 언어의 원어민처럼 자유자재로 활용하는 디지털 네이티브의 의사소통의 문제를 다루고 있다. 디지털 네이티브에게 디지털 기기는 본래부터 있었던 친숙한 것이지만, 특정 미디어의 사용에 있어서는 미숙한 면을 노출시키고 있다. 이는 전통적인 말과 글의 특징이 뉴미디어에서는 이 두 가지 의사소통 수단이 복합적으로 작용하고 있음에도 이에 대한 충분한 이해 없이 미디어를 사용하는 데서 문제가 발생한다. 따라서 올바른 의사소통을 위해서는 디지털 미디어의 활용 방법에 대한 기술 습득뿐만 아니라 매체 환경의 변화에 맞추어 새로운 환경에 적합한 통합적인 미디어 리터러시 능력을 배양하는 것이 필요하다고 보았다.

제7장 "'호모 탕진재머'의 놀이성"(엄소연)은 디지털 시대를 주도하는 밀레니얼 세대와 z 세대('디지털 네이티브' 혹은 '모바일 네이티브')와 이들의 소셜 미디어 활동의 주요 경향인 놀이성을 주목한 글이다. 디지털 세대는 불확실한 미래와 불분명한 희망을 대체해줄 현재의 확실한 만족, 행복, 재미를 추구하는 'YOLO(You Only Live Once, 한 번뿐인 인생)'와 '소확행(小確幸, 작지만 확실한 행복)'에 치중한다. 이러한 양상이 소비문화로 표출되면서 등장한 신인류가 바로 '호모 탕

진재머', 즉 '탕진잼(소소하게 낭비하며 느끼는 재미)'하는 인간'이다. 이들은 큰돈으로 '큰 사치'를 하긴 어렵지만, 작은 돈을 탕진하는 '작은 사치'를 재미로 여겨 순간의 행복과 만족을 얻는다. 이들에게 소비는 경제적 활동이라기보다 재미를 위해 즐기는 놀이이다. 다시 말해서 '탕진잼'은 현재 나의 즐거움과 행복을 위한 '탕진 놀이'내지 '소비 놀이'라 할 수 있다, 이 글은, 그러므로, '호모 탕진재머'의 놀이성을 규명하기 위해, 먼저 '탕진잼'을 언어적·매체적·소비적 측면에서 살펴보고 있으며, 놀이의 경향·규칙·평가로 구분해 소셜 미디어에 나타난 '호모 탕진재머'의 놀이성을 상세화하고, 이와 같은 놀이성이 갖는 의미와 가치를 논의하고 있다.

제8장 "소셜 미디어에서의 사회적 표현의 진화: 스페인의 인터넷 밈을 중심으로"(최지영)에서는 스페인의 소셜 미디어 장에서 주로 사용되는 도구인 '밈(meme)'에 관해 소개하고 있다. 이것은 최근에 시작된 유행으로 '새롭게 등장한 디지털 속의 문화' 그리고 '유희적 소통 놀이'로 자리매김하고 있다. 밈이란 사회라는 한 그룹을 통해서 확장되는 '하나의 시각적인 표시'로서의 역할을 지닌다. 이것은 밈이 그 그룹 혹은 사회에서 카피 되고 파급되면서 '문화적인 지식'을 생성하고 이 과정을 통해, 우리 사용자는 의미를 해석하고 이해되기 때문이다. 밈이 가지고 있는 철학은 '어떻게 사회에 영향을 주고', 그리고 '어떻게 사회가 진화되고 있는지' 알 수 있는 하나의 '연대기 연구'라는 것이다. 그리고 이것이 바로 우리가 주목할 만한 흥미로운 가치를 지니는 측면이 된다. 실제로 현재 스페인 젊은이들은 메시지 혹은 SNS를 통해 이러한 밈을 문자 대신 그들끼리 서로 주고받으면서 농담과 유희가

포함된 좋은 메신저 역할을 하며 대화에서 핵심을 이루는 요소로 자리 잡고 있다. 즉, 스페인에서는 세미오시스가 '밈'이라는 새로운 친구를 가진 것이다. 이렇듯, 스페인에서 소셜 미디어 사용자들에게 자리 잡은 밈의 특징과 파생되는 효과에 대해서 소개하고자 한다.

제1장

디지털 언어문화의 창의성과 유희성

제1장 디지털 언어문화의 창의성과 유희성

강병창

1. 들머리

디지털 시대를 맞아 사람들의 소통 방식이 크게 바뀌고 있다. 디지털 기술과 매체에 의한 소통이 이제 일상이 되고 있는 것이다. 이 변화는 옛 소통 방식을 잊게 (또는 그리워하게) 만들 정도로 개개인의 삶 속에 깊이 파고들고 있다. 하지만 이러한 '디지털 세미오시스'는 전통적 소통 방식을 대체하고, 변용하고, 초월하는 측면도 있기 마련이다. 오늘날 인터넷과 스마트폰을 통해 이루어지고 있는 언어적 소통은 많은 경우 음성언어보다는 문자언어로 이루어지고 있다. 그래서 개인적인 대화조차도 이제는 디지털 글쓰기가 대신하는 경우가 허다하다. '입'이 할 일을 '손가락'이 함으로써—다른 맥락이긴 하지만 흥미롭게도 '디지털'의 어원은 손가락을 뜻하는 라틴어 '디기투스[digitus]'이다—이제 텍스트를 생산하고 수용하는 조건이 바뀌게 된 것이다. 이러한 디지털 문자 생활의 특정 측면은 특히 언론에서 '언어파괴'로 간주되기도 하지만, 이 글에서는 반대로 디지털 글쓰기가 갖는 '창조'(또는 '창의성')의 차원을 부각시켜 조망해 보고자 한다.

사실 오늘날 '창의성'만큼 널리 거론되고 있는 키워드가 있을까 싶다. 바야흐로 창의성의 시대라 할 정도이다. 게다가 인공지능이 앞으로 우리의 일자리를 빼앗을지도 모른다는 두려움 때문에 창의성은 이제 절실한 생존 전략으로까지 요구되기도 한다. 하지만 이처럼 곳곳에서 창의성이 강조되고는 있으나 정작 창의성이 무엇이냐는 문제에 대해서는 여전히 깊이 있는 성찰이 부족한 실정이다. 물론 창의성과 관련하여 지금까지 나온 학문적인 논의는 수없이 많고 그 분야도 다양하다. 이 글에서는 이 방대하고 흥미로운 주제를 두루 살펴 정리하기보다는 범위를 크게 좁혀 한 가지 특별한 관점에서 창의성의 문제를 짚어보려고 한다. 이 관점은 곧 디지털 환경에서의 언어 세미오시스이며, 이를 통해 특히 언어기호의 창의성, 그 가운데서도 디지털 글쓰기 언어의 창의성에 주목하려고 한다. 또한 이러한 새로운 문자 소통 시대의 중요한 특징 가운데 하나인 유희성, 그리고 이와 결부되는 유머성도 '새말' 만들기 현상과 관련지어 살펴보겠다.

2. '창의 세미오시스' 시각에서 보는 21세기 학문융합

이 글에서는 인간의 언어 창의성에 주안점을 둘 것이지만 본론에 앞서 이를 둘러싼 인문학적, 기호학적 배경과 인문학-자연과학 융합 담론의 맥락에 대해 약간의 언급이 필요할 것 같다. 먼저, 인간의 창의성에 대한 문제부터 시작해 보자. 창의성이란 무엇인지에 대해서는 여전히 확정적인 대답이 없고 또 앞으로 나오기도 힘들어 보인다. 그렇지만 우리의 문제에 좀 더 가까이 다가가기 위해, 창의성 또는 창의력에 대한 풀이로서 우선 들고 싶은 것이 있다면, "세상에 나가 해결 방법을 알 수 없는 수많은 문제와 맞닥뜨리게 되었을 때 새로운 해법을 떠올리는 능력”(정재승 2018, 230)일 것이다.

우리는 ‘창의성’ 하면 으레 특별한 개인의 천부적 능력, 특출한 예술이나 기술을 떠올린다. 창의성이 신비화된 천재적 영감의 문제라면 우리는 여기서 별로 할 말이 없을 것이다. 그러나 여기서 말하는 창의성은 일종의 스펙트럼 현상으로 보아 천재뿐만 아니라 보통의 인간에게도 잠재되어 있는 능력과 그 발현으로 이해하고 싶다. 이러한 창의성은 인간을 생물학적 종으로 규정할 때 다른 동물과 구분 지어 주는 결정적인 특성으로 간주되기 때문에 중요하다. 그래서 인간을 한 마디로 규정해 보라 하면 ‘창의적 동물’이 적합하지 않을까 한다. 물론, 현생 인류의 종명(種名)인 ‘호모 사피엔스(Homo sapiens: 똑똑한 사람)’를 비롯하여, 이를 본떠 그동안 제안된 수많은 이름, 예컨대, ‘호모 로쿠엔스(Homo loquens: 말하는 사람)’, ‘호모 파베르(Homo faber: 만드는 사람)’, ‘호모 루덴스(Homo ludens: 노는 사람)’ 등은 이미 인간의 핵심적인 특성을 잘 짚고 있다. 여기서 도구 사용, 언어, 유희는 언뜻 볼 때 각자 별개의 차원을 강조하는 것으로 보인다. 하지만 이 차원들은 동일한 본성, 곧 창의성이 구체적으로 발로된 다양한 측면들로 봐야 할 것이다. 그래서 좀 더 상위에서 이를 모두 아우르는 관점이 필요해 보이며, 이런 맥락에서 ‘창의적 동물’을 사용하는 것이다. 물론 인간 이외의 다른 동물에게서도 제한된 범위에서이긴 하지만 소통을 하거나 도구를 사용하여 문제를 해결하거나 놀이를 하는 창의적인 측면이 있다. 그러나 인간은 몸에 각인된 생물학적 유전자 진화를 넘어서 ‘문화적 진화’를 통해 지구라는 행성 자체를 완전히 변화시킬 정도로 창의성을 발휘하는 점에서 유일무이한 생명체라고 할 수 있다.

그런데 창의성의 원천 또는 밑바탕에는 언어능력이 결정적으로 작용하는 것으로 보인다. 독일의 언어철학자 빌헬름 폰 훔볼트

(Wilhelm von Humboldt: 1767~1835)의 말대로, "인간은 언어가 있어야만 인간이다"(Humboldt 1968a, 15). 언어는 우리 몸에서 "생각을 짓는 기관"(Humboldt 1968b, 53)이라고 할 수 있다. 사고를 할 수 있게 하는 타고난 능력으로서, 인간이 비로소 인간일 수 있게 해 주는 생물학적 자질이 바로 언어인 것이다. 흔히 언급되듯이 언어는 새로운 사고를 할 수 있게 하고, 전에 없던 관념을 지어내고, 사람들끼리 생각을 소통하고 전수하고 협력하게 만드는 데 핵심적인 역할을 해 왔다(예컨대, 하라리 2015; 김성도 2017; Dunbar 1996; Tomasello 1999 참조). 이러한 언어능력이 인간에게 어떻게 해서 주어지게 되었는지는 여전히 미스터리이다. 훔볼트는 언어 기원과 관련하여 당시 지배적인 견해였던 언어의 점진적 진화를 거부하고 인간의 언어능력을 질적인 도약의 결과로 보았다(Trabant 2008, 241). '현대 언어학의 아버지'로 불리는 촘스키(Noam Chomsky: 1928~)도 마찬가지로—태터솔(Tattersall 2012)에 기대어—대략 10만~5만 년 전에 호모 사피엔스에게 '소리에 생각 붙이기를 무한히 할 수 있는 능력'이 갑자기 생겼다고 보고 있다(Chomsky 2016, 3).[1] 이 점은 『사피엔스』로 유명해진 하라리(2015, 44)의 지적과도 거의 맥을 같이 한다. 즉, 약 7만~3만 년 전에 우연히 호모 사피엔스의 DNA에 "지식의 나무 돌연변이(Tree of Knowledge mutation)"라 할 만한 생물학적 사건이 발생하고 이로써 허구를 지어낼 줄 아는 언어라는 새로운 사고 및 소통 방식이 출현하여 "인지 혁명(Cognitive Revolution)"이 일어났다는 것이다. 지구 생명의 38억 년 역사 중에서 인간의 역사는 호모 속(屬, genus)이 출현한 시점을 기준으로 하면 약 250만 년 되었다. 여기서 다시 약 20만 년 전에 호모 사피엔스가 출현했고, 또 한참을 지나 7만~3만 년 전에 언

1) 언어 진화에 대한 촘스키의 좀 더 자세한 논의는 Berwick & Chomsky 2016 참조.

어 진화에 의한 인지 혁명이 일어난 것이다. 생명의 역사를 100년으로 친다면, 호모 속이 출현한 것은 한 달도 채 되지 않았고, 언어를 장착한 호모 사피엔스의 역사(인류사)는 하루도 채 지나지 않은 셈이다.

이처럼 인간에게 언어는 단순히 의사소통 방식이기만 한 것이 아니라 '생각의 도구'로서 창의력의 토대가 되며 이로써 다른 동물뿐 아니라 호모 속의 다른 인류와도 구별시키는 특성이 된다. 그러나 여전히 드는 의문이 있다. 인간은 언어로만 생각을 하는 것인지, 사고와 비언어적 기호 사이에도 어떤 관련이 있는 것은 아닌지, 그리고 언어와 문화를 기준으로 한 인간과 비인간 동물 사이의 단절은 과연 정당한 것이지 등이다. 사실, 언어능력에 근거한 인간의 유일성은 서구 사상에서 '인간중심주의(anthropocentrism)'와 '언어 중심주의(logocentrism)'를 만연시켜 온 동력이었다. 사실, 인간중심주의는 오늘날 전 지구적 생태 위기와 도덕성 파괴의 주된 원인 가운데 하나로 지적되고 있다. 이 심각한 지구적 문제는 '인류세(人類世, Anthropocene)'라는 키워드로 극적으로 표출되기도 한다. 이 말은 오늘날 지구 환경을 지질 시대에 빗댄 것인데, 빙하기가 끝나고 인류 문명이 시작된 현세(現世: 신생대 제4기 홀로세[Holocene])에 이어서 이와 질적으로 다른 새로운 지질 시대가 선언될 만큼 인류가 지구의 기후, 지질, 생태에 중대한 변화를 일으키는 요인이 되고 있다는 것이다. 21세기에 들어와 이에 대한 새로운 반성과 성찰은 인문학, 예술, 사회과학 전반에서 '비인간으로의 선회'(nonhuman turn)[2]로 규정될 만한 새로운 이론적, 분석적 틀의 다양한 흐름으로 표출되고 있다. 이는 '인간성'을 부정하는 것이 아니라, '인간'과 '비인간'(비인간 동물, 자연, 물질, 기계 등) 사이는 분리될 수 없음(인간-비인간 공진화/공

2) 비인간으로의 선회에 대해서는 Grusin 2015 참조.

존/공조)을 강조하는 것이다. 비인간으로 선회하는 이러한 흐름과 병행(또는 역행)하는 움직임도 눈에 띄는데, 이른바 '포스트 휴머니즘(posthumanism)'이다. '포스트휴먼'(탈[脫]인간/후[後]인간/초[超]인간)으로의 선회는 인간 발전의 새로운 단계(인간 향상)에 주목하기 때문에 비인간으로의 선회와는 달리 목적론적으로 흐르는 경향이 짙다(Grusin 2015, ix).[3]

인간중심주의의 또 다른 이름이 '언어 중심주의'이다. 오늘날 인류가 이룬 엄청난 성취(와 그 이면의 부작용)는 단순히 인간 몸의 활동이 만들어낸 것이 아니라, 마음(정신)의 활동이 이룩한 것이다. 이 정신의 도구가 바로 우리가 '언어'라고 부르는 것이다. 언어가 생물계에서 유일무이하고 복잡한 소통 양식이고 인간을 다른 동물과 구분하여 인간을 인간답게 하는 자질임은 틀림없다. 그러나 언어의 이러한 공능(功能)과 우위성을 인정한다고 하더라도, 언어는 사실 인간이라는 생물학적 종만의 주관적 세계를 구성하는 틀 가운데 하나에 불과하다. 종 특유의 주관적 세계를 윅스퀼(Jakob von Uexküll: 1864~1944)은 '둘레세계(Umwelt)'라고 했는데, 이 둘레세계를 구성하는 틀을 오늘날 기호학에서는 흔히 '모델링 체계(modeling system)'[4]로 부른다. 세벅(Sebeok 1991; 2001a, 59-73; Sebeok & Danesi 2000)에 따르면, 모든 생명체는 자신의 우주에 대한 종 고유의 모델(둘레세계)을 지니면서 의미를 구축하고 비언어적(화학적, 동작적, 시각적, 청각적 등) 기호를 통해 소통을 한다. 인간의 언어는 바로 이러한 (비언어적 기호 활동 장치인) '1차(primary) 모델링 체계'

3) 포스트 휴머니즘에 관한 문헌은 방대하다. 그 흐름을 조망해 볼 수 있는 최근 저작으로는 다음을 들 수 있겠다: 구본권 외 2016; Nayar 2014; Ranisch & Sorgner 2014; Roden 2015 등.

4) '모델링 체계 이론'에 대해서는 Sebeok & Danesi 2000 참조.

를 하부구조로 하여 그 위에 구축되는 '2차(secondary) 모델링 체계'이다. 1차 체계와 2차 체계의 거의 유일한 차이는 후자가 '구문 부문(syntax)'을 포함한다는 것이다. 이 언어의 구문 부문은 인간 이외의 다른 동물의 기호 활동 체계에서는 아직 발견하지 못한 것으로서—훔볼트의 표현을 빌리면—"유한 수단을 무한 사용"하는 능력이 된다. 다른 동물들도 지니고 있는 1차 모델링 체계가 현존세계(실재)를 모델링하는 것이라면, 언어라는 2차 모델링 체계는 무수히 많은 '가능세계'도 모델링 할 수 있게 해 준다. 호모 사피엔스는 상호작용하는 이 두 모델링 체계를 기반으로 하여 '음성언어'를 발전시키고, 이를 주요 소통 수단으로 삼고, 집단적 협력을 가능하게 하고, 이른바 '문화'를 일구게 되었다. 즉, '3차(tertiary) 모델링 체계'가 발전된 것인데, 이 체계의 차원에서는 1, 2차 체계의 토대 위에서 추상과 상징의 힘이 발휘되어 '자연'을 넘어 '문화'로 이행하게 하는 창의적 모델링이 가능하게 된다.

따라서 이제 인간, 언어, 창의, 문화에 대한 논의는 인간의 유일성/단절성/배타성보다는 인간 동물과 비인간 동물 사이의 연속성과 자연-문화 연속성의 시각에서 그 자리매김이 이루어져야 할 것이다. 인간은 단순히 언어능력을 넘어서 '기호 능력(facultas signatrix)'을 갖는 '상징하는 동물'(카시러[Ernst Cassirer: 1874~1945]의 'animal symbolicum'; 디컨[Deacon 1997]의 'symbolic species')이다. 인간은 언어와 비언어 기호로 소통하며, 비인간 동물은 비언어 기호로 소통하며, 심지어 식물도 기호를 생산, 이해, 소통하며 동식물의 세포들도 그렇게 한다고 한다. 그러니까 인간은—퍼스(Charles Sanders Peirce: 1839~1914)식으로 말하면—언어라는 '상징적' 기호(symbol)를 독자적으로 사용하지만 '도상적' 기호(icon)와 '지표적' 기호(index)도 사용하는 점에서 비인간 생명체와 기호 양식(재현[representation] 양식)을 공유하는 것이다.

오늘날 퍼스(Charles Sanders Peirce: 1839~1914)에 기대는 기호학에서는 생명 현상 자체가 '세미오시스(semiosis: 기호작용/기호 활동)'에 근거한다고 보고 있다. 생명을 규정하는 본질이 세미오시스라는 것이다. 그래서 인간 생명과 비인간 생명이 공유하는 것은 단순히 물질성, 신체성이 아니라 기호가 된다. 인간과 비인간의 '온 생명'은 기호 활동을 하며, 즉 기호를 통해, 기호에 기대어 살아가는 것이다. 서구의 주류 기호학이 인간 중심적, 언어 중심적이었던 데 반해, 이 새로운 관점의 기호학은 '인간 세미오시스(anthroposemiosis)/문화 세미오시스'를 넘어서 온 생명의 세미오시스에 주목한다. 그래서 이런 관점의 기호학을 강조하여 '생명 기호학(biosemiotics)'[5]으로 부른다. 생명 기호학은 생명에 대한 기계론적 시각에서 벗어나 생명 연구 자체에도 새로운 관점을 제공해 줄 뿐만 아니라, 자연과 문화를 함께 이해하는 데에도 새로운 방식이 되어 준다. 이로써 (자연을 탐구하는) 자연과학과 (문화를 연구하는) 인문학이 '학문 상호적(interdisciplinary)' 연구, 더 나아가 '학문 횡단적(transdisciplinary)' 연구[6]를 통해 서로 소

---

5) 생명 기호학은 특히 21세기로 들어서면서 활발하게 논의되고 있고 문헌도 조망하기 힘들 정도로 많다. 개관을 위한 것으로는 Sebeok 2001b, Barbieri 2008, Favareau 2008, Hoffmeyer 2008, Kull et al. 2009 등을 들 수 있고, 최근에 국내에 번역, 소개된 Kohn 2013(콘 2018)은 인류학에서도 퍼스(Peirce 1931-58; 1992; 1998)에 기초한 생명 기호학적 접근이 어떻게 이루어질 수 있는지를 내러티브를 통해 잘 들려주고 있다.

6) 이 두 용어의 번역어는 다양하게 제시되고 있는데, '학제적(學際的)/학제간(學際間) 연구'와 '초학제(超學際) 연구'가 대표적이다. 전자는 '국제(國際, international)'에 유추해서 만든 말이지만 '사이'의 의미로 쓰이는 '際'의 조어 생산력이 우리말에서 높지 않기 때문에 조어에 한문을 병기하지 않으면 알기 힘든 말이 돼 버린다. 그래서 '학제간(學際間)'의 경우처럼 겹말 현상(예: '역전(驛前)' → '역전앞')이 생기기도 한다. 필자는 번역어로 '학문 상호적'(또는 '학문 제휴적')과 '학문 횡단적'을 잠정적인 대안으로 제안한다.

통하고 제휴할 수 있는 발판이 마련될 수 있을 것이다.

어찌 보면 오늘날 흔히 일컬어지는 '인문학의 위기'는 '인간성'(인간적인 것)만을 특별한 것, 예외적인 것으로 고립시켜 온 관견(管見)에서 비롯된 것이 아닌가 한다. 이제 '인간적인 것' 너머에 있는 '인간적이지 않은 것'으로 시야를 확대하고 이 둘이 서로 얼마나 긴밀하게 연결되어 있는지를 이해할 때, 즉 그동안 분리되어 왔던 인간 세계가 그보다 넓은 생명계와 얼마나 다양한 방식으로 관계 맺는지를 이해할 때 비로소 오늘날 의문시되고 있는, 위기를 맞고 있는 인간성의 의미에 대해 새로운 해답을 얻을 수 있을 것으로 본다.

3. 유희와 언어 창의성

인문학은 인간의 본성을 이해하려는 노력이라고 할 수 있다. 이러한 인간성, 인간의 조건에 대한 탐구는 주로 이성적 사고, 언어, 논리를 비롯하여 합목적적인 사회성의 측면에 주목하여 이루어져 왔다고 해도 과언이 아닐 것이다. 반면에 놀이(유희)나 재미와 같은 인간의 감성적 측면에 대한 고려는 인문학에서 상대적으로 부족한 편이다. 전통적으로 재미, 놀이에 대해서는 부정적인 평가와 편견이 지배적이었다. 즉, 놀이와 재미는 소비적이고 일회적인 오락으로 간주되거나 일이 아닌 여가, 유치함, 심리적 도피 등과 연관되는 것이다. 그러나 웰빙이나 삶의 질, 행복 등의 가치가 중요하게 강조되고 있는 오늘날, 재미, 놀이, '신명'과 같은 영역은 이제 실제의 삶에서 긍정적인 가치를 지니게 되었고 학문적으로도 점차 성찰의 대상이 되고 있다.

네덜란드의 문화사학자 요한 하위징아(Johan Huizinga: 1872~1945)가 규정하는 '놀이하는 인간(Homo ludens)'(하위징아

2010)을 들먹이지 않더라도, 인간의 문화는 놀이와 결부되어 왔다. 인간의 삶에서 놀이는 비일상적이고 자체 목적적인 것, 자발적이고 참여적인 것, 재미있는 것이다. 이로써 놀이는 삶에서 긍정적인 역할을 하고 있는 것이다. 넓은 의미에서 볼 때, 놀이는 단순히 시간 보내기가 아니라, 미래에 대처하는 적응력을 높이는 행위이기도 하다. 재미는 놀이뿐만 아니라 다양한 인간 활동을 통해서도 얻어지는 인간 삶의 필수요소이다. 인간이 재미나 즐거움을 추구하는 것은 인간의 타고난 본능에 따른 일이라고 할 수 있다. 어떤 가설에 따르면(예컨대, Dennett 2009 참조), 대체로 인간의 생존이나 삶의 향상에 도움이 되는 일은 힘들고 성가신 일이며, 이 일이 성공적으로 수행되기 위해서는 보상이 필요하다. 어떤 일에 수반하는 쾌감, 재미, 즐거움은 바로 그러한 보상으로 주어진다는 것이다.

놀이는 관습적인 패턴, 규칙, 규범에서 일탈하면서 재미를 느끼게 해 주는 것이다. 그런데 놀이의 이런 측면은 창의성과도 직결된다. 이러한 놀이가 모태가 되어 새로운 관점이나 도구가 창발되어 나올 수 있다. 이 도구는 나중에 다른 도구들과 제휴하여 새로운 도전을 해결하는 데 쓰일 수 있다. 우리는 서론에서 인간이 언어능력을 부여받음으로써 가능세계를 구성하고 한계 없는 상상력을 발휘하여 창의적 사고를 할 줄 알게 되었음을 강조하였다. 인간의 언어 활동 내지 사고 활동은 정신적인 놀이와 창의력의 토대가 되는 것이지만, 어떻게 보면, 언어 활동 자체도 이미 일종의 놀이로 간주해도 될 것 같다. 이것은 언어를 작동시키는 본질적인 메커니즘이—촘스키(Chomsky 2016, 16)의 표현을 빌면—'병합(Merge)'인 데서도 알 수 있다. 병합은 이미 구성되어 있는 어떤 대상 X, Y를 취해서 새로운 대상 Z를 구성하는 '연산'이다. 이 병합 연산은 재귀적으로 반복될 수 있고 무한수의 위계 구조화된 표현들을 생성한다. 창의력도 흔히 이런 식의 '선택' 및 '연결'

로 간결하게 규정되는데, 서로 관련 없이 보이던 것들에서 새로운 연결점을 찾는다는 식이다. 이런 관점은 스티브 잡스의 "창의성이란 그저 뭔가를 서로 연결하는 것이다(Creativity is just connecting things)"[7] 라는 말로 압축된다.

우리가 주목하는 부분은 이러한 창의적 연결이 창의적 사고의 다양한 토대 가운데 하나가 되어 주는 언어라는 차원 자체 내에서도 일어날 수 있다는 점이다. 이것을 흔히 일러 '언어(적) 창의성(linguistic creativity/language creativity)'이라고 하는데, 간단히 말해 언어 표현(단어, 구, 문장, 텍스트)의 창의적 구성과 사용이라고 할 수 있을 것이다. 언어 창의성은 규칙과 제약을 고려하면서도 거기에 기반을 둔 관습과 예상을 뛰어넘음으로써 예기치 않았던 새로운 연결로 표출된다. 이러한 언어 창의성은 특별히 천재적인 시인이나 작가의 전유물은 아니다. 창의적인 언어 산출은 문학예술에만 국한될 수 없고 일상의 언어 활동, 통속 텍스트, 대중매체, 심지어 학술적 담론에서도 구현된다.

앞서 창의 과정의 핵심으로서 '연결'을 언급했지만 여기서 좀 더 구체적이고 고전적인 창의 원리로 들고 싶은 것이 있는데, 창의성 관련 문헌에서 흔히 거론되는 '이종연합'[8]이다. '이종연합(異種聯合, bisociation)'은 영국 작가 아서 쾨슬러(Arthur Koester: 1905~1983)가 자신의 저서 『창조 행위(The Act of Creation)』(Koestler 1964)에서 제시한 신조어이다. 이 개념은 '(동종)연합(association)'에 기대면서도 그것과 구분되는 것으로서 창의성의 토대가 된다. 일반적으로 'association'이 연합할 양자 사이에 서로 비슷한 성질이 이미 확보되어 있는 것을 전제하는 반면에, 'bisociation'은 전혀 연관성이 없어 보

7) 잡지 『와이어드(Wired)』(1996년 2월호)의 한 인터뷰에서.

8) 이 개념은 인지언어학(특히 Fauconnier & Turner 2002)의 '개념 혼성(blending)'과 유사하다.

이던 두 차원이 한곳에서 만나는 것을 말한다. 즉, 쾨슬러는 창의성의 본질은 의식 속에서 이전에 서로 관련이 없었던 두 관념 또는 준거 틀(frame of reference)이 한 지평에서 새롭게 통합되는 것으로 본 것이다. 쾨슬러의 개념을 그림 1로 표현한다면, 각자 자족적이지만 서로 양립할 수 없는 두 차원 M1과 M2가 있고 이들이 사건 L에서 서로 만나 충돌하지만 '공명'한다. L은 단지 한 맥락에만 연결된 것이 아니라 두 맥락과 연관을 맺는다. 말하자면, 일상의 판에 박힌 사고가 단일 차원에서 '외곬으로(single-minded)' 일어나는 것이라면, 창의적 행위는 2개 이상의 다중 차원에서('이심[二心]을 품고[double-minded]') '불안정한 균형(unstable equilibrium)'을 이루며 작동하는 것이다(Koestler 1964, 35-36). 쾨슬러의 『창조 행위』는 이러한 '창의적 불안정성(creative instability)'의 원리가 유머, 예술, 과학적 발견에서 어떻게 적용되는지를 잘 보여 주고 있다. 이러한 정신에 입각하여 제4절에서는 유머와 비유를 중심으로 한 언어 창의성을 다룬다.

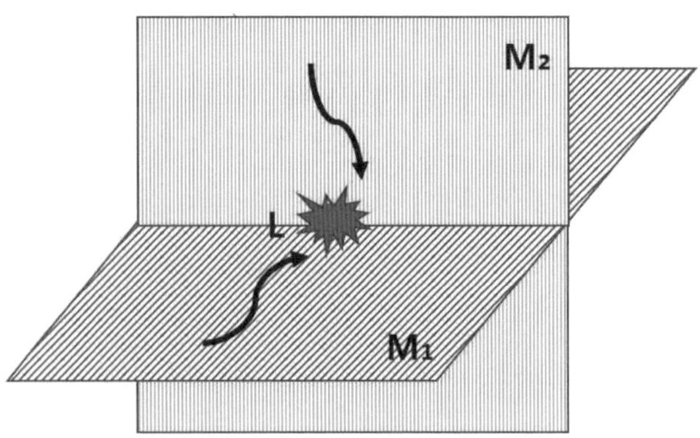

그림 1. 이종연합의 패턴[9]

9) 쾨슬러가 제시한 그림(Koestler 1964, 35)에 의거함.

4. 유머, 비유, 펀의 언어 창의성

언어 창의성은 다양한 모습으로 나타날 수 있는데, 신조어, 새로운 비유 표현(은유, 직유 등), 언어유희, 우스갯소리, 아이러니 등을 들 수 있겠다. 여기서는 유머와 비유, 펀에 초점을 맞추어 언어 창의성의 특징적인 양상을 개괄적으로 살펴보겠다.

4.1. 유머와 언어 유머

언어는 인간에게 의사소통의 주요 수단이 되고 인간 마음의 변별적 자질이 됨으로써 인간을 이해하는 데 중요한 열쇠가 되고 있다. 하지만 이러한 특성은 언어에만 국한되는 것이 아니라 유머에도 적용된다. 유머는 인간의 마음이 작동하는 데 불가피한 요소로서 언어와 함께 양축을 형성한다. 인간의 마음은 언어(와 인지 및 감정)를 통해 정보처리, 추론, 문제해결, (상상과 허구의) 이야기하기, 사회적 협력 등 많은 일을 수행한다. 그러나 이 과정은 문제없이 매끈하게 일어나는 것이 아니라, 때로는 논리 비약, 모순, 인지적 부조화 등의 오류도 일어난다. 아래에서 간단히 살펴보겠지만, 인지과학의 최근 견해에 따르면, 유머는 바로 마음이 이렇게 오작동을 일으키는 것을 감시하여 가능한 위험으로부터 보호하는 역할을 한다고 한다. 즉, 인지과학에서는 유머를 마음의 안전장치로 보는 것이다. 그 밖에도 유머는 인간의 사회생활과 문화에서도 다양한 역할을 하는데, 특히 사회와 문화를 구성, 유지하는 데 필수 요소가 되고 있다.

강병창(2016b, 13-17)의 논의에 따르면, 인간에게 유머 능력이 왜 발생했는지에 대해서는 여러 학설이 분분하다. 예컨대 헐리 등의 인지과학자들(Hurley et al. 2011)의 견해에 의하면, 인간은 사고 능력과 감정을 통해 정보처리를 할 때 기대에 의존하여 신속하고 경제적으로 사고하게 되는데, 이때 지식 표상에 모순, 잘못된 추론 등 오류가 발생할 수 있다. 유머 감각은 바로 이 오류를 탐지하여 '데이터 무결성(data integrity)'을 유지할 목적에서 진화되었다고 한다. 이러한 탐지보수 작업은 비용과 노력이 요구되는 번거롭고 고된 일이지만 생존을 위해서는 꼭 필요한 일이다. 그래서 이 일이 잘 이루지고 지속될 수 있도록 하는 것이 필요한데, '즐거움', '유쾌함', '재미'라는 보상이 따르게 하는 것이다. 이것이 바로 우리가 유머를 즐기고 유머에 탐닉하게 되는 이유라고 한다. 유머를 이렇게 진화론의 관점에서 보게 되면 "디버깅(debugging)의 재미"(Dennett 2009; Hurley et al. 2011)로 규정하게 된다. 유머 연구에서 흔히 거론되는 유머의 기능으로는 기분 좋게 하기, 스트레스를 해소해 주기, 분위기를 좋게 하기, 대인 관계를 원만하게 해 주기 등이 있다. 유머는 일상생활에 '양념', '활력소'가 되어 준다는 언급도 흔히 접할 수 있다. 물론 유머에는 이런 기능들이 부각되기는 하지만, 그 밖에도 다른 많은 중요한 역할들이 있다. 예컨대, 지능 과시의 수단, 불의 비판의 도구가 되기도 하며, 일상 현실을 '초월'하는 기능(Berger 2014)을 하기도 한다. 이처럼 유머는 매우 다양한 인지적, 감정적, 사회적 기능을 맡는다. 현재의 논의 단계에서는 성급한 결론일 수 있겠지만, 유머는 인지, 감정, 사회의 영역에서 잘못되어 가는 것을 바로잡는 '교정 수단'이라고 할 수 있겠다.

유머는 우스움을 일으키는 자극을 생산하고 그 자극을 통해 우스운 재미라는 정서적 반응을 야기하는 마음 작용이라고 할 수 있다. 유머 하면 보통 인간의 대표적인 기호 체계인 언어를 떠올리게 된다. 그러나 유머는 사실 인간이 사용하는 거의 모든 기호 체계를 통해 구현될 수 있는 현상이다. 유머는 예컨대 시각 유머, 신체 유머와 같은 비언어적 유머(nonverbal humor)로도 나타날 수 있지만 우리의 일상 담화의 대중매체 소통에서는 언어 유머(verbal humor)가 여전히 중심이 되고 있으므로 이 글에서는 후자에 주목한다.

여기서 우선 '유머', '우스개', '우스움' 등의 개념에 대한 간략한 언급이 필요할 것 같다(강병창 2016b, 17-23). '유머'라는 용어는 우리가 주목하는 현상의 특정한 한 측면을 지칭하는 좁은 의미로 쓰이기도 하고, 그 현상 전체를 가리키는 넓은 의미로 사용되기도 한다. 좁은 의미의 '유머'는 국립국어원의 『표준국어대사전』이 규정하듯이 "남을 웃기는 말이나 행동"이라고 할 수 있다. 이는 유머 연구에서 흔히 언급하는 '유머 자극(humorous stimuli)'에 해당한다고 볼 수 있는데, 이 '유머 자극'은 한국어에서는 '우스개'라는 말이 대신할 수 있을 것으로 보인다. 이 우스개는 구체적으로는 언어 우스개와 비언어 우스개로 대별할 수 있을 것이다. 이 글에서는 주로 언어 우스개에 주목한다. 반면에 넓은 의미의 유머는 유머 자극(우스개)뿐만 아니라 유머 감각, 유머 이해, 유머 체험, 유머 감정(우스움), 유머 능력 등 유머 현상 전반을 아우른다. 이 글에서 '유머'는 주로 넓은 의미의 상위개념으로 사용하며, 경우에 따라서는 맥락에 의해 오해가 없는 한 유머의 특정 측면을 지칭하는 데도 쓰겠다.

이 글에서 언어 유머 현상에 접근하는 이론적 틀은 언어학적 유머 연구에서 널리 받아들이는 '부조화-해소 이론(incongruity-resolution theory)'(Suls 1972; 1983)이다(강병창 2016b, 51-56; 2016c). 이 이론의 요점은 유머(우스움)가 발생하려면 뭔가 앞뒤가 맞지 않은 '부조화'가 인지되어야 하고 이 부조화가 어느 정도 타당한 혹은 그럴싸한 근거가 있는 것으로 이해되어 '해소'되어야 한다는 것이다. 이 이론에서 제시하는 부조화-해소 모델은 언어 우스개(특히 우스갯얘기)와 일부 언어-비언어 복합 우스개(캡션 있는 카툰)에 적용되는 것으로 고안된 것이다. 이 모델은 유머의 인지적 측면에 초점을 맞

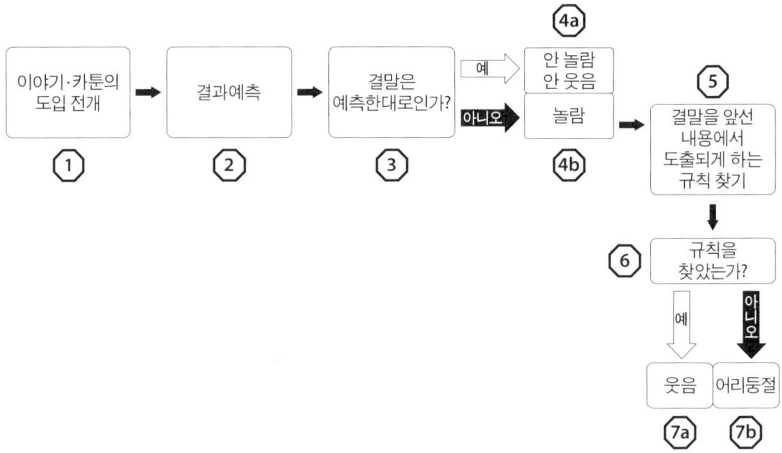

그림 2. 설스(Suls 1972, 1983)에 따른 부조화-해소 모델

추어 우스개가 이해되고 평가되는 정신과정에 관한 것이다. 이 부조화-해소 모델은 2단계 모델인데, 유머가 이루어지기 위해서는 먼저 수용자가 부조화를 인지하고(단계 1), 이어서 문제해결 절차를 통해 이 부조화 요소들이 앞의 내용과 모순이 되지 않게 납득될 수 있게 하는 인지 규칙을 찾아야 한다(단계 2)는 것을 골자로 하고 있다. 즉, 우스움을 느끼게 하기 위해서는 부조화 지각뿐만 아니라 이 부조화 해소 과정도 있어야 한다는 것이다. 그래서 부조화만 지각되고 부조화 해소가 없다면 수용자는 우스갯얘기나 카툰을 접해도 그것을 이해하지 못하고 의아해한다(그림 2 참조).

그림 2에 제시된 설스의 모델에서 보면, 우스갯얘기를 듣는 경우라 할 때, 먼저 수용자가 이야기의 첫 부분을 들게 되면서(1) 그 다음에 진행될 어떤 결과를 기대하게 된다(2). 이렇게 해서 결말을 예측하게 되는데(3), 결말이 예측한 대로 일어나면, 이야기는 놀랍지 않고 또한 웃음도 유발하지 않는다(4a). 그런데 결말이 예측과 다르면(곧 부조화가 인지되면) 수용자는 놀라게 된다(4b). 이때 수용자는 놀라게 만든

엉뚱한 요소를 전체 맥락에서 의미가 있는 것으로 이해하게 하는 어떤 인지 규칙을 찾으려고 한다(5). 그러한 규칙이 발견되면(부조화가 해소되면) 웃음을 유발하는 유머를 경험하게 되며(6–7a), 그런 규칙을 찾지 못하면 어리둥절하게 된다(6-7b).

4.2. 비유와 유머의 상호작용

은유, 직유와 같은 비유 현상과 사람을 웃기는 언어적 유머 현상 사이에 일정한 관련이 있다는 것은 적어도 말과 글의 효과에 관심이 있는 이들에게는 잘 알려진 사실이다(강병창 2015; 2016b; 2016d; Kang 2016 참조). 비유 언어와 유머 언어는 우선적으로 말하자면 '말 그대로'의 의미와 '의도된' 의미 사이에 괴리, 불일치가 있다는 점에서 서로 닮았다. 그러한 불일치에도 불구하고 이들 형식의 생산, 이해, 소통이 어떻게 해서 가능하게 되는지에 대한 문제는 여전히 흥미로운 주제가 아닐 수 없다. 엄밀히 말하면, 비유 언어와 유머 언어는 각자 구분되어 서로 따로 있는 것이 아니라 많은 부분에서 서로 겹친다. 여기서는 바로 이 겹치는 부분에 주목하여 비유(은유, 직유)가 유머러스할 수 있는 조건에 대해 간략히 살펴본다.

비유는 어떤 조건을 충족해야만 유머러스한 효과를 보이는가? 부조화-해소 이론에 따르면, 유머가 발생하기 위해서는 먼저 부조화가 인지되어야 하고, 이어서 이 부조화가 어떤 식으로든 해소되어야 한다. 일반적으로 문헌에서는 비유의 원천영역(표현의 자구적[literal] 의미)과 목표영역(표현의 비유적[figurative] 의미) 사이에 크게 느껴지는 '의미적 거리'가 유머를 위한 부조화의 원천이라는 시각이 많다. 이 관점을 좀 더 객관적으로 뒷받침하기 위해서는 원천영역-목표영역 투사의 제한성을 부조화를 판별할 수 있는 중요한 기준으로 삼아야 한다.

유머러스한 비유는 언어학적 분석층위에 따른 다양한 언어단위로 실현될 수 있다. 우선 기본적으로 단순어, 조어, 성구, 문장 등의 언어적 구성체(construction)가 비유 표현이 될 수 있는데, 이러한 비유 표현 자체가 어떻게 유머러스한 효과를 주는지 그 특징을 검토해 볼 필요가 있다. 종래의 언어학적 유머 연구에서는 텍스트 단위의 우스갯얘기 분석에 중점을 두었지만, 언어적 유머에 대한 고찰은 그것의 최소단위라 할 수 있는 기본적인 언어적 구성체에 대한 분석에서 출발해야 할 것이다. 다양한 비유적 구성체의 유머성은 여기서 일일이 다 다룰 수는 없지만, 영어의 익살 어휘 몇 가지를 예로 들면 다음과 같다.[10]

(1) a. early bird <일찍.새> '아침형 인간', '(이익을 위해) 남보다 먼저 오는 사람'
b. snail mail <달팽이.우편> '(전자우편이 아닌) 보통우편'
c. elbow grease <팔꿈치.윤활유> '심한 육체노동'
d. butterfingers <버터.손가락> '물건을 손에서 잘 떨어뜨리는 사람'
e. liquid lunch <액체.점심> '술로 때우는 점심'
f. mutual admiration society '끼리끼리 서로를 추켜세우는 패거리'

(1a)는 자구적 의미 전체가 은유적으로 해석되고, (1b)와 (1c)에서는 특정 구성요소("snail", "grease")가 은유적으로 해석되어 다른 구성요소와 의미적으로 관계하는 특징을 보이면서 유머 효과를 낸다. (1d)는 '버터가 발린 상태에서의 행태와 유사한 특성(물건을 잘 붙들지 못함)을 보이는 손가락들'이라는 의미에 '(이러한 손가락들을) 가진 사람'이라는 뜻이 추가되는 소유합성어(bahuvrihi)로서 은유와 환유

10) (1)의 예들은 일부 영어 사전(Cambridge 2008; Duden-Oxford 2005)에서 '유머러스하다(humorous/jocular)'고 표시된 합성명사들을 뽑은 것이다.

의 상호작용을 보인다. (1e)에서는 첫 번째 구성요소에 범주("liquid")가 범주에 속하는 요소("alcohol")를 대신하는 환유가 작용하고 있다. (1f)는 "mutual aid society"(공제조합)를 암시하며 모방함으로써 유머 효과를 자아낸다.

비유-유머 상호작용에 대한 관찰은 여기에 머물지 않고 다양한 유형의 언어 우스개가 구현될 때 비유가 어떤 작용을 하는지에 대한 고찰로 이어진다. 비유가 지니고 있는 부조화의 잠재력이 정형화된 우스갯소리 텍스트에서 어떻게 발현되는지 그리고 의사소통의 상호작용 속에서, 텍스트 맥락 속에서 이루어지는 담화 우스개에서 비유가 어떤 기능을 하는지도 살펴볼 필요가 있다.

4.3. 말장난 유머로서의 펀

언어 유머에 대한 논의에서 지나칠 수 없는 중요 영역으로서 이른바 '언어유희(말장난, wordplay/language play)'가 있다. 언어유희 가운데서도 특히 '펀(pun)'은 우스갯소리를 구성하는 데 있어서 중요한 역할을 한다. 넓은 의미에서 언어유희는 유머만을 위한 언어 현상은 아니며, 언어 창의성과 밀접한 관련을 맺고 있다. 언어유희는 유머보다 더 넓은 영역이기는 하지만 유머와 떼려야 뗄 수 없는 관계에 있다. 이것은 놀이에서 웃음을 뗄 수 없는 것과 같다. 언어유희(말장난)는 말 그대로 '말을 장난스럽게 사용하는 것'이라고 할 수 있다. 말을 장난스럽게 사용하려면 말을 의도적으로 문법규칙이나 사용규범에서 벗어나게 조작해야 한다. 이러한 규범 일탈은 일정한 유희적 효과를 꾀하는 위반이며, 이렇게 하는 데에는 언어에 대한 메타적 성찰 능력이 필요하다.

언어유희는 학문적으로는 주로 문학 텍스트에서 관찰되어 논의되어

왔지만 문학 이외의 다양한 텍스트 유형에서도 흔히 나타나며 일상의 언어적 소통에서도 자주 나타나는 현상이다. 사실 언어 습득을 하는 어린이에게서부터 언어유희가 나타나는데, 어린이는 이 과정에서 언어의 물질성을 인식하고, 말소리와 구조를 가지고 놀며, 알고 있는 단어를 조작하여 낯설게 만들어 봄으로써 즐거워한다. 이런 언어유희는 유머와 더불어 오락 기능뿐만 아니라 사회적 인정, 결속 등을 이끄는 기능을 하며, 언어예술에 쓰이면 미학적-시적 기능을 발휘하며, 광고와 언론에서는 수용자의 관심을 끌고 메시지를 수용자에게 효과적으로 전달하여 기억에 각인시키는 것을 돕는 기능을 한다. 더욱이 디지털 혁명으로 '초연결사회'로 가고 있는 오늘날, 특히 SNS가 제공하는 새로운 성격의 미디어, 텍스트종류, 담론은 언어유희의 새로운 시험장이 되고 있고 이것이 '바이럴'하게 급속도로 널리 유포될 수 있게 하는 환경이 되고 있다. 언어유희의 편재성은 이제 시대의 징후가 되고 있다. 언어유희에 대한 좀 더 포괄적인 논의는 다음 절(제5절)로 미루고 여기서는 유머성과 관련한 언급으로 제4절을 마무리하겠다.

언어유희의 주된 기능 가운데 특별히 부각되는 것은 재미, 웃음 등과 결부되는 유머 기능이다. 말장난 유머는 흔히 '펀(pun)'으로 불린다. 영어권에서 'pun(ning)'이라는 용어는 'wordplay'와 같은 의미로 사용되기도 하지만 엄밀히 말해 'pun'은 'wordplay'의 하위 유형이다. 펀은 일반적으로 소리의 같음/비슷함, 다의성 등으로 인해 다양한 언어학적 분석층위에서 발생하는 중의성에 의존하는 유머이다. 그런데 언어유희는 그 이외의 다른 방식들(예컨대, 두운/각운 맞추기, 두음전환, 말투 바꾸기 등)도 포함하는 것이다. 말장난 유머는 다양한 형의 언어 우스개로 구체화될 수 있다. 말장난은 우스갯소리(우스갯얘기, 우스개 수수께끼, 한줄 우스개 등)를 비롯하여, 다양한 형식의 우스개 구성체(조어, 성구, 구문)에서 실현될 수 있고, 유머 효과에서 결정적인 역할을 맡게 된다. 언어유희에 의한 우스갯소리는 주로 펀으로 실현된다. 사실 펀은 일반적으로 특별한 종류의 우스갯소리로 이해되고 있다. 펀을 간단히 규정하면, 포함된 어떤 말소리 연속체(단어, 구, 문장)가 두 가지 의미를 지님으로써 유머 효과를 발생시키는 우스갯소리라고 할 수 있다. 몇 가지 예를 들면 다음과 같다.

(2) a. 한국의 드라큘라가 아침에 즐겨 마시는 음료는? – 코피.

b. 일본에서 가장 마음 약한 자매 이름은? – 우야꼬 우짜꼬 자매.

c. 부당해고: 부유한 사람들이 당연한 듯이 해대는 고약한 버릇

사실 다양한 분석층위의 중의성에 의한 유머 효과는 (2)와 같은 펀에만 국한되지 않는다. 펀이 일종의 우스갯소리라면, 다양한 방식의 조어를 통해 구성되는 어휘적 구성체도 언어유희의 대상이 되어 유머성을 비롯한 언어 창조성의 여러 효과를 보일 수 있고 맥락, 상황, 목적에 맞게 사용될 수 있다.

5. 신어와 언어유희

앞에서 언급했듯이, 언어유희는 인간의 언어 활동 전반에 걸쳐 일어나는 현상이며 인지, 사회, 문화의 영역에서 다양한 기능을 수행한다. 일반적으로 언어는 생각이나 느낌을 구성하고 전달하는 매체가 되며, 지시적 재현 기능이 우세하게 작동하는데, 이 경우 수용자(청자, 독자)는 매체 자체보다는 매체가 전달하는 정보 내용에 주목하게 된다. 하지만 언어유희에는 전달되는 정보 외에도 언어라는 매체 자체 자체에 주목하게 하는 요인이 있다. 사용되는 언어표현 자체에 유

희적 조작이 감지되기 때문인데, 이 조작으로 앞서 언급한 '이종연합'이 일어나는 것이다. 즉, 이 작용에 의해 일종의 수수께끼와 같은 부조화가 발생하며, 이 부조화는 해결 또는 해소되어야 할 것이 된다. 그래서 언어유희가 작동할 때 이를 이해하기 위해서는 메타언어적 성찰이 무엇보다 요구되는 것이다. 이러한 언어유희는 매우 다양한 유형을 보이며, 언어학에서는 유형분류 자체가 중요한 연구목적이 되기도 한다. 전통적으로 언어학적 분석은 다양한 장르, 작가, 매체, 텍스트종류, 번역, 다중언어 상황 등에 나타나는 언어유희에 대해 이루어져 왔다. 하지만 언어유희는 형식적 특성의 규명만으로는 포착될 수 없는 상호작용적 복잡성과 다면성을 띠기 때문에 특히 문예학, 언어학, 수사학 등의 학제적 연구가 필요하다. 이 절에서는 언어유희의 주요 양상을 특히 최근 SNS 등에 의한 디지털 소통의 일상화와 맞물려 일종의 '밈(meme)'처럼 확산되는 신어(新語, neologism) 현상에서 살펴보고자 한다.

세계가 변하고 삶의 양상이 바뀌면, 새로운 사물과 개념이 나오게 되고 옛것들에 대한 태도도 달라지기 마련이다. 새로운 것들, 달라진 것들에 이름을 붙이는 일은 흔히 '어휘 확장(lexical expansion)'으로 일컬어진다. 언어학에서는 전통적으로 조어(word-formation)과 성구(phraseme)에 대한 공시적 및 통시적 연구(조어론, 성구론)를 통해 이 현상을 어휘체계의 관점에서 다루어왔다. 그러나 어휘 확장을 언어 창의성과 유희성의 측면에서 본격적으로 다루는 연구는 찾아보기 힘들다. 이하에서는 오늘날 특히 디지털 시대를 맞아 범람하고 있는 신어를 훑어보면서 언어 창의성, 유희성, 유머성이 어떤 양상으로 발현되고 있는지를 살필 것이다. 이러한 신어들은 단순히 어휘 확장의 필요를 충족시키기 위한 것을 넘어서 어떤 특정 상황에서만 생산되고 사라지는 임시적인 성격의 조어(임시조어)일 수도 있다. 또한 유희와 재미의 동기가 지배적인 가운데 새로운 말들이 만들어져 유행을 타기도 한다. 또한 끊임없이 출현하는 수많은 대상이나 사태를 놓고 이름(고유명사)을 붙이는 과정에서도 창의성과 유희성이 발휘되기도 한다. 이러한 신어의 유희성은 전통적인 조어방식 가운데 합성, 혼성, 축약 등 다양한 방식으로 구현된다.

5.1. 합성

합성(compounding)은 인지적으로는 두 개념을 결합시켜 새로운 개념을 만들어내는 창의적인 과정이다. 합성은 매우 간단하지만 대표적인 조어방식이며, 이 가운데서도 명사+명사 합성어가 전형적이다. 어떤 합성어를 직접적으로 구성하는 두 성분(직접구성성분)은 이미 있는 '옛것'이며, 이것들이 선택되어 연결되는 언어지는 결과물은 '새것'이다. 이런 점에서 합성은 창의적이다. 합성어 전체가 나타내는 새로운 개념은 부분요소 개념들의 단순한 합이 아니 아니다. 합성은 형태구성은 단순하지만 바로 이러한 '창발성(emergence)'으로 인해 의미구성의 차원에서는 매우 복잡하다. 다음 예는 요즘 유행하는 신어들 가운데 합성을 통해 구성된 것들이다.

(3) a. 탕진잼

b. 급식체, 급여체; 넵병

c. 랜선이모, 시발비용

d. 대유잼, 무민세대, 반퇴 세대

(3a) *탕진잼*은 '재물 따위를 다 써서 없앰'이라는 뜻의 *탕진*과 *재미*의 줄임말 *잼*이 결합하여 만들어진 합성어이다. 이 말은 먼저 '가진 돈

을 다 쓰는 것에서 느끼는 재미'라는 자구적인 뜻으로 이해되지만, 일반적으로 연상되는 부정적인 의미의 탕진('홍청망청 씀', '낭비')과는 거리가 멀다. 이 합성어는 젊은이들이 벌이가 적어진 시대에 소소한 물건 사기나 소비하기에서 느끼는 작은 위로나 행복을 일컫는다. 얼마 되지는 않지만 가진 돈을 다 쓰니 탕진이라면 탕진이지만, 부자의 탕진에서 오는 불행이 아니라 소박한 소비여서 느끼는 행복(재미)이다. *탕진잼*의 묘미는 일종의 형용모순이 있고, 자구적 의미와 실제 의미 사이에 부조화가 있음으로 해서 모종의 유희성과 유머러스함이 발생하는 것이다. *탕진잼*의 *탕진*은 범주 확장에 의해 '가난한 자의 가진 돈 다 쓰기'로 해석되는데, 일종의 환유, 즉 '전체가 부분을 대신하는' 관계의 환유(전체-부분 대신 환유)가 작동하고 있다.

반면에 (3b)에서는 '부분이 전체를 대신하는' 관계의 환유(부분-전체 대신 환유)가 작용한다고 볼 수 있다. *급여체*는 *급식체*에 기대어 만들어진 말로서 *급식*과 *급여*는 각각 '초중고생', '직장인'을 뜻하는 표현이다. 여기서 초중고생은 학교에서 급식을 제공받는 점, 직장인은 급여를 받는 점이 부분-전체 대신 환유의 동인이 된다. *급식체*는 '초중고생의 인터넷상의 은어나 언어 파괴적 어법', *급여체*는 '직장인이 직장 내에서 주로 사용하는 어투'(예컨대 최대한의 공손, 직설 회피, 상투어, 책임 분산 등)를 가리킨다. *급식체*는 이른바 '급식충'의 언어습관으로서 다소 비하하는 의미를 포함한다면, *급여체*는 표현상으로는 *급식체*를 본보기로 하지만 의미상으로는 상반적 대조성을 가짐으로써 패러디에 의한 유희적 의미의 층이 덧씌워진다. *넵병*은 대답 *네*의 변이형 *넵*과 *병*(病)이 결합한 합성어로서 직장인이 상사의 눈치를 보며 부당한 지시에도 복종해야 하는 측면(*네/넵*)과 이로 인해 직장인의 삶이 고단함(*병*)이 환유, 은유적으로 결합된 것이다. '직장인 가장 많이 앓고 있는 병'이라는 이 넵병은 *네*를 *넹*을 거쳐 *넵*으로까지 변형시킨다. 메신저나 메일 등으로 업무를 할 때 긍정의 대답으로 단순히 *네*만 반복하면 무성의해 보이고, *넹*으로 말하면 친근함을 주지만 자칫 가벼워 보일 우려가 있어서, 좀 더 적극성과 신속성을 강조하는 *넵*이 나왔다. *넵병*에서도 부분(긍정 대답)을 통해 전체(직장인의 고단한 삶)를 지시하는 환유가 작용하면서 *넵*과 *병*의 의외의 결합성을 통해 유희적인 성격이 드러난다(*넵*의 출현은 대화 상황에서는 자연스러우나 합성어 구성요소가 될 때는 일종의 컨텍스트 상실이 일어난다).

합성어 구성요소의 의외성, 의미적 맥락상실성, 지엽성은 (3c)와 같은 합성어에서도 잘 드러난다. *랜선이모*는 이제는 거의 접두어 같은 구실을 하는 *랜선-*에 의해 활발히 생산되는 합성어들(*랜선삼촌, 랜선맘, 랜선조카, 랜선여친, 랜선남친, 랜선애인, 랜선집사, ...*) 가운데 하나다. 여기서 합성어 규정어 *랜선*은 원래 랜(LAN: 근거리통신망)을 구성하는 데 쓰이는 연결선을 일컫는 속어로서, 현실 공간이 아닌 온라인상을 일컫는 환유로 쓰이고 있다. 랜선으로 암시되는 기술적 기계성과 사람 명칭의 사회적 인간성 사이의 부조화스런 결합이 수수께끼 같은 유희적 효과를 준다. 사람의 칭의 합성어의 피규정어로 쓰이는 친족 명칭, 사회관계 명칭 등은 말 그대로 쓰이기보다는 은유적으로 사용되는 경우가 많다. 다시 말해 *랜선이모*는 실제 이모는 아니지만 인터넷 등을 통해 남의 아이를 자신의 조카처럼 관심 있게 지켜보고 응원하는 젊은 여성을 일컫는다. 수많은 *랜선* 합성어들은 SNS 등 온라인 공간에서 연예인을 남친, 여친, 애인으로 대리 소비하거나 귀엽고 예쁜 아이나 반려동물의 팬이 됨으로써 경제적 여건, 시간 부족 등으로 실제로 할 수 없는 것을 스트레스 없이 대리 충족하는 사회현상을 반영하는 것으로 볼 수 있다. *시발비용*에서는 *시발*의 중의성으로 인해 펀이 생성되어 유머러스한 효과가 발생한다. 다시 말해, '始發'을 기대했다가 욕설로 해석해야 함으로써 유머가 발생하는데, 이 합성어는 무슨 일을 착수하는 데 드는 초기 비용 같은 것이 아니라, 욕설 *X발*로 환유되는, 사회적 스트레스를 풀기 위해 홧김에 지출하는 비용을 말한다.

(3d)의 합성어들은 살펴본 다른 합성어들과는 다른 독특한 차이가 있다. 즉, 합성어의 규정어가 독립적으로 쓰이는 명사라기보다는 대체로 피규정어를 위해 (유희적) 의미 규정의 기능을 수행하는 요소로 볼 수 있다. *대유잼*은 *꿀잼*, *핵잼*과 거의 같은 뜻의 말로서 '크게 있는[大有] 재미'를 뜻한다('재미없음'의 *노[no]잼*에서 출발하여 그 반대인 '재미있음'의 *유[有]잼*의 강조어인 것이다). *무민세대*에서 *무민*은 '無+mean'로서 *무의미*의 대체어이다. 이 합성어는 국립국어원의 『우리말샘』[11]에 따르면 "의미 있고 무거운 것에서 벗어나 별 의미 없고 가벼운 생각이나 행동을 통해 즐거움과 가치를 찾는 젊은 세대"를 일컫는다. *반퇴 세대*의 *반퇴*는 새로 만든 말로서 '절반의 은퇴[半退]'라고 할 수 있는데, 완전히 은퇴하지 못하고 생활비를 위해 경제활동을 계속하는 것을 말한다(그 밖에도 *반퇴시대*, *반퇴자*, *반퇴푸어* 등의 조어가 있다).

5.2. 혼성

합성보다 창의성과 유희성이 돋보이는 조어법으로는 무엇보다 혼성(混成, blending)이 있다. 합성이 두 요소를 그대로 연이어 합쳐 붙이는 것이라면, 혼성은 말하자면 둘이 '섞이게' 붙이는 것이다. 혼성이 보이는 이 '섞임'의 구체적 성격에 대해서는 언어학자들 사이에 논란이 많다(예컨대 Renner et al. 2012 참조). 여기서는 전형적인 경우에 주목하여 혼성을 두 원천요소에서 음성적 (유사) 중복 부분[12]을 찾아

11) https://opendic.korean.go.kr/main
12) 이하의 예에서 음성적 (유사) 중복 부분은 진하게 표시했다.

그 부위에서 겹쳐 붙이되 필요한 경우 두 요소의 중복 부분 앞뒤 자르기 같은 손질[13]을 해서 붙이는 것으로 이해한다.

(4) a. *나일리지* (나이 + 마일리지 → **나이** + 마**이**ㄹ리지) '마일리지가 쌓이는 것처럼 나이를 먹으면서 기득권을 당연시하고 대우받기를 바라는 기성세대의 행동'

b. *군대리아* (**군대** + 롯**데리아**) '군대에서 급식으로 지급되는 DIY 햄버거'

그러나 두 요소의 중복 부분이 없거나 무시해서 잘라 붙이기만 이루어지는 경우가 더 흔한데, 이런 경우도 넓게 보자면 혼성으로 볼 수 있을 것이다. 그 예로 (4)와 (5)를 들 수 있다.

(4) a. *국뽕* (**국**가 + 히로**뽕**) '과도한 애국심'

b. *할마* (**할**머니 + 엄**마**) '손주를 돌보는 할머니';

할빠 (**할**아버지 + 아**빠**) '손주를 돌보는 할아버지'

c. *넌치* (**n**ight + **lunch**) '(아침과 저녁 사이에 점심을 먹듯이) 저녁과 다음 날 아침 사이에 먹는 늦은 밤 식사'

d. *스몸비* (스마트폰 + 좀비 → **스ㅁ**ㅏ트폰 + ㅈ**ㅎ비**) '스마트폰을 보느라 주변을 살피지 않고 걷는 사람'

(5) a. *기레기* (**기**자 + 쓰**레기**) '수준 낮은 기사를 쓰는 기자'

b. *대프리카* (**대**구 + 아**프리카**) '아프리카 같이 더운 대구'

c. *맥세권* (**맥**도날드 + 역**세권**) '(역세권이 역에 인접해 있어 편리하게 생활할 수 있는 주거지역인 것처럼) 맥도날드가 근처에 있어 배달 서비스가 가능한 지역'

---

13) 이하의 예에서 삭제 후 선택되는 부분은 테두리로 표시했다.

d. *갓수* (갓[God] + 백수) ‘부자 부모 덕 보는 백수’

e. *잡학피디아* (잡학[雜學] + 위키피디아) ‘넓고 얕은 백과사전식 지식’

f. *뇌피셜* (뇌[腦] + 오피셜[official, 공식 입장]) ‘자기 머리에서 지어낸 생각을 공식적인 사실로 둔갑시킨 것’

혼성어는 대다수가 두 번째 원천 단어와 동일한 음절수를 유지함으로써 기저 구성요소의 인지적 복원을 용이하게 하는 효과가 있는 것 같다(*마일리지 – 나일리지, 아프리카 – 대프리카, 롯데리아 – 군대리아, 역세권 – 맥세권, 위키피디아 - 잡학피디아...*). 나아가 혼성은 거의 합성과 같은 생산성을 갖는 패턴을 형성하기도 한다. 예컨대 (5c)의 *맥세권*과 같은 경우이다. *역세권*의 구성요소인 *–세권*은 이제 조어 생산력이 있는 구성요소로 재해석되어 역의 자리에 수많은 1음절어나 1음절화 줄임말이 들어가게 된다(*산*[山]*세권, 수*[水]*세권, 숲세권, 의세권*[의료기관], *학세권*[학교/학원], *몰세권*[쇼핑몰], *스세권*[스타벅스], *벅세권*[햄버거], ...).

이러한 혼성어들은 대체로 그 음성적 결과물로 볼 때 의외성, 다른 어휘와의 유사성, 수수께끼 같은 모호성, 암시성, 은폐성 등을 유발함으로써 유희적 효과를 불러일으킨다. 또한 이런 유희적 혼성어는 언어의 경계를 넘어 두 언어요소가 자유롭게 결합하는 것도 눈에 띄는 특징인데, 이것은 결과물의 창의성을 극대화하는 데 기여한다. 예컨대 *기레기*는 *기러기*와 유사해서 이 점을 통해 비하의 의도를 은폐하는 효과를 부수적으로 얻기도 한다. *관태기*는 ‘관계 + 권태기’ 혼성어(‘타인과의 감정 소모적 관계 맺기에 권태, 회의를 느끼는 태도’)이지만 *권태기*와의 음성적 유사성으로 의미 동기 관계가 좀 더 분명해진다. 거의 같은 효과는 *휘소가치*(휘발성 + 희소가치)에서도 엿보이는데, 이 말은 순간적인(휘발성 있는) 것일지라도 자기만족을 주는 것이면 소중한 의미가 있음을 나타낸다.

5.3. 축약

축약 또는 줄임은 디지털 시대의 한국어 신어 현상을 놓고 볼 때 아마도 가장 보편적이고 손쉬운 조어법이 아닌가 한다. 물론 간편한 방식으로는 합성이 있지만, 언어경제성을 고려하면 줄임이 더 효율적이라고 할 수 있다. 합성은 정보전달력 면에서 더 뛰어나겠지만, 유희성, 은폐성, 반전(反轉) 효과 등의 차원에서 보자면 축약은 디지털 언어문화에 더 적합한 방식이라고 할 수 있겠다. 앞서 살펴본 혼성도 일종의 축약이라고 할 수 있겠지만 본격적인 축약에 비해서는 적용에 제약이 많다.

먼저 어휘 확장의 측면에서 볼 때 축약은 합성을 적용하면 길게 될 말을 간단한 표현으로 만들 수 있게 해 준다. 이러한 축약어는 기존의 합성어를 더욱 줄여선 만든 말일 수도 있으며(6), 흔히 쓰이는 어구를 줄인 것이기도 하다(7).

(6) *감튀* (감자튀김); *개파* (개강파티); *아아* (아이스 아메리카노); *알쓰* (알코올 쓰레기); *임고생* (임용고시생); *퇴준생* (퇴사준비생)

(7) *따아* (따뜻한 아메리카노); *세젤예* (세상에서 젤 예쁘다]); *열공*하다 (열심히 공부하다); *심쿵*하다 (심장이 쿵하게 놀라다); *심멎*하다 (심장이 멎을 만큼 멋있다);

줄임말은 이러한 표현의 경제성을 노리며 새로운 사회현상, 세태, 라이프 스타일, 관심사, 감정에 대한 명칭으로도 나타난다.

(8) a. *혼밥* (혼자서 밥을 먹음; 혼자서 먹는 밥); *혼술* (혼자서 술을 마심; 혼자서 마시는 술); *맛점* (맛있는 점심); *맛저* (맛있는 저녁)

b. *가성비* (가격 대비 성능의 비율); *가심비* (가격 대비 심리적 만족의 비율)

c. *소확행* (소소하지만 확실한 행복); *차박* (차에서 숙박하는 것)

d. *남사친* (남자사람 친구); *여사친* (여자사람 친구); *금사빠녀* (금방 사랑에 빠지는 여자); *꼬돌남* (꼬시고 싶은 돌아온 싱글 남자); *가싶남* (가지고 싶을 만큼 매력있는 남자); *뇌섹남* (뇌가 섹시한 남자)

이러한 표현 줄임은, 장난스럽게 쓰이는 자기 성찰적 줄임말인 *별다줄*(별걸 다 줄인다)이 대변해 주듯이, 특정한 메시지의 구나 문장 성격의 표현에도 적용되기도 한다.

(9) *문송*하다 (문과라서 죄송하다); *닥눈삼* (닥치고 눈팅 삼년); *자만추/인만추/아만추* (자연스런/인위적인/아무나 만남을 추구하기[하는 사람]); *애빼시* (애교 빼면 시체); *이생망* (이번 생은 망했다); *낄끼빠빠* (낄 때 끼고 빠질 때 빠져라), *갑분싸*하다 (갑자기 분위기 싸해지다); *할많하않* (할 말은 많지만 하지 않겠다)

한국어에서 이러한 줄임말은 음절 축약어로서 이른바 '모아쓰기'를 하는 한국어의 특성을 반영하고 있다. 이런 줄임말 생성 과정은 의도치 않은(또한 의도적인) 방식으로 새로운 음성 연속체를 만드는데, 그 결과물은 뜻밖에 나오는 새롭고 우연적인 것이기도 하고 기존 표현에 대한 암시, 연상 등을 불러일으키는 이종연합의 중첩 효과를 노리기도 한다. 그래서 이러한 기교는 재미와 유머를 가져다주기도 한다(예컨대, *갈비* [갈수록 비호감], *생선* [생일선물]; *싫존주의* [싫어함(의 취향)도 존중하자는 주의]; *카페인 중독* [카카오톡-페이스북-인스타그

랩 중독]).

5.4. 그 밖의 유형과 디지털 쓰기 시대의 새로운 유희적 경향

디지털 시대의 모바일 미디어 소통과 급변한 시대가 만들어내는 문화와 정서는 언어 유희적 어휘확장을 가져다주고 있고, 이는 전통을 넘어서는 다양한 방식으로 전개되고 있다. 이런 디지털 언어문화는 전체적 조망이 매우 어려울 정도로 복잡하고 광범위한 양상을 보이고 있다. 신어 현상의 언어유희성에 대한 고찰을 마무리하면서, 전통적인 방식의 어휘 확장을 넘어서 디지털 글쓰기가 두드러진 소통 문화를 반영하는 좀 더 확대된 언어유희 양상을 일별해 본다.

이미 앞에서 몇몇 예를 통해서도 보았지만, 최근 신어의 주요 특징 가운데 하나는 외국어(특히 영어) 요소를 가지고 우리 식으로 조어하거나(10), 외국어와 한국어 요소를 혼합하여 조어하는(11) 것이다.

(10) a. *미닝아웃* (meaning out ← coming out) '취향/신념[meaning]에 따른 소비행태의 커밍아웃'
b. *얼로너* (alone + -er) '혼자 사는 삶을 즐기는 사람'
c. *언택트* (un- + contact) '관계자와의 접촉이 없는 비대면 거래/소비'
d. *핑프* (핑거 프린세스/프린스[finger princess/prince]) '쉽게 찾을 수 있는 정보를 직접 검색하지 않고 남에게 물어보는 여자/남자'
e. *워라밸* (워크-라이프 밸런스[work-life balance]) '일과 개인의 삶 사이의 균형'

(11) a. *얼리힐링족* (early + healing + 족) '아직 젊은데도 일찍 지쳐 힐링 소비가 필요한 사람들'
b. *혼바비언* (혼밥 + -ian) '혼밥족'; *혼밥러* (혼밥 + -ler) '혼밥족'

c. *프로불편러* (pro[fessional] + 불편 + -ler) '매사에 불편함을 드러내 공감을 얻으려 하는 사람'; *화이트불편러* (white + 불편 + -ler) '사소하더라도 옳지 않은 것에 대해 불편함을 드러내 공감을 얻는 사람'

d. *있어빌리티* (있어 + -ability) '(SNS 등에서) 있어 보이게 꾸며 과시하는 행위'

e. *얼리어맛터* (early + a맛ter ← 얼리어답터[early adopter]) '새로운 음식을 가장 먼저 맛보기 좋아하고 시식평을 하는 소비자군'

지금까지 살펴본 신어들이 주로 새로운 사회현상과 세태를 반영하기 위해 나온 신조어라면, 또한 상당수의 신어는 기존의 어휘 자체에 정감적 효과를 유발하는 표지나 음성적 변이를 가함으로써 얻어지기도 한다. 이는 기존 표현의 상투성, 무미함에서 벗어나 태도 및 정서의 표현적 차원을 살려서 강조, 새로움, 재미를 얻기 위한 것으로 보인다. 이 현상은 특히 입말에서 전형적으로 실현되는 표현적 차원(장단, 고저, 속도, 음색 등)이 글말에서는 일반적으로 상실되기 때문에 이를 글말에서도 구현하고자 하는 시도로도 볼 수 있다.

(12) a. *가즈아* (← 가자!); *노오력* (← 노력)

b. *넘모* (← 너무); *냠냠* (← 냠냠); *넹/넴/넵* (← 네/예)

c. *렬루* (←리얼[real]로 '정말로/진짜로')

또한 비교적 드문 현상이지만, 기존 요소를 창의적으로 결합시켜 얻는 조어가 아니라 거의 무(無에)서 유(有를) 만들어 내는 어휘창조에 가까운 것도 관찰할 수 있다. 예컨대 음성상징을 이용한 새로운 의태어 *뿌잉뿌잉*, *꽁냥꽁냥* 같은 것을 들 수 있다.

나아가 인터넷 커뮤니티 게시판이나 SNS 등에서의 디지털 글쓰기에서 인쇄의 '시각적 펀(cyc pun)'을 야기하는 유희적 방식으로 기존 단어의 글자들이 오독되어 읽히지만 동일 의미로 쓰인다(13a). 여기서 한 걸음 더 나가서 글자를 180도 돌려 보아야만 이해되는 것도 생긴다(13b).

(13) a. *댕댕이* (← 멍멍이); *띵언* (← 명언); *머머리* (← 대머리); *머장* (← 대장);
커엽다 (← 귀엽다); *괄도네넴띤* (← 팔도비빔면)
b. *롬곡옾눞* (← 폭풍눈물); *곰국* (← 논문)

나아가 디지털 글쓰기에 의한 소통 방식의 특성상 언어 경제성, 내집단 정체성, 소속감, 유희성 등이 중요하게 작용하는 만큼, 말 줄임의 방식이 극단으로 치달아 음절의 초성만으로 단어, 구, 문장을 구성하는 이른바 '초성체' 현상도 널리 퍼져 있다. 비교적 친숙한 *ㅇㅇ*(응), *ㅋㅋ*(크크)부터 시작해서 *ㅋㄷ*(콘돔) 같은 것을 거쳐 거의 암호 수준에 육박하는 것들도 허다하다(예컨대, *ㄴㄱㄴ* [너곧나 '네 말에 동의한다'], *ㅇㄱㄹㅇ ㅂㅂㅂㄱ* [이거레알 반박불가]).

어휘 확장과 정서 표현을 위한 언어유희는 여기서 그치지 않고, 기존의 표현을 통용 의미와 완전히 다르게 재해석해서 유머를 유발하는 장치가 되기도 한다. 여기서는 통상적으로 기대하는 관습적/관성적 의미와 예기치 않은 새로운 의미 사이에 부조화를 발생시키고, 적절한 연관성을 모색하여 부조화를 해소함으로써 유머를 얻는다.

(14) a. *무지개매너* (무지개 매너(?) → 무지 개 매너)
b. *도른자* (*노른자*의 오타(?) → 돌은 자)
c. *알부자* ([사전적 의미의] 알부자 → 알바 + 부자);
인구론 (맬서스의 『인구론』 → 인문계 졸업생 구십 퍼센트는 논다)

언어유희는 이제 디지털 공간을 벗어나 오프라인의 현실, 예컨대 제품 광고, 상호, 프로그램 명칭 등 다양한 영역의 명명 과정에 개입하기도 한다. 예컨대 *사내진미*는 어느 회사의 직원식당 이름인데 '산해진미'와 '사내(社內)'의 교묘한 혼성이 돋보이며, *알릴레오* 같은 유튜브 방송의 명칭도 중첩도가 매우 큰 그러한 혼성을 이용하고 있다(알릴래요 + 갈릴레오). 언어유희의 공공성은 이제 변화된 시대의 하나의 흐름이 되고 있다.

6. 마무리

디지털 시대의 매체 세미오시스는 일상의 의사소통과 감성소통에 현저한 변화를 가져다주고 있다. 이 글에서는 이러한 시대에 목도하는 언어문화의 특이성을 창의성과 유희성이라는 키워드로 풀어보았다. 언어 창의성은 많은 경우 유희성과 유머성을 동반하는 현상이다. 특히 모바일과 결합한 디지털 시대의 소통 방식은 인간성마저 새롭게 규정하게 만들어서 심지어 목하의 현생 인류를 호모 사피엔스에서 한 계단 더 오른 '포노 사피엔스(Phono-sapiens)'(최재붕 2019)로 규정하게 한다. 오늘날 포노사피엔스들은 스마트폰을 신체의 일부처럼 사용하며 과거에는 경험하지 못한 새로운 방식으로 정보를 얻고 관계를 맺고 무리를 짓고 즐긴다. 디지털 모바일 시대의 언어문화는 진지하고 무거운 담론보다는 말하자면 가볍고 얕고 빠른 소통과 유머와 재미를 추구한다. 이러한 언어문화는 어느 때보다도 언어 창의성을 요구하기 마련이다.

이러한 언어 창의성, 유희, 유머가 보이는 상관성과 상호작용은 인간의 기호 활동(세미오시스)이 갖는 창의적 면모를 가늠하는 데 결정적인 산서가 된다. 생명의 진화가 창의적/창발적으로 진행되어 온 것이라면, 인간의 번영과 문화도 창의적 사고에 바탕을 둔 것이라고 할 수 있다. 퍼스가 강조한 '가설추론법(가추법, abduction)'도 창의적 사고와 다름없다(Anderson 1987). 그러나 이러한 창의 활동에도 양면성은 있기 마련이다. 창의성의 기반이 되는 상징적 언어 세미오시스는 인간을 우주로 뻗어 나가게도 하지만 인간을 소외, 고립시키기도 한다. 상징적 재현의 지시하는 힘은 지시대상이 실재하지 않아도 상징 기호들 간의 체계적 관계에 의해 유지된다. 상징적 지시는 '지금 여기'에 관한 것만 아니라 '만약 그렇다면'에 대해서도 생각하고 말할 수 있게 함으로써 세계의 물질성과 생명력으로부터 분리되기 쉽게 한다(콘 2018, 103).

언어, 예술, 과학 등 다양한 영역에서 '이종 연합'의 창발 유희를 통해 인간은 재미를 느끼지만, 창의적 산물이 과잉으로 넘치면서 기호의 무절제와 위반이 발생할 수 있다. 기호작용은 생명과 동의어이다. '탈진실(post-truth)' 시대로 규정될 만큼 가짜와 거짓이 진짜로 둔갑하여 횡행하고 혐오 표현 등 언어폭력이 난무하는 요즈음, 생명 기호학, 기호 윤리학, 기호 생태학이 무엇보다 절실하게 요청된다.

참고문헌

강병창. 2015. “독일어 익살 표현의 유머 기제: 관습적인 비유언어를 중심으로.” 『언어와 언어학』 66: 1-26.

강병창. 2016a. “언어유희의 유머 효과: 독일어의 유머러스한 조어를 중심으로.” 『언어와 언어학』 70: 1-24.

강병창. 2016b. 『언어와 유머』. 서울: 한국외국어대학교 지식출판원.

강병창. 2016c. “부조화-해소 모델의 관점에서 본 언어적 유머의 유형과 특성.” 『독어학』 34: 1-25.

강병창. 2016d. “비유와 유머의 상호작용: 유머러스한 은유와 직유를 중심으로.” 『독일문학』 140: 189-209.

구본권 외. 2016. 『포스트휴먼 시대의 휴먼』. 파주: 아카넷.

김성도. 2017. 『언어인간학: 인류는 소통했기에 살아남았다』. 파주: 북이십일.

정재승. 2018. 『열두 발자국』. 서울: 어크로스.

최재붕. 2019. 『포노 사피엔스: 스마트폰이 낳은 신인류』. 파주: 쌤앤파커스.

콘, 에두아르도. 2018. 『숲은 생각한다: 숲의 눈으로 인간을 보다』. 차은정 옮김. 고양: 사월의책. (Kohn 2013의 번역.)

하라리, 유발. 2015. 『사피엔스』. 조현욱 옮김. 파주: 김영사. (Harari 2014의 번역.)

하위징아, 요한. 2018. 『호모 루덴스: 놀이하는 인간』. 개정판. 이종인 옮김. 고양: 연암서가.

Anderson, Douglas R. 1987. *Creativity and the Philosophy of C.S. Peirce.* Dordrecht: Springer.

Barbieri, Marcello, ed. 2008. *Introduction to Biosemiotics: The New Biologial Synthesis.* Dordrecht: Springer.

Berger, Peter L. 2014. *Redeeming Laughter: The Comic Dimension of Human Experience.* 2nd ed. Berlin: De Gruyter.

Berwick, Robert C., and Noam Chomsky. 2016. *Why Only Us: Language and Evolution.* Cambridge, MA: MIT Press.

Cambridge. 2008. *Cambridge Advanced Learner's Dictionary.* Cambridge: Cambridge University Press.

Chomsky, Noam. 2016. *What Kind of Creatures Are We?* New York: Columbia University Press.

Deacon, Terrence W. 1997. *The Symbolic Species: The Co-Evolution of Language and the Brain.* New York: W. W. Norton.

Dennett, Dan. 2009, February. Dan Dennett: Cute, sexy, sweet, funny [Video file]. URL = <https://www.ted.com/talks/dan_dennett_cute_sexy_sweet_funny>.

Duden-Oxford. 2005. *Duden-Oxford Großwörterbuch Englisch.* Mannheim: Bibliographisches Institut.

Dunbar, Robin. 1996. *Grooming, Gossip, and the Evolution of Language.* London: Faber & Faber.

Favareau, Donald. 2008. "The Biosemiotic Turn." *Biosemiotics* 1 (1): 5–23.

Fauconnier, Gilles, and Mark Turner. 2002. *The Way We Think: Conceptual Blending and the Mind's Hidden Complexities.* New York: Basic Books.

Grusin, Richard. ed. 2015. *The Nonhuman Turn.* Minneapolis: University of Minnesota Press.

Harari, Yuval Noah. 2014. *Sapiens: A Brief History of Humankind.* London: Harvill Secker.

Hoffmeyer, Jesper. 2008. *Biosemiotics: An Examination into the Signs of Life and the Life of Signs.* Scranton: University of Scranton Press.

Humboldt, Wilhelm von. 1968a. *Wilhelm von Humboldts gesammelte Schriften. Band IV (1820-1822).* Berlin: De Gruyter.

Humboldt, Wilhelm von. 1968b. *Wilhelm von Humboldts gesammelte Schriften. Band VII.* Berlin: De Gruyter.

Hurley, Matthew M., Daniel C. Dennett, and Reginald B. Adams. 2011. *Inside Jokes: Using Humor to Reverse-Engineer the Mind.* Cambridge, MA: MIT Press.

Kang, Byongchang. 2016. "Metaphor and Its Humorousness: The Case of Nominal Compounds in German." *Humor: International Journal of Humor Research* 29 (3): 359-380.

Kohn, Eduardo. 2013. *How Forests Think: Toward an Anthropology Beyond the Human.* Berkely: University of California Press.

Koestler, Arthur. 1964. *The Act of Creation.* London: Hutchinson.

Kull, Kalevi, Terrence Deacon, Claus Emmeche, Jesper Hoffmeyer, and Frederik Stjernfelt. 2009. "Theses on Biosemiotics: Prolegomena to a Theoretical Biology." *Biological Theory* 4 (2): 167–73.

Nayar, Pramod K. 2014. *Posthumanism.* Cambridge: Policy.

Peirce, Charles Sanders. 1931–58. *Collected Papers.* 8 Vols. Vols. 1–6, eds. Charles Hartshorne and Paul Weiss, vols. 7–8, ed. Arthur W. Burks. Cambridge: Harvard Univ. Press.

Peirce, Charles Sanders. 1992. *The Essential Peirce: Selected Philosophical Writings.* Vol. 1 (1867-1893). Bloomington:

Indiana University Press.

Peirce, Charles Sanders. 1998. *The Essential Peirce: Selected Philosophical Writings*. Vol. 2 (1893-1913). Bloomington: Indiana University Press.

Ranisch, Robert, and Stefan Lorenz Sorgner, eds. 2014. *Post- and Transhumanism: An Introduction*. Frankfurt am Main: Peter Lang.

Renner, Vincent, François Maniez, and Pierre J. L. Arnaud. eds. 2012. *Cross-Disciplinary Perspectives on Lexical Blending*. Berlin/Boston: De Gruyter.

Roden, David. 2015. *Posthuman Life: Philosophy at the Edge of the Human*. Abingdon: Routledge.

Sebeok, Thomas A. 1991. "In What Sense Is Language a 'Primary Modeling System'?" In *On Semiotic Modeling*, edited by Myrdene Anderson and Floyd Merrell, 327–40. Berlin & Boston: De Gruyter.

Sebeok, Thomas A. 2001a. *Global Semiotics*. Bloomington: Indiana University Press.

Sebeok, Thomas A. 2001b. "Biosemiotics: Its Roots, Proliferation, and Prospects." *Semiotica* 134 (1–4): 61–78.

Sebeok, Thomas A., and Marcel Danesi. 2000. *The Forms of Meaning: Modeling Systems Theory and Semiotic Analysis*. Berlin & Boston: De Gruyter.

Suls, Jerry M. 1972. "A Two-Stage Model for the Appreciation of Jokes and Cartoons: An Information-Processing Analysis." In *The Psychology of Humor: Theoretical Perspectives and Empirical*

Issues, edited by Jeffrey H. Goldstein and Paul E. McGhee, 81–100. New York: Academic Press.

Suls, Jerry M. 1983. “Cognitive Processes in Humor Appreciation.” In *Handbook of Humor Research*. Vol. 1, edited by Paul E. McGhee and Jeffrey H. Goldstein, 39–57. New York: Springer-Verlag.

Tattersall, Ian. 2012. *Masters of the Planet: The Search for Our Human Origins*. New York: Palgrave Macmillan.

Tomasello, Michael. 1999. *The Cultural Origins of Human Cognition*. Cambridge, MA: Harvard University Press.

Trabant, Jürgen. 2008. “Der Mensch ist nur Mensch durch Sprache.” In *Was ist der Mensch?*, edited by Detlev Ganten, Volker Gerhardt, Jan-Christoph Heilinger, and Julian Nida-Rümelin, 240-243. Berlin & New York: Walter de Gruyter.

제2장

디지털 시대,
향유의 세미오시스

제2장 디지털 시대, 향유의 세미오시스
- 디지털 스토리텔링의 논리

류은영

1. 들어가기

우리는 문화를 이야기하며 여전히 '취향이 고상하다'거나 '수준이 높다'거나 하는 표현들을 쓰면서 알게 모르게 어떤 특별한 범주의 문화를 갈라 생각하는 경향이 있다. 매사 경계를 짓고 차이를 두어야 하는 것이 동서양을 막론한 사회의 이치라 그와 같은 경향을 완전히 관념적으로 초월하기란 쉬운 일이 아니다. 하지만 디지털은 일상이 문화가 되고 놀이가 창조가 되는 대중 수용미학의 시대를 열어놓았다. '고급'과 '대중'이라는 한정어로 문화를 가르는 배타적 의식은 여전히 존재하나 사실상 무의미한 디지털 시대가 된 것이다.

'작가의 죽음(la mort de l'auteur)'과 더불어 문화의 '향유(jouissance)'를 논하며 향유자, 즉 수동적인 단순한 소비자가 아닌 능동적 프로슈머(prosumer)로서 대중(독자)의 탄생을 예견한 바르트(Barthes 1968)의 해체적 시각은, 당시 전위적이라 했으나, 이제 당연한 우리 디지털 시대, 대중문화의 논리가 되고 있다. 담화의 양식은 매체를 따라 변화하는 것으로, 구술에서부터 문자, 인쇄, 영상 그리고 디지털에 이르기까지 다변화하였으며, 특히 디지털은, 프로슈머인 우리 대중을 향유 주체로 하는 인터랙티브 미디어로서, 21세기 들어 우리 문화의 가장 주도적인 매체이자 담화 양식이 되고 있다.

이에 우리는 디지털 시대, 미디어 향유의 세미오시스를, 디지털 담화의 전형이라 할 수 있는 디지털 스토리텔링을 중심으로 접근하면서, 그 기원부터 고유의 논리, 실제 그리고 쟁점까지 원론적으로 상론해 보고자 한다.

2. 디지털 세미오시스, 소통 혹은 유희?

2.1. 구술과 디지털 스토리텔링

문화는 곧 삶의 반영이다. 우리의 삶을 따라 돌고 돌며 이어진다. 전통과 단절된, 그 자체로 자족적인 문화는 없는 것이다. 21세기 기술 과학이 낳았다는 디지털 혁신도 마찬가지로 하루아침에 이뤄진 문화가 아니다.

디지털 문화가 대두되던 시점을 전후로 구술 문화에 대한 기존의 저술들이 잇따라 재조명되거나 새로이 출간되었고,[1] 우리나라에서도 속속 번역이 되어 나왔다. 대표적으로 1982년 월터 J. 옹(Ong 1982)의 *Orality and Literacy*(역서, 『구술문화와 문자문화』)를 들 수 있다. 첨

1) 예컨대, Albert B. Lord. (1960) 1988. *The Singer of tales.* Cambridge: Harvard University Press; Eric A. Havelock. (1963) 1998. *Preface to Plato.* Cambridge: Belknap Press of Harvard University Press; Milman Parry. (1971) 1987. *The Making of Homeric verse. The collected papers of Milman Parry.* ed. Adam Parry. New York: Oxford University Press, etc.

단 디지털 시대에 구술에 대한 연구와 관심이라니, 아이러니하다는 생각이 들 수도 있는 일이다. 하지만 옹의 책을 읽다 보면, 디지털의 세미오시스가 구술의 세미오시스와 맥을 같이 하고 있다는 사실을 이해하게 된다.

옹(Ong 1982, 31-57)이 설명한 구술 담화의 원리를 간략히 요약해 보면, 기본적으로 구술은 '음성 언어'에 의하며, 주로 기억 및 구전이 용이한 (대중적으로 보편 상용화된 표현인) '정형구(formula)'를 사용한다. 또한 '집합적(aggregative)이고 부가적(additive)이며 장황한(redundant) 수사'를 구사하고, '전통적이며 일상과 밀접한 특성'을 보인다. 그리고 '상황 의존적(situational)'이며 '화자와 청자 간 상호 참여적인(participatory) 성격'을 띤다. 이와 같이 구술은, 기록 수단의 부재로 오로지 기억에 의존한 구전 양식이었던 만큼, 무엇보다 대중 보편적이며 상호 참여적인 '소통의 미덕'을 지니고 있었다.

하지만, 이후 기록 가능한 문자의 발명과 인쇄술의 발달로 기억의 의무에 얽매임 없이 개성적인 캐릭터와 극적 플롯을 자유롭게 담을 수 있는, 그 자체로 자족적인 텍스트[2] 형식이 정립되면서 '글로 이야기하기', 곧 '내러티브(서사)'가 문화 담론의 주된 양식이 된다. 따라서 대중적인 '소통'보다 독창적인 '예술', 소위 '고급' 문화의 장을 연 것으로 자

---

2) 현대 내러톨로지(서사학)에서 내러티브는 텍스트와 동의어가 되기도 한다. 현대 서사 담론의 중심 논제는 소설적 내러티브이다. 쥬네트(G. Genette), 채트먼(S. Chatman), 발(M. Bal), 케넌(S. Rimmon-Kenan), 프린스(G. Prince), 스탄젤(F.K. Stanzel) 등의 연구들을 들 수 있는데, 그중에서도 대다수의 연구자가 크게 이견을 보이지 않는 공론화된 논의로 프린스나 쥬네트의 연구를 들 수 있다. 특히 쥬네트는 내러티브를, 내용과 형식의 두 층위로 바라보던 기존의 이분법적 논리에서 나아가, ① 말이나 글을 통한 서사 텍스트 자체[récit(=narrative)], ② 서사의 대상인 사실적이거나 허구적인 사건 혹은 사건 내용[histoire(=story)], ③ 서술행위[narration(=narrating)]의 세 층위로 세분하여 접근함으로써 서사 담론의 보다 정치한 논리적 기반을 정립하였다. (Cf. Gérard Genette 1972)

부하는 문자/활자 시대의 예술이나 예술가, 그리고 이미 그러한 문화 사조에 익숙해진 우리의 기준에서는, 자연히 대중성(보편성)과 상호작용성(interactivity)을 근간으로 하는 구술의 '소통적 세미오시스'는 지극히 상투적이고 진부한 양식이 되며, 그렇게 구술은 점차 문화 담론과는 거리가 먼 일상생활 차원의 담화 양식 정도로 한정 인식되어 오늘에 이르렀다. 그러나 사실 구술과 문학의 세미오시스는 각기 그 시대의 주도적인 매체에 따른 '상호 고유한 양식'으로 바라보고 이해해야 옳은 것이다. 아니라면, 인터랙티브 스토리텔링을 구사하는 오늘날 디지털 문화의 관점에서는 화자(작가) 일방적인 문학의 내러티브가 다시 시대에 뒤진 진부한 양식으로 치부될 수 있는 일이기 때문이다.

요컨대, 문화는 복고의 원리에 따라 순환을 거듭하는 것이라, 인터랙티브 스토리텔링의 원형인 구술이 디지털의 등장과 함께 다시 문화 담론의 전면으로 부상하고 재조명되는 현상은 당연히 예상 가능했던 문화 전환 과정의 한 연쇄적 단계라 할 수 있을 것이다.

표 1. 구술과 디지털의 스토리텔링 (1)

	구술	문학	영화	게임
매체	• 구술 행위 • 말·제스처·인터랙션	• 문자/활자 미디어 • 글	• 영상 미디어 • 말·글·영상	• 디지털 미디어 • 말·글·영상·인터랙션
형식	• (현장) 인터랙션 • (직접) 대면 [시공간성]	• 넌인터랙션	• 넌인터랙션	• (플랫폼) 인터랙션 • (간접) 대면 [접근성]
텍스트	• (없음) • 기억 및 구전/편집 • 오픈 엔딩	• 지면 • 기록 • 클로징 엔딩	• 필름 • 기록 • 클로징 엔딩	• 디지털웨어 • 기록 및 편집 • 오픈 엔딩
속성	• 상호적 소통성 • 소통미학	• 개성적 창조성 • 형식미학	• 개성적 창조성 • 형식미학	• 상호적 소통성 • 소통미학
장르	• 구술	• 문학	• 영화	• 디지털 콘텐츠

(류은영 2010, 89를 필자가 논지에 맞게 수정 보완한 것임)

요컨대, 구술은 스토리텔링 양식의 원형이며, 디지털 스토리텔링은 구술의 현대적 전형이라고 할 수 있다. 이 두 양식은 매체의 기술적 소여와 연동된 물리적인 형식의 차이 이외에는 사실상 동일한 세미오시스를 공유한다. 텍스트 기반이 부재했던 구술과 달리 디지털 스토리텔링은 기록과 보존, 편집이 가능한 디지털웨어 양식의 텍스트가 존재한다는 점, 그리고 그러한 기술적 소여와 유기적으로 연동된 기본적인 세미오시스의 변화 이외에는, 사실상 구술의 세미오시스를 그대로 구현한다.

기본적으로 구술은 말과 제스처를 통한 행동 양식이고, 디지털 스토리텔링은 디지털 매체 기반 양식이다. 따라서 물리적으로 구술은 현장에서 화자와 청자가 서로 시각, 청각, 후각, 미각, 촉각 등 오감각 내지 다감각에 호소하며 이야기를 주고받는 직접적인 '면대면' 형식을 통하고, 디지털 스토리텔링은 플랫폼 인터페이스를 기반으로 유저와 유저가 서로 역시 시각, 청각, 촉각 등 다감각을 통해 이야기를 주고받는 간접적인 '매체 대면' 형식을 통한다. 하지만 면대면과 매체 대면이라는, 기술 문명의 진화에 따른 담화 매체 고유의 형식적 차이 이외, 두 양식은 모두 스토리텔링의 세 가지 기본적인 속성, 즉 '시공간성(spatiotemporality)', '다감각성(multisensibility)', '상호작용성(interactivity)'을 공유한다.

표 2. 구술과 디지털의 스토리텔링 (2)

	구술	디지털 스토리텔링
시공간성 (실시간성)	• (현장 기반) 현장성 • 지금-여기, 실시간성 • 직접 대면	• (디지털 플랫폼 기반) 접근성 • 지금-여기, 실시간성 • 간접 대면
다감각성	• 다감각적 재현성 [미메시스]	• 다감각적 재현성 [미메시스]
상호작용성	• 화자-청자 간 소통성 • 오프라인 인터랙션 • 오픈 엔딩	• 유저-유저 간 소통성 • 온라인 인터랙션 • 오픈 엔딩

'시공간성'과 '다감각성' 그리고 '상호작용성'은 본래 구술성의 근간을 이루는, 구술 고유의 기본적인 세 속성이다. 디지털 스토리텔링은 이러한 구술의 기본 속성을 그대로 구현하는, 구술의 21세기 전형이라고 할 수 있다.

디지털 스토리텔링은 우선 대면(매체 대면)을 통한 현재 진행 및 공간의 담화이다. 따라서 지금-여기(here and now)의 세미오시스, 즉 시공간성(=실시간성)[3]을 지닌다. 또한 가상공간 속에서, 마치 구술처럼 구연을 하듯, 이야기를 다중 감각에 호소하며 재현하는 미메시스(mimesis) 양식의 담화로서 그에 따른 다감각성을 지닌다. 그리고 디지털 스토리텔링은 플랫폼 인터페이스를 기반으로 한 유저와 유저 간 온라인 인터랙션 형식의 실시간 담화로서, 그 진행형의 이야기는 닫힌 텍스트가 아니라 열린 텍스트, 곧 오픈 엔딩의 프로세스 자체를 이루는 상호작용성을 지닌다.

디지털 매체의 상용과 더불어 이제 '스토리텔링'은 기존의 '내러티브' 이상으로 우리 문화의 중요한 세미오시스가 되었다. 스토리텔링은 구술적 전통의 담화 양식으로서, 현재 '시공간성'이나 '다감각성' 또는 '상호작용성' 중 하나 이상을 속성으로 하는 담화의 양식 내지 장르를 가리키며 문화 현장 및 담론의 장에서 그 기능과 의미를 다하고 있다. 오늘날 스토리텔링은 구술 장르(구비문학, 구연, 연설, 강연, 대담, 협상, 리더십 등)를 비롯하여 다감각(영화, 드라마, 공연, 축제 등) 및 디지털(인터넷, 게임, 모바일 등) 매체의 담화 양식으로 다변화하였으며, 이 중 특히 디지털 매체의 담화 양식을 가리켜 우리는 디지털 스토리

3) 현재성은 시간성과 다른 차원이다. 시간성은 담화 속 이야기의 시간(문학적 담화, 즉 내러티브(서사)에서는 내러티브의 시간이라 칭하는 시간 내지 시제) 차원이며, 현재성은 지금-여기, 곧 시간과 공간이 일치하는 시공간적 차원이다. 따라서 시공간성은 곧 실시간성과 동의어가 된다. 이는 시간 여행이 곧 공간 이동을 의미하는 이치와 같다.

텔링이라 한정한다.

2.2. 디지털 스토리텔링, 게임과 에듀테인먼트 사이

인터넷이나 게임, 모바일과 같은 디지털 콘텐츠는 우리 일상의 정보와 재미를 담보하며 이제 대중의 소통 문화에 있어 필요불가결한 매체가 되었다. 디지털 콘텐츠는, 기존의 주류 매체인 문학이나 음악, 미술과 같은 소위 예술가가 창조한 '작품' 내지 '닫힌 텍스트', 즉 (넌인터랙티브한) 내러티브 매체와는 기본적으로 그 형식이 다른 (인터랙티브한) 스토리텔링 매체로서, 21세기 멀티미디어 시대의 표상 같은 매체가 되고 있다. 디지털 스토리텔링은 바로 그와 같은 디지털 콘텐츠의 세미오시스다.

디지털 스토리텔링은 매체 특성상 '심미적(형식적)'이기보다 '유희적(소통적)'인 의미 작용에 그 고유의 담화 가치가 있다. 따라서 디지털 스토리텔링의 상용화는, 점차 예술 중심에서 벗어나 대중적인 놀이 환경을 좇아가는 우리 시대의 문화 동향을 반증하는 것이라고 할 수 있다. 우리는 일상처럼 디지털을 보고 듣고 또 업로드 하며 그러한 스토리텔링에 상당한 시간과 감정을 쏟아부으면서도 지침 없이, 오히려 더 빠져들어 이제 하지 않으면 불안하기까지 한 '삶의 재밋거리'처럼 디지털 스토리텔링을 즐긴다.

현대인의 일상 재밋거리가 된 디지털 콘텐츠의 스토리텔링은 곧 '놀이'의 세미오시스다. 디지털 스토리텔링은 상호 참여적인 놀이의 담화다. 디지털이 선사하는 '정보의 바다'는 '의미 유희의 공간', 정보도 재미있어야 하는, 모든 것이 게임이고 에듀테인먼트인 유희의 공간이다. 디지털 스토리텔링의 소비 가치는 결국 유저 스스로 즐기는 재미, 곧 그 유희성에 있는 것이다. 디지털 스토리텔링이 유희의 세미오시스가 되는 이유가 바로 여기에 있다.

표 3. 소비 가치의 기호 사각형

실용적 가치 부여 (Valorisation pratique)	이상적 가치 부여 (Valorisation utopique)
실리적 가치 (Valeur utilitaire)	실존적 가치 (Valeur existentielle)
실용성	정체성
경제성	감수성
비실존적 가치 (Valeur non-existentielle)	비실리적 가치 (Valeur non-utilitaire)
비판적 가치 부여 (Valorisation critique)	유희적 가치 부여 (Valorisation ludique)

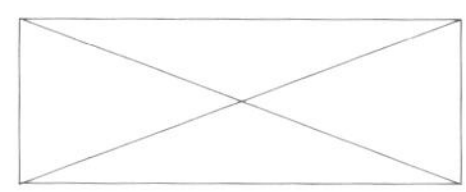

(Floch 1990, 149를 필자가 논지에 맞게 수정 보완한 것임)

'진리'의 의미구조를 밝힌 그레마스(Greimas 1986)의 기호 사각형(Carré sémiotique)의 응용 모델로, 이제 널리 공론화된 상기 플로슈(Floch 1990, 119-152)의 '소비가치의 기호 사각형(Carré sémiotique des axiologies de la consommation)'에 따르면, 인간의 소비가치 유형은 실용적(pratique), 이상적(utopique), 비판적(critique), 유희적(ludique)인 네 유형으로 나뉜다. 오늘날 디지털 콘텐츠는 대부분 엔터테인먼트 성격을 띤 콘텐츠로서, 그 소비 유형을 플로슈의 관점에서 살펴보면, 유희적 가치의 소비 유형이 주를 이루고 있는 것으로 나타난다. 실리적 가치와는 무관한, 내적 욕망이나 취향 등 자신의 감성적 니즈에 충실한 이러한 유희적 가치의 소비 경향은 대중의 능동적 소비 내지 수용, 즐김, 향락 등의 다의성을 함축하는 포스트모던 시대의 유희 개념, 곧 '향유'의 개념으로 연계 확장되는 것이다. 따라서 우리는 이 '향유'의 관점에서 디지털 '놀이' 문화의 세미오시스를 좀 더 확징하여 논의해볼 수 있다.

논의에 앞서, 우선 전형이라 할 만한 사례를 일별하고 가면 사전적인 이해에 도움이 될 것이다. 먼저, 디지털 콘텐츠라 함은 "대중 소비문화의 산물로, 대중의 유희적 니즈에 맞춰 기획 생산된 디지털 미디어 기반의 창의적 콘텐츠 전반"(류은영 2009, 236을 일부 수정)을 가리킨다. 그 전형은 디지털 게임과 에듀테인먼트 콘텐츠라 할 수 있는데, 그 스토리텔링은 그대로 디지털 스토리텔링의 특성 및 논리를 보여주는바, 살펴보고 가기로 하자.

먼저 게임의 경우, 그 유형은 플랫폼(PC, 온라인, 모바일, 아케이드, 비디오 등)이나 인터랙션 대상(온, 오프라인), 방식(데이터, 프로세스, 플레이어), 장르(롤플레잉, 시뮬레이션, 어드벤처, 액션, 스포츠, 보드) 등에 따라 다양하지만, 우리의 논의는 디지털 게임 스토리텔링에 한한다. 디지털 게임은, 일반적으로 디지털 장치를 매체로 하는 일종의 오락(물)을 말하며, 학술적으로는 "컴퓨터[디지털]라는 하드웨어 상에서 흥미[오락]를 유발하는 내용물이 어떤 규칙[내러티브]에 의거한 선택 결정 과정[인터랙션]을 통해 진행[실시간성/시공간성]되어 나가도록 컴퓨터 프로그램에 의해 제작된 것[콘텐츠]"(김창배 1999, 30. [ ] 글은 논지 전개상 필자가 부가한 것임)을 가리킨다. 물론 김창배는 이러한 정의를 내리면서도 명확히 단정하기는 어렵다는 견해를 덧붙였는데, 이는 그만큼 게임(이하 다른 한정 없이 게임이라 함은 디지털 게임을 칭함)의 내용 및 형식은 타깃 유저들의 가변적인 니즈에 따라 항시 변할 수 있는 것으로, 그 역동성을 강조한 이야기가 될 것이다. 그럼에도 게임을 정의하는 일관된 키워드를 '디지털'과 '오락', '내러티브(룰)와 인터랙션(프로세스)', '실시간성(시공간성)', '콘텐츠' 등 몇 가지로 정리해보는 것은 가능하다. 이는 게임의 정의는 가변적이고 관점에 따라 다양할 수 있지만, 게임이 실시간적, 다감각적, 상호작용적인 디지털 스토리텔링의 전형이며, 원론적으로 '오락(놀이)'에 기본 소비가치를 두고 있는 대표적인 유희(놀이) 콘텐츠라는 사실은 변함없는 것이기 때문이다.

이와 같은 게임 콘텐츠의 스토리텔링은 내용과 형식의 층위로 나눠 살펴볼 수 있는데, 이 두 층위를 각각 다시 한번 나눠 세부적으로 살펴보면 그 구성 구조가 좀 더 명확히 보인다. 기본적으로 내용의 내용인 게임 스토리를 구성하는 네 요소는 '캐릭터(인물)'와 '스테이지(사건)', '세계관(배경)' 그리고 스테이지 완수자인 '플레이어'이다.

표 4. 게임 스토리텔링의 구성 구조

- **내용**
  - **내용** 스토리 – 캐릭터, 스테이지, 세계관 & 플레이어
  - **형식** 플롯 – 발단-전개-위기-절정-결말(스테이지 레벨업) & 맵
- **형식**
  - **내용** 언어(기호) – 대사, 이미지, 동영상, 사운드 & 인터랙션
  - **형식** 연출/수용 기법 – 룰, 프로그래밍, 디자인, 효과, 편집 등 & 인터랙션

인터랙티브 콘텐츠의 특성상 당연히 플레이어가 게임 스토리의 주요 구성 요소를 이루며, 마찬가지로 인터랙션은 대사, 이미지, 동영상, 사운드와 함께 게임의 기본 형식 기호를 이룬다. 이는 사실 당연한 이야기라, 게임 스토리텔링에서 오히려 두드러지는 점이라면, 배경이 세계관이 되고 있다는 것인데, 이는 게임이 공간 스토리텔링이라는 사실에 따른 것으로, 게임의 스토리 구성에 있어 공간의 구성 자체가 곧 게임의 라이트모티프(leitmotif, 중심 사상)를 구현하는, 다시 말해 세계관의 재현이 되기 때문이다. 시간 서사인 문학의 구성에 있어, 정수는 플롯이라 이야기한 아리스토텔레스 이래로, 배경은 인물이나 사건(플롯)에 비해 대개 부차적인 요소로 간주되어왔지만, 게임 스토리텔링에

서는 공간 자체가 사건(스페이시) 및 세계관을 설명하는 라이드모티프가 된다.

하지만 역시 게임 스토리텔링의 가장 변별적인 특징은 '즐기는' 플레이어에 있다. 기본적으로 게임은 캐릭터에 몰입한(동일화한) 플레이어가 실시간 인터랙션을 통해 플롯의 엔딩을 이루는 리얼타임 플레이 콘텐츠로서, 플레이어의 인터랙션, 곧 '놀이' 없이는 게임 스토리텔링의 완결은 불가능한 것이기 때문이다. 다시 말해 기본 룰 이외 선택적으로 혹은 경우에 따라 RTS 게임처럼 플레이어가 전적으로 수행해야 하는 맵 구성이 플롯의 절대적 일부를 이루며, 이는 게임이 보여주는 디지털 스토리텔링의 가장 전형적인 특성이라고 할 수 있다. 하지만 이외에도 열거하고 넘어가야 할 게임 스토리텔링 고유의 기본적인 특성 및 원리들이 있는데, 명제적으로 정리해보면 다음과 같다.

- 게임은 디지털 스토리텔링이다: 이 명제는 게임 스토리텔링을 한정하는 가장 단적인 정의가 될 것이다. 게임 스토리텔링은 리얼타임(실시간성) 플레이(상호작용성) 멀티미디어(다감각성) 콘텐츠로, 디지털 스토리텔링의 전형이다. 다시 말해 게임 스토리텔링은 디지털 스토리텔링의 모든 특성 및 미학을 그대로 구현한다. 게임 스토리텔링은 상호작용성을 비롯하여 네트워크성, 복합성(멀티미디어), 공간성(공간 재현), 접근성(플랫폼 인터페이스), 조작 가능성(편집), 비선형성(하이퍼텍스트), 개방성(오픈 엔딩) 등을 특징이자 비전으로 한다. 그리고 머레이(Murray 1997)가 집약했듯, 사이버 자아를 대리로 한 '에이전시(agency)'와 시뮬레이션적인 '변형/변신(transformation)' 그리고 '몰입(immersion)'의 미학을 지닌다.
- 게임은 내러티브 엔터테인먼트다: 게임에도 내러티브는 존재한다. 게임도 시나리오를 기반으로 재현되는 '테마'와 프로그래밍된 '룰'

이 있다. 즉 게임은 내러티브(테마 & 룰)와 인터랙션(플레이/놀이)의 이중적 층위에서 전개되는 복합 담화, 곧 내러티브 엔터테인먼트다. 따라서 게임은, 마이어스(Myers 2003)의 말처럼, 룰의 발견(discover), 습득(learn), 조작(manipulate), 시험(test)의 연쇄적 프로세스를 따른다.

- 내러티브(룰)와 인터랙션(플레이)은 반비례한다: 일반적으로 내러티브, 즉 룰이 타이트할수록 인터랙션의 여지는 줄어들며, 반대로 룰이 루즈할수록 인터랙션의 가능성은 극대화된다. 하지만 인터랙션의 극대화가 반드시 플레이어의 흥미와 몰입을 극대화하는 것은 아니다. 인터랙션이 곧 재미가 되는 것은 아니기 때문이다. 가만히 앉아서 보는 영화도 무한한 재미와 감동을 선사할 수 있는 것이다. 인터랙션을 주 기반으로 하는 온라인 RPG 게임이나 캐쥬얼 게임을 즐기는 플레이어들이 재미 한편으로 느끼는 일종의 허탈감은 테마가 없는 단순한 룰, 즉 내러티브의 불균형 내지 부재에 따른 것이다. 실제로 상당수의 플레이어는 흥미롭고 극적인 테마가 있는 룰을 가진 게임들에 오히려 더 몰입한다. 예컨대 고전적인 캐릭터 육성 게임인 <프린세스 메이커2>가 당시 수많은 플레이어의 사랑을 받은 주된 이유도 내러티브와 인터랙션의 조화로운 힘에 있었다.
- 게임의 플롯은 단순하고 반복적이다: 게임은 문학보다 영화를 즐기고, 복잡함보다 단순함을 즐기는 대중문화의 산물이다. 다시 말해 게임의 플롯은 상대적으로 단순할 수밖에 없다. 게임의 플롯은 미시적인 스테이지의 단순 연쇄이다. 프로프(Propp 1970)의 도식적인 '31가지 기능(fonction) 모델'이 21세기에 들어 재조명되고 있는 이유가 여기에 있다. 대부분의 게임 스테이지는 '추구-달성', '공격-방어', '납치-구출'과 같은 몇 가지 두 기능 조합의 단순한 변형

들로 구성된다. 그리고 게임의 플롯은 반복적이다. 기본적으로 두 기능 조합의 반복, 즉 스테이지^n=플롯이다. 게임은 스테이지의 연쇄적 반복이 거시적인 플롯을 이룬다. 게임은 스테이지의 단계적 레벨업, 난이도의 유희라고 할 수 있다.

- 게임의 캐릭터는 곧 플롯이다: 즉 캐릭터는 플롯을 함축한다. 아리스토텔레스는 '성격(인물, 캐릭터)'과 '행위(사건, 플롯)'가 이야기를 이끄는 힘이라 했지만, 게임이나 애니메이션과 같은 단순 플롯 장르에서는 캐릭터는 곧 플롯, 즉 캐릭터^n=플롯이 된다. 따라서 캐릭터(성격)는 역동적이어야 하고 롤(행위, 사건, 플롯)은 단순 명료해야 한다. 말하자면 게임 캐릭터는 무궁한 변화가 가능한 은유적 잠재성(이중성 혹은 다중성)을 지닌 역동적 모델링이 필요하다. 이 '역동적 캐릭터'는 그 자체로 에피소드가 되고 이벤트가 되는, 플롯의 구성단위라고 할 수 있다. 그리고 롤은 단순하고 선명해야 한다. 그레마스가 '행위자 모델(le modèle actantiel)'을 통해 강조했듯, '추구-달성', '공격-방어', '납치-구출'의 단순 반복 스테이지 플롯을 수행하는 '영웅(=에이전트)'과 '악당'의 롤 관계는 단순하고 선명해야 한다. 캐릭터의 역동성과 캐릭터 롤 간 선명한 상호대립 구조는 플레이어의 흥미를 배가하고 게임을 이끄는 주된 동력이 된다.

표 5. 행위자 모델

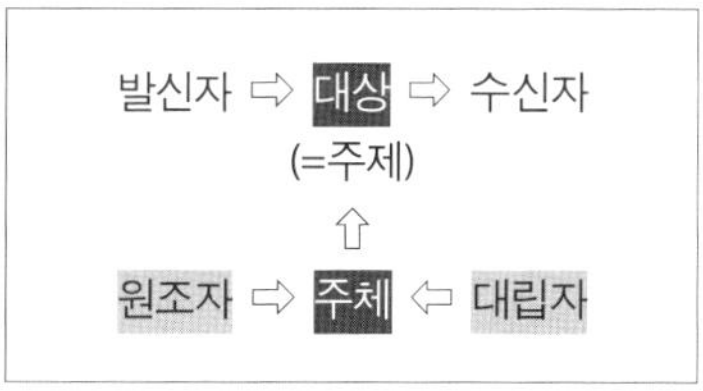

(Greimas 1966)

- 게임은 공간의 메타포다: 게임은 논리 추론적인 시간성(인과성, 필연성)보다 3D 그래픽 영상이 창출하는 입체적인 공간감, 즉 시감각적인 공간성(인접성, 우연성)을 축으로 구성된 시퀀스의 연쇄다.

그림 1. 공간의 메타포 <스타크래프트 맵-투혼>

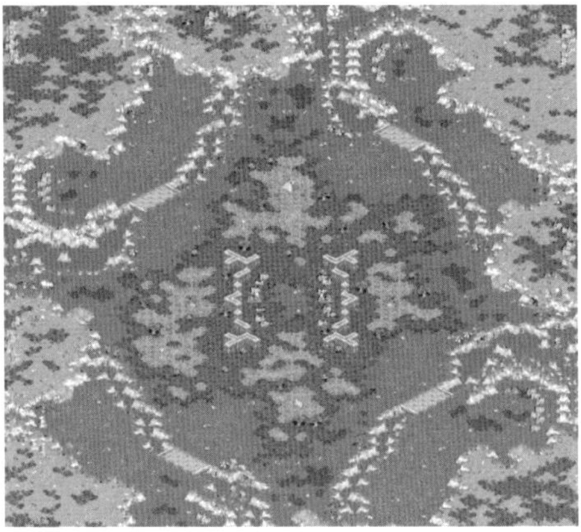

이미지 출처: 한국e스포츠협회

이는 게임 스토리텔링에 있어 각종의 맵이 시퀀스를 연결하는 축이 되는 논리이기도 하다. 그런데 일반적으로 공간 의식은 자아를 세계 속에 위치 지우는 표상 작용을 하기 때문에, 공간 서사인 게임은 플레이어의 자아를 외재화하게 된다. 따라서 게임은 경우에 따라 자아 분리라는 역기능으로 환원될 수도 있다.

- 게임은 분절적, 계열적, 비선형적 담화다: 게임의 담화는 기본적으로 분절적이다. 게임은 소설이나 영화처럼 인과적 시간성을 따라 처음과 끝이 선형적으로 정해져 닫힌 내러티브가 아니므로, 플레이어는 게임을 자신이 선택하는 지점(공간)에서 언제든 시작할 수 있다. 다시 말해 게임은 캐릭터나 공간, 에피소드 등 요소별 혹은 단위별로 접근 가능한 분절적 서사이다. 예컨대 <대항해시대>는 비디오로, 웹으로 또 2020년에는 <대항해시대 2>를 기반으로 한 신작 <대항해시대 오리진>이 출시 예정일 정도로 게임의 고전이라 할 수 있는데, 시리즈 중 원형의 하나인 <대항해시대 2>나 이후의 <대항해시대 온라인>의 예를 보면, 우선 전자는 캐릭터의 선택

으로부터, 후자는 국가의 선택으로부터 게임이 시작되는데, 6명의 주인공 중 누구를, 7개국 중 어느 국가를 선택하는가는 플레이어의 자유이며, 그 선택에 따라 스토리는 다르게 시작되고 전개된다. 따라서 게임의 담화는 계열적, 비선형적이 된다.

그림 2. 캐릭터 계열 <대항해시대 2>

이미지 출처: http://yerihyo.wikidot.com/game:uncharted-waters

즉 6명의 주인공, 7개의 국가는 상호 계열을 구성하는 요소들이다. 계열은 동일한 속성을 가진 요소들의 집합으로, 스토리 전개에 있어 계열적 요소 간에는 상호 대체가 가능하다. 말하자면 플레이어는 상호 대체 가능한 6명의 캐릭터, 7개의 국가 중 자유 선택으로 게임을 시작, 전개할 수 있는 것이다. 따라서 게임 스토리텔링은 동일한 계열의 캐릭터들, 공간들, 에피소드들, 아이템들 등 다양한 계열적 요소들을 통해 다층적으로 전개되는 계열적, 비선형적 서사가 된다. 플레이어가 단계별로 어떤 계열적 요소를 선택하느냐에 따라 스토리의 전개 및 엔딩은 비선형적인 다양성을 띠게 된다. 게임 플레이어는 계열적 구조에 기반하는 인터랙션을 통해 주어진 내러티브의 변형을 극대화하는 유희를 즐기는 것이다.

• 게임의 룰은 임무 수행(목적 달성)이다: 게임은 '추구-달성' 또는

'공격-방어' 아니면 '납치-구출'의 임무를 수행하는 프로세스다. 임무의 수행은 기본적으로 이중의 룰, 즉 강제 룰(=내러티브)과 자유 룰(=인터랙션)의 이중 룰을 따라 완수한다. 강제적인 중심사건(kernel event)을 축으로, 플레이어가 수행하는 다양한 에피소드 형식의 선택적인 위성 사건(satellite event)들이 유기적으로 연계되면서 전개, 완결된다.

- 게임은 감각의 유희다: 매체 특성상 게임은 현란한 그래픽과 동영상, 사운드, 인터페이스의 터치 혹은 조작 등 온 감각을 통하는 감각의 유희다. 물론 게임도 내러티브와 인터랙션이 결합된 스토리텔링으로서, 인터랙션이 극대화된 게임의 경우에도 내러티브는 존재하는 만큼, 게임의 프로세스를 통해서도 플레이어는 감성적 동일화, 카타르시스를 경험할 수 있다. 하지만 원론적으로 리얼타임(실시간) 플레이(상호작용) 멀티미디어(다감각) 스토리텔링인 게임은 찰라적 터치, 공격적 경쟁, 감각적 몰입을 요구하는, 말 그대로 쾌감을 좇는 게임, 감각의 유희라고 할 수 있다.
- 게임은 매직 이프(Magic if)다: 즉 게임은 마술(magic)처럼 무엇이든 가능한 가상(if)의 현실이다. 환상적인 공간과 사건, 무궁한 결말이 가능한 게임은 플레이어가 그리는 세계를 마술처럼 재현하는 우리의 욕망, 우리의 꿈이다. 게임이 현대인의 절대적 유희가 되는 까닭이 바로 여기에 있다.

게임의 다른 비전은 에듀테인먼트다. 에듀테인먼트(edutainment)는 에듀케이션(education)과 엔터테인먼트(entertainment)의 합성어로, "교육에 재미라는 요소를 결합시켜 학습자의 참여와 흥미를 유도하는 새로운 형태의 교육 양식"(백영균 2005, 67)을 말한다. 놀이에 정보 내지 학습의 가치가 더해진, 말하자면 '무게감 있는 게임'으로 이해해도 좋을 것이다. 가장 권위적이고 신성한 영역이라 할 수 있는 교육의 담화 역시 '유희적 가치'를 좇아야 하는 시대가 된 것이다. 사실 이미 고대의 철학자 호라티우스(Horatius)도 지식 역시 우선 재미있어야 한다는, 즉 교훈적 및 오락적 기능을 동시에 수행해야 한다는 당의정(糖衣錠) 이론을 피력한 바 있다. 더욱이 영화의 시청각 체험을 넘어 게임의 오감을 사로잡는 가상 체험의 극적 즐거움을 경험한 세대의 교육은 확실히 기존의 권위적이고 일방적인 지식 전달 위주의 교수 방식으로는 역부족인 시대가 되었다. 디지털 시대의 교육은 '지식의 재미있는 전달 혹은 소통', 대중과 소통하는 인터랙티브한 에듀테인먼트이고자 한다.

에듀테인먼트는 일방적인 교수 방식보다 매체 연동 방식으로 학습자가 언제 어디서나 자유롭게 참여하며 즐기는 가운데 지식을 습득하는 소통, 인간의 정서와 진화한 멀티미디어의 조화로운 융합을 통한 즐거운 학습, 즉 '엔터테인먼트인 교육'을 지향한다. 따라서 에듀테인먼트 스토리텔링의 가장 효과적인 유형은 게임 형식을 변용한 유형이다. 물론 이외에도 유형은 다양할 수 있다. 에듀테인먼트 스토리텔링은 벤치마킹하는 매체/장르나 양식, 시스템 등에 따라 다양한 유형으로 나타난다.

우선 매체별로는 (『마법천자문』처럼 지식을 스토리 형식으로 풀어 전달하는) 출판, (<문제적 남자>처럼 지식과 오락 사이의) 방송, (<다빈치코드>처럼 현실 통찰적 세계관이 강한) 영화, (교훈적, 계몽적 성격이 짙은) 애니메이션, (시뮬레이션 체험을 통해 지식을 터득하도록 하는) 게임, (사이버, 원격 등 온라인 네트워크 교육 방식의) e-러닝 등의 유형이 있다. 물론, 영화의 경우처럼 철학을 위해 본래의 재미를 절제하며 무거워지는 경우도 있지만, 대개 기존 장르의 내용과 형식 범위 내에서 지식과 오락이 적절하게 유기적으로 연계된 형태로 시너지를 발한다. 또한 양식별로 보면 롤플레잉, 퀘스트, 퍼즐, 시뮬레이션,

어드벤처, 액션 등 주로 게임 양식을 활용한 여러 유형이 있는데, 대개 하나 이상의 양식이 결합된 복합 유형이 다수를 이룬다. 이외에도 상호작용성을 기준으로 아날로그(오프라인)와 디지털(온라인)의 두 유형이 있으며, SK 텔레콤의 5G 클러스터 <부스트파크>처럼 가상(VR)과 증강(AR), 인공지능(AI) 그리고 현실 공간이 융합된 온-오프라인 복합 유형도 가능하다.

에듀테인먼트 스토리텔링은 대체로 게임 양식의 변용이라 할 수 있지만, 그럼에도 고유하다 할 수 있는 다음과 같은 특성 및 원리가 있다(류은영 2018, 98-99).

- 온·오프라인 간 상호벤치마킹: 현재 에듀테인먼트 스토리텔링은 온·오프라인의 상호벤치마킹, 특히 온라인의 오프라인 벤치마킹이 우세한 경향을 보인다. 대체로 문학, 애니메이션, 영화 등의 내러티브를 원용한다.
- 패러다임과 내러티브의 결합: 즉 에듀테인먼트 스토리텔링은 추상적이고 객관적인 지식을 지향하는 패러다임적 사고와 구체적이고 주관적인 지식을 지향하는 서사적 사고를 상호보완적으로 결합한다(이인화 외 2003, 233-235). 다시 말해, 에듀테인먼트 스토리텔링은 추상적인 개념이나 객관적인 지식을 학습자가 구체적으로 또 주관적으로 경험할 수 있도록 한다.
- 어떻게? 재미있게!: 에듀테인먼트 스토리텔링의 관건은 전달해야 할 지식을 '어떻게' 전달하느냐에 있다. '어떻게'의 기준은 '재미있게'이다. 따라서 학습자가 '재미'를 느낄 수 있는 요소에 대한 사전 분석이 요구되며, 이를 위해 무엇보다 타깃 학습자의 성향과 니즈, 그리고 눈높이를 파악하는 작업이 선행된다. 하지만 지나치게 재미만을 추구하여 에듀테인먼트가 그저 흥미로운 단순한 게임이

되어서는 안 된다. 다시 말해, 에듀테인먼트 스토리텔링은 외적으로는 즐거운 게임의 형식을 띠지만, 궁극적인 내적 목표는 교육이라는 사실을 잊지 말아야 한다.

- 논리보다 스토리!: 다시 말해 에듀테인먼트 스토리텔링은 정보나 지식을 있는 그대로 논리적으로 전달하기보다, 재미있게 그 '맥락'을 스토리화하여 전달한다. 학습자가 지식을 이야기처럼 몰입하여 즐기는 과정에서 자연스럽게 터득할 수 있도록, 논리보다는 감성에 호소할 수 있는 스토리 형식으로 구성한다.
- 경로 탐색 스토리: 에듀테인먼트 스토리텔링의 기본 원리는 다양한 지식을 일종의 경로를 통해 종합하는 경로 탐색 과정의 스토리화이다. 예컨대, 무인도에서 살아남는 경로를 거치며 관련 정보들을 탐색·해결해 가는 <로빈슨 크루소 따라잡기> 사례처럼, 에듀테인먼트 스토리텔링은 일정한 경로를 따라 문제 혹은 갈등을 단계적으로 탐색·해결해 나가는 경로 탐색 스토리가 주를 이룬다. 경로는 '플롯'에, 각 탐색은 '에피소드'에 상응한다.
- 상호작용성과 몰입[4)]!: 학습자가 경로 탐색을 마치 자신의 스토리처럼 느끼며 몰입해 게임처럼 즐길 수 있도록 구성하여 상호작용성을 극대화해야 한다. 상호작용성은 몰입을 위한 기반으로 피드백 효과를 높일 수 있다.

이상은 에듀테인먼트 스토리텔링 전반의 특성 및 원리로, 현재는 디지털 에듀테인먼트가 그 기능과 의미를 더해가고 있는 만큼, 디지털

---

4) 몰입이란 스스로 느끼지 못하는 사이에 적극적으로 행위를 이끌어 내는 정신 상태를 말한다. 몰입의 가능성은 대응을 요구하는 명확한 목표가 존재할 때, 그리고 목표가 너무 쉽지도 어렵지도 않을 때 높아진다. 학습자가 몰입을 하게 되면 피드백의 효과가 빨리 나타난다. (Cf. Csíkszentmihályi 1990)

에듀테인먼트 스토리텔링에 한정되는 고유의 특성 및 원리를 따로 한 번 살펴보자(류은영 2018, 100).

- Any-one-time-place!: 누구나-언제-어디서든 학습이 가능한 리얼타임 스터디 콘텐츠이다.
- 가상체험학습: 텍스트, 이미지, 그래픽, 사운드, 인터랙션 등 멀티미디어적 복합성을 기반으로 한 오감형 체험학습이 가능하다.
- 맞춤학습: 학습자가 자신의 요구와 수준에 맞는 알맞은 콘텐츠를 선택할 수 있으며, 반복 및 스크랩, 편집 등이 용이하다.
- 몰입 환경: 멀티미디어(=오감) 기반의 다중적 장치를 통해 최적의 몰입 환경을 제공한다.
- 재현과 타이밍: 오감에 호소하여 몰입을 강화해야 하는 만큼, 실감 나는 시각적 재현은 물론 순간적 일치감을 줄 수 있는 적절한 타이밍의 그래픽 및 사운드 효과가 필수적이다.
- 하이퍼링크: 메인 콘텐츠를 중심으로 관련 링크(하이퍼텍스트)를 풍부하게 제시하여 백과사전적 학습, 취사 선택적인 학습이 가능하도록 구성한다.

에듀테인먼트는 원론적으로 게임과 불가분의 관계이다. 왜냐하면 즐겁게 참여하는 학습을 표방하는 만큼 기본적으로 재미와 상호작용을 원리로 하는 게임 양식을 유효적절하게 활용하는 응용 버전이기 때문이다. 다시 말해, 에듀테인먼트 스토리텔링은 게임 양식의 변용, 궁극적으로 게임 스토리텔링으로 환원되는 향유의 세미오시스라고 할 수 있다.

요컨대, 게임은 수용자 중심의 스토리텔링 콘텐츠로서, '수용'을 담론의 화두로 하는 현대 수용미학의 전형이라고 할 수 있다. 하지만 게임의 위상은 관점에 따라 매우 상반되게 나타난다. 소통적인 대중문화 아니면 단순한 오락, 디지털 스토리텔링의 총아 아니면 현대 사회 병리 현상의 원인으로 평가되기도 한다. 현재 게임은, 기술적 완성도는 물론 내러티브 역시도 소설이나 영화와는 다른 고유의 형식을 정립하며 성장해가고 있지만, 여전히 가장 '대중적인' 문화 콘텐츠로 인식되고 있다. 결국 소비문화산업 콘텐츠인 만큼 '대중적'이어야 하지만 이 한정어가 '고급' 혹은 '예술적'이라는 말의 반의어처럼 인식되지 않도록 만드는 것도 게임 콘텐츠가 안고 풀어 가야 할 문제라고 할 수 있다.

2.3. 디지털, 향유의 세미오시스

디지털 시대는 스토리텔링의 시대다. 여기서 스토리텔링은 굳이 '인터랙티브'라는 형용어로 한정하지 않아도 인터랙티브 스토리텔링이다. 왜냐하면 구술적 연원의 스토리텔링이라는 개념은 그 자체로 구술의 속성, 즉 시공간성(실시간성), 다감각성, 상호작용성을 내포하는 개념이기 때문이다. 스토리텔링을 '인터랙티브' 스토리텔링으로 한정하여 사용할 필요성이 대두된 것은 디지털 콘텐츠가 점차 상용화되면서부터다. 구술이 유일한 담화 양식이었던 기원전과 달리 현대는 다양한 매체가 공존하며, 게다가 구술의 세 속성 중 하나 이상을 속성으로 하는 연설이나 영화, 게임 등 스토리텔링 장르도 다양해져, 각기 변별하여 한정하고 이해해야 하는 경우가 빈번해졌기 때문이다.

사실, 디지털의 상용화 이전인 20세기를 전후로 한 시기까지는 스토리텔링이라는 용어를 사용할 필요나 의미 자체가 없었다. 그때까지 우리는 '내러티브'라는 용어만으로 충분히 문화 장르 전반을 논할 수 있었다. 전형인 소설을 비롯한 문학 이외에도 만화, 영화, 음악, 미술, 공연 등 닫힌 텍스트 장르를 모두 내러티브, 그러니까 서사라는 말로 가리키고, 그렇게 이해해도 무방했다. 하지만 내러티브라는 용어가 상용화된 것도 사실 그리 오래된 일은 아니다. 고대에는 서사시(epic)가 있었고, 근현대에는 소설(novel)이 있었다. 20세기 들어 서사학(narratologie)[5]이 문학의 주 장르의 하나인 소설을 기반 텍스트로 하여 담론을 개진하면서 점차 서사라는 용어가 상용된 것이고, 한편으로 소설의 동어의처럼 인식이 굳어지게 된 것인데, 당연히 소설은 서사의 한 하위 장르에 속하는 것이다. 어떻든, 내러티브의 연원은 플라톤이나, 특히 담화의 갈래를 말로 서술하는 '디에게시스(diegesis. 서정시, 서사시)'와 모방해 재현하는 '미메시스(mimesis. 비극)', 두 갈래로 나눠 설명했던 아리스토텔레스로까지 거슬러 올라가는 것이다. 내러티브는 바로 이 디에게시스 갈래의 담화이기 때문이다. 현대 서사학자들은 디에게시스와 미메시스의 갈래 조합 대신 말하기(telling)와 보여주기(showing)라는 갈래 조합의 용어를 즐겨 사용하게 되는데, 여기서 말하기는 서술적인 내러티브, 보여주기는 재현적인 스토리텔링과 연계되는 것이다. 이와 같은 담화 갈래의 역사를 따라 내러티브는, 스토리텔링의 재현적인 구술의 속성과 변별되는, 서술적인 문학의 속성, 즉 구성적 시간성(↔물리적 시공간성), 논리적 인과성(↔재연적 다감각성) 그리고 심미적 형식성(↔소통적 상호작용성)을 기본 속성으로 하는 담화 양식으로 정립된다.

내러티브는 무엇보다 심미적인 형식성이 두드러지는 담화 양식이다. 내러티브는 물리적인 스토리(story/(*f.*)histoire/(*r.*)fabula)가 아니라 구성적인 플롯(plot/(*f.*)récit/(*r.*)sjužet)으로 환원되는 형식의 미학이다. 다시 말해 내러티브의 정수는, 사건의 재구성, 결말까지 잘 짜여진, 텍

---

5) 서사(narrative/(*f.*)récit)에 관한 학문을 말하며. 프랑스 인문학자 토도로프(Todorov 1966)가 명명함. 보다 상세한 정의는 류은영(2014, 373-375) 참조.

스토로 닫힌 이야기의 견고한 구조, 즉 플롯이라고 할 수 있다. 프린스(Prince 1982)는 플롯의 중요성을 강조하면서, 다소 극단적이기는 하지만, 사건은 하나 이상이어야 하며, 사건의 서술이 아닌 서술은 내러티브가 아니라고까지 단언한 바 있다. 결론적으로, 여기서 정의를 내려 보자면, 물론 견해는 다양할 수 있지만, 내러티브란 '하나 이상의 사건을 인과적 시간 구조에 따라 구성 서술하는 형식의 담화 양식'으로 정의할 수 있을 것이다.

우리가 디지털 스토리텔링에 관한 논의를 정리하기에 앞서 이상과 같이 '내러티브'에 대해 다소 긴 논의를 펼친 데는 이유가 있다. 무엇보다 스토리텔링이라는 용어의 정의를 구하는 문제가 그리 쉽지 않기 때문이다. 서구의 관련 연구서나 백과사전을 찾아보아도 일목요연한 정의를 구하기는 어렵다. 아마도 그들의 오랜 관습의 연장선상에 있는 일상적인 용어라 실생활의 범주에서 자연스럽게 체화되어 새삼 학문적인 재론의 필요성을 느끼지 못한 까닭이 클 것이다. 하지만 사실 정의를 내리는 자체보다, 오히려 서로 빈번히 혼용되고 있는 기존의 내러티브라는 용어와 변별을 해야 하는 문제가 더 중요할 수도 있다. 그리고 어쩌면 스토리텔링을 그 자체로 이해하려 들기보다 내러티브와 변별적으로 이해하는 편이 더 유의미할 수도 있는 일이다.

요컨대, 우선 내러티브는 '하나 이상의 사건을 인과적 시간 구조에 따라 구성 서술하는 형식의 담화 양식'으로 이해할 수 있다. 따라서 견고한 형식 미학을 추구하는 내러티브는 감각적이기보다 추론적인 성격이 강한 담화 양식이 된다. 그리고 이와 변별적으로 우리는 스토리텔링을 '사건을 시각이나 청각 등에 호소하며 실시간으로 전달하거나 주고받는 시공간적, 다감각적 또는 상호작용적 소통 방식으로, 현대 디지털 매체의 상용화와 함께 정치, 경제, 사회 문화 전반, 특히 미디어 및 엔터테인먼트 산업의 기반 소통 장치가 된 담화 양식'(류은영

2009, 245)으로 정의해볼 수 있을 것이다.

스토리텔링은 정의상 형식의 담화이기보다 소통의 담화이다. 대중적 보편성을 담보해야 하는 생활 밀착형 담화 양식이다. 여기에 '디지털'이 매체가 되면 '산업' 차원과 직결되며 보다 '소비 지향적', 따라서 보다 '유희적' 성격의 담화가 된다. 실제로 디지털 콘텐츠는 곧 엔터테인먼트 콘텐츠라는 등식이 성립한다. 물론 모든 예술은 어떤 식으로든 엔터테인먼트의 기능과 속성을 가지는 것이지만, 기존의 예술 매체와 디지털 예술 매체의 담화가 주는 그 즐거움의 결과는 차이가 있는 것이다.

요컨대, 게임의 유희가 선사하는 즐거움은 카타르시스보다 향락으로 이어지는 즐거움이다.

표 6. 카타르시스의 프로세스

비극 (콤플렉스)	→	감정이입 (동일화)	→	연민 (멜랑콜리)	→	카타르시스 (승화)

(류은영 2016, 61을 논지에 맞게 수정)

카타르시스는 작중인물을 통한 진정한 자기 대면, 자기 비극적 콤플렉스의 대면 없이는 이를 수 없는 감정 작용이다. 게임에는 진정한 감정이입, 곧 타자(캐릭터)=자아(플레이어)를 이루는 동일화는 일어나지 않는다. 그러니 연민의 대상 관계도 없으며, 결국 카타르시스도 없는 것이다. 감정의 과잉, 불쾌로 환원되는 잉여의 쾌락, 곧 향유로 환원되는 감각의 유희만이 남는 것이다.

게임의 인터랙션은 궁극적으로 자아의 외재화로 환원되는 자기 상실의 프로세스다.

표 7 게임의 인터랙션

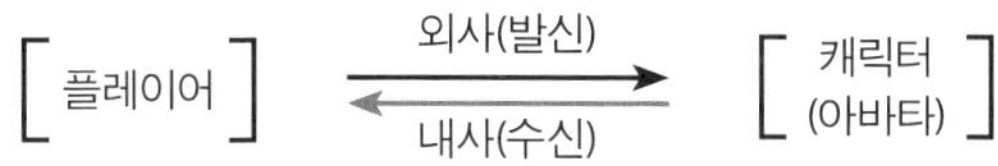

본래 소통은 일방적인 것이 아니다. 프로이트(Freud 1968)의 말처럼, 외사(projection. 감정의 분출/발현, 발신)와 내사(introjection. 감정의 수용, 수신)의 순환으로 이루어지는 것이다. 하지만 게임 속에서는 감정의 외사만 연쇄적으로 반복될 뿐이다. 플레이어는 자신의 아바타에 감정을 소비할 뿐, 회수하지 못한다. 게임 속 판타지한 아바타는 스펀지처럼 욕망을 빨아들일 뿐, 반영하지 않는다. 게임 속에서는 비극적 파토스를 가능케 하는 자기 콤플렉스의 대면, 진정한 감정이입과 연민, 그리고 카타르시스는 일어나지 않는 것이다. 결국 자아는 사라지고 과잉된 감정과 욕망을 집어삼킨 거대한 아바타만 남는 것이다. 게임의 스토리텔링을 두고 현대 사회병리학이 자아의 분리, 자아의 외재화로 환원되는 역기능을 이야기하는 이유가 바로 여기에 있다.

물론 그렇다고 디지털 매체가 우리에게 선사하는 비전들이 무의미해지는 것은 아니다. 구술이나 문자 혹은 인쇄 매체가 대신할 수 없는 디지털 매체 고유의 문명 이기적인 비전들을 열거해보면 길다. 머레이(Murray 1997)가 집약했듯, 우선 대중을 의미작용의 주체로 자리매김하는 '상호작용성', 그리고 전 지구를 연결망으로 하는 '네트워크성', 또한 문자와 이미지, 사운드, 영상 게다가 인터랙션까지 망라하는 '멀티미디어적인 복합성', 그리고 '사이버스페이스의 창출', 또한 즉각적 접속이 가능한 '접근 가능성', 원본과 완벽한 그리고 무한 복제가 가능한 '완전복제성', 가공이나 변형이 자유로운 '조작 가능성', 다중적인 사건의 '비선형성', 결말이 열린 '개방성' 등, 디지털 매체의 값진 비전들은 거의 무한하다. 따라서 이러한 디지털의 매체성을 기반으로 하는 디지털 스토리텔링 역시, 기존의 내러티브로는 구현 불가능했던, 그야말로 초월적인 매직이프의 세계, 모든 것이 가능한 유희의 파라다이스를 선사한다. 이제 루카스 감독이 재현 불가능성으로 하여 에피소드를 4-5-6-1-2-3-7-8-9편 순으로 제작할 수밖에 없었던 <스타워즈> 시리즈의 우여곡절은 옛이야기가 되었다.

디지털 스토리텔링은 극대화된 '재현 가능성'이나 가상의 '판타지아', 유희적인 '상호작용성'의 전형이 무엇인지를 보여준다. 까마득한 창세기든, 세상 너머의 우주든, 창조자들은 상상의 무한한 재현이 가능해진다. 유저들은, 안주할 곳 없는 현대인들의 도피처, 곧 상상이 현실이 되는 꿈같은 판타지아를 발견하며, 그 가상공간 속에서 자기를 표현하고 즐기는 능동적 향유자가 된다. 디지털 스토리텔링은 모두에게 초월적 유희의 세계로 갈 수 있는 맵을 펼쳐준 것이다. 하지만 딜레마는 이러한 비전 자체가 동시에 디지털 스토리텔링의 한계로 환원된다는 사실이다.

디지털 스토리텔링의 비전은 다층적이며, 그만큼 그 유희의 세미오시스는 다의적인 것이 된다. 디지털과 휴먼의 유희적 소통은 감각에서 욕망으로, 또 즐김, 쾌락, 향락으로 강화되고 넘치는 '향유', 라캉(Lacan 1986, 184)의 말처럼, "자기 한계를 넘어선 고통스러운 쾌락"으로 환원되는 것이다.

본래 '향유'는 후기구조주의 담론의 근간을 이루는 개념 원리의 하나로 바르트와 라캉을 비롯한 거의 대다수 후기구조주의 학자들이 문화 수용의 새로운 관점 및 인식의 출발점으로 삼아 주요하게 다루었던 논제이다. 그리고 물론 이제 대중이 주체가 된 오늘날의 디지털 환경에서는, 더 이상 새롭다 할 수 없는, 일상 문화의 수용 논리 자체가 되었다. 20세기 중반까지 미학적 자의식에서 대중과 단절적인 길을 걸었던 모더니즘과는 대조적인 행보로, 포스트모더니즘은 일상이 문화가 되고 놀이가 창조가 되는 사회 소통적인 문화 환경을 지향하며 대중문화의 저변을 확장하여 오늘에 이르렀다. 후기구조주의(기존의 '구조'주의를 '해체'한다는 의미에서, 해체주의라고도 불림)는 그러한 영미의 포스트모더니즘 현상을 설명하는 논리적 이론으로서의 몫을 담당한, 동시대 프랑스의 철학적, 문학적, 미학적 사조로, 이 후기구조주의는 변화하는 문화의 변화에 지향성을 부여하고자 하는 사유와 더불어 '대중'을 직시한 인식의 발현이었다. 후기구조주의 담론을 주도했던 바르트나 라캉이 '향유'의 문제를 제기한 까닭도 결국은 바로 그러한 대중에 대한, 혹은 대중의 문화 수용에 대한 인식에서 비롯한 것이었다. 요컨대, '향유'는 대중문화, 더욱이 보다 유희적이 된 디지털 문화의 수용 논리, 곧 '디지털 수용의 세미오시스'라고 할 수 있다. 디지털 스토리텔링은 가장 전형적인 디지털 수용의 세미오시스, 디지털 향유의 세미오시스다. 디지털 시대의 소통, 아니면 놀이 혹은 유희는 언제나 향유로 환원되는 과잉의, 잉여의 세미오시라고 할 수 있다.

우리말로 향락, 희열 등으로도 옮길 수 있는 프랑스어 'jouissance'는 영어로는 'enjoyment'에 해당하지만, 'enjoyment'에 없는 여러 의미, 특히 성적 의미까지 함축하고 있어, 라캉 정신분석학자들은 일반적으로 프랑스어를 그대로 사용하며, 우리도 그대로 '주이상스'로 옮기기도 한다. 바르트(Barthes 1973)의 경우는, 텍스트론에서 이 향유를 쾌락(plaisir/pleasure)과 구별하여 논하였는데, 이때의 향유는 수동적인 '즐거움'인 쾌락에 대비되는, 주체로서의 능동적인 '즐김', 말하자면 단순한 '소비'가 아닌 참여적 '수용'을 의미하는 것이었다. 라캉(Lacan 1986)으로 가면서 향유의 논리는 보다 심층적이고 다의적이 된다. 물론 초기에는 생물학적 욕구 충족에 따른 유쾌한 감각 정도로 설명하였으나, 프로이트(Freud 1981)의 '쾌-불쾌의 원리(le principe de plaisir-déplaisir)'를 반영하여 점차 확장하면서, '불쾌로 환원되는 넘치는 잉여적인 쾌', '성적 쾌락', '성적 즐김'과 같은 성적 의미까지 함축하게 된다. 집약하자면 "자기 한계를 넘어선 고통스러운 쾌락"[6]이라고 할 수 있다. 디지털 시대의 유희는 자기절제를 잃은 향락, 충동적이고 감각적인 넘치는 잉여, 불쾌로 환원되는 쾌, 즉 "자기 한계를 넘어선 고통스러운 쾌락"의 행위가 되는 것이다. 현대인의 유희가 허탈과 좌절, 단절... 결국 자기 상실로 끝나는 까닭이 바로 여기에 있다.

현대인은 종이에 글을 쓰고 책을 읽는 대신, 사진을 올리고 인스타그램을 본다. 팬픽을 올리고 보며 향유한다. 예컨대, 서로를 정당화하는 폐쇄된 팬 포럼의 울타리 안에서 서로 광팬임을 자처하며 팬픽을 쓰고, 선정적인 장면을 시청하거나 캡처해 공유하기도 하는 그러한 어떤 열광 혹은 중독은 결국 현대인의 억압된 성적 판타지의 도착적 실현, 라캉의 시각을 빌자면 어떤 도를 넘어선 성적 쾌락의 추구, 곧 위험한 향유다. 하지만 문화는 옳고 그른 도덕이 아니라 공유하는 소통의 윤리다. 하물며 대중문화는 더욱 그러하다. 그러니 팬픽 대신 소설을 읽으라고 강요할 수 있을까? 아날로그로 돌아가자고 할 것인가?

4. 나가며: 디지털, 향유인가 상실인가?

어느 시대나, '문화가 어디로 가고 있는가'를 자문한다. '진보하고 있는가'를 묻는다. 우리도 '아날로그에서 디지털로 가는 문화가 과연 진보인가'를 묻고 있다. 하지만 이러한 질문은, 그것이 자문이든 의구심이든, 어떤 의미에서든 눈 감지 않고 깨어있고자 하는 시대인식 아니면 자기인식이 된다. 안티가 진보가 되는 것은 아니다. 진보는 안티가

6) 이러한 한계를 넘어서는 확산적이고 유동적인 속성 때문에 향락은 일종의 물질명사처럼 항상 정관사와 함께 단수로 사용된다. (Cf. 류은영 2014, 656-659)

아니라, 대안이 되는 비전에서 비롯하는 것이다. 하지만 사실 문화에는 진보나 퇴보는 없는 것이다. 문화는 자기 이치로 돌고 돌며 그대로 이어지는 것이다. 따라서 중요한 것은 현실의 직시다. 다시 말해 어느 시대에나 필요한 것은, 이미 현실이 된 현상을 수용하면서 그 안에서 최선을 모색하고자 하는 항상 깨어있는 인식, 쉼 없는 비전의 추구가 될 것이다.

디지털 스토리텔링은 다감각적인 현란함에 상호 소통의 미덕까지 내재하고 있는 현대인의 담화 양식이다. 디지털에 길들여진 현대의 '향유자'에게는 문학의 내러티브보다 디지털 스토리텔링이 매혹적일 수밖에 없는 것이 당연한 이치다. 소설을 읽는 것보다 영화를 보는 것이 재미있을 것이며, 가상의 세계를 서핑하는 것이 보다 환상적일 것이다. 이미 반세기 전 맥루한(McLuhan 1964, 34)은 "모든 미디어는 부주의한 사람들에게 기성 개념을 주입해버리는 힘을 갖고 있다"라고 경고했었다. 가상공간 속의 무한한 자유는 결국 허구다. 에이전시의 간접성, 그리고 변형의 가상성 등으로 하여 향유자를 자아와 분리시키고 허구적 자유를 강제한다. 게임의 자유는, 살몽(Salmon 2008, 13)의 말처럼, 정교한 매뉴얼에 따른 "제시된 경험"일 뿐이며, SNS의 자기과시는 타자의 욕망을 희구하는 자기 상실일 뿐이다. 모두 타자의 숨은 욕망으로 환원되는 자기 상실인 것이다. 소통이 자기 상실이 되는 결과를 낳을 수 있는 것이다. 디지털 시대에, 우리가 현대인의 단절, 자아 상실을 이야기하는 이유다.

디지털 스토리텔링은 원론적으로 구술과 마찬가지로 소통의 미학이지만, 그 소통은 자기 상실로 이어지는 위험한 향유가 될 수 있다. 디지털 스토리텔링에는 구술이 가진 내면적이고 통합적인 말의 성스러움과 보편 심상이 결여되어 있다. 디지털 스토리텔링에는 진정한 자기와 인간에 대한 마주함이 부재한다. 현란한 디지털 영상과 음향, 인터랙션의 세계에서 감각적으로 마주하고 지나치는 찰나의 만남 속에 인간의 보편 심상이 자리할 시간과 공간은 없는 것이다. 고대인들이 쓰던, 인간의 오랜 보편 심상이 담긴 '용맹한 군인', '아름다운 공주', '단단한 참나무'와 같은 정형구가 가졌던 미덕, 휴머니즘적인 희로애락의 감성이 없는 것이다. 물리적인 기술의 변화가 인간 예술의 본질 자체를 변화시킬 수는 없다. 디지털 속에 담기는 이야기도 결국 인간의 이야기이다. 진부함은 형식의 문제이지 본질의 문제는 아니다. 진부함은 어쩌면 보편성과 통하는 휴머니즘, 시공간을 초월하는 인류의 원형적 심상인지도 모른다.

인간이 창조하는 문화의 아름다움은 결국 휴머니즘적인 내용과 미학적인 형식에 있는 것인바, 디지털스토리텔링은 그 고유의 메커니즘적인 물리성(형식-시스템)과 원초적인 감각성(내용-세계관)에 대해 고민하면서 인간 보편의 휴머니즘을 돌아보아야 할 것이다. 결국, 구술의 형식이 아니라 구술의 내용, 그 진정한 소통의 미덕을 돌아보아야 할 것이다. 기술의 극치를 구현한 디지털 스토리텔링은 이제 '인류 보편의 가치는 무엇일까'라고 하는 오랜 인문학적 질문을 자문해보아야 할 시점이다. 아이러니하게도 21세기 디지털의 실마리는 까마득한 고대 인류의 보고, 그 오랜 인간의 보편 심상, 그 희구, 그 휴머니즘 속에 있는 것이다. 아니면, 왜 우리가 디지털 시대에 '휴먼 감성 테크'를 이야기할 것인가?

참고문헌

김창배. 1999. 『21C 게임 패러다임』. 서울: 지원미디어.

류은영. 2009. "내러티브와 스토리텔링: 문학에서 문화 콘텐츠로." 『인문콘텐츠』 14: 229-262.

류은영. 2010. "담화의 논리: 구술에서 디지털스토리텔링까지." 『외국문학연구』 39: 77-98.

류은영. 2014. "향유." 『문체론 용어사전』. 김희영 외, 656-659. 서울: 한국외국어대학교 출판부.

류은영. 2016. "그로테스크와 카타르시스의 정신분석학적 상관성 연구." 『외국문학연구』 63: 51-71.

류은영. 2018. "인문학적 스토리텔링을 통한 인성교육." 『미래세대를 위한 인성교육』. 강선보 외, 91-120. 서울: 학지사.

백영균. 2005. 『에듀테인먼트의 이해와 활용』. 서울: 정일.

이인화 외. 2003. 『디지털 스토리텔링』. 서울: 황금가지.

Barthes, Roland. 1973. *Le Plaisir du texte*. Paris: Seuil.

Csíkszentmihályi, Mihály. 1990. *Finding Flow: The Psychology of Optimal Experience*. New York: Harper and Row. (『몰입의 즐거움』. 미하이 칙센트미하이/이희재 옮김. 서울: 해냄, 1995.)

Floch, Jean-Marie. 1990. *Sémiotique, marketing et communication: Sous les signes, les stratégies*. Paris: PUF.

Freud, Sigmund. 1968. "Deuil et mélancolie." In *Métapsychologie*. Paris: Gallimard.

Freud, Sigmund. 1981. "Au-delà d'un principe de plaisir." In *Essais de psychanalyse*. Paris: Payot.

Lacan, Jacques. 1966. *Ecrits*. Paris: Seuil.

Lacan, Jacques. 1986. *Le Séminaire. Livre VII. L'Éthique de la psychanalyse*. Paris: Seuil.

Genette, Gérard. 1972. *Figure III*. Paris: Seuil.

Greimas, Algirdas Julien. 1966. *Sémantique structurale: Recherche de méthode*. Paris: Larousse.

Havelock, Eric A. (1963) 1998. *Preface to Plato*. Cambridge: Belknap Press of Harvard University Press.

Lord, Albert B. (1960) 1988. *The Singer of Tales*. Cambridge: Harvard University Press.

McLuhan, Marshall. 1964. *Understanding Media: The Extensions of Man*. New York: McGraw Hill. (『미디어의 이해: 인간의 확장』. 마샬 맥루한/박정규 옮김. 커뮤니케이션북스, 1997.)

Murray, Janet. 1997. *Hamlet on the Holodeck: The Future of Narrative in Cyberspace*. Cambridge, Massachusetts: MIT Press. (『사이버 서사의 미래: 인터랙티브 스토리텔링』. 자넷 머레이/한용환 외 옮김. 서울: 안그라픽스, 2001.)

Myers, David. 2003. *The Nature of Computer Games: Play as Semiosis*. New York: P. Lang.

Ong, Walter J. 1982. *Orality and Literacy*. London: Routledge. (『구술문화와 문자문화』. 월터 J. 옹/이기우 외 옮김. 서울: 문예출판사, 1995.)

Parry, Milman. (1971) 1987. *The Making of Homeric Verse. The Collected Papers of Milman Parry*. ed. Adam Parry. New York: Oxford University Press.

Prince, Gerald. 1982. *Narratology: The Form and Functioning of Narrative*. Berlin: Mouton.

Propp, Vladimir. 1970. *Morphologie du conte*. Paris: Seuil.

Salmon, Christian. 2008. *Storytelling, la machine à fabriquer des histoires et à formater les esprits*. Paris: La Découverte. (『스토리텔링, 이야기를 만들어 정신을 포맷하는 장치』. 크리스티앙 살몽/류은영 옮김. 서울: 현실문화, 2010.)

Todorov, Tzvetan. 1966. "Les catégories du récit littéraire." *Communication* 8: 125-151.

제3장

트랜스 미디어 스토리텔링의 유희성과 미학

- 영화 <버닝>의 '포토 플레이'에 대한 기호적·실용적 접근

제3장 트랜스 미디어 스토리텔링의 유희성과 미학

– 영화 <버닝>의 '포토 플레이'에 대한 기호적·실용적 접근

이윤희

1. 들어가는 말: 디지털 시대의 영화 경험

미국의 심리학자 뮌스터베르크(1863-1916)는 영화가 예술의 형식을 갖춘 독자적 매체라고 최초로 주장한 사람이다. 그는 <넵튠의 딸 Neptune's Daughter>(1914)을 보고 난 이후 영화 매체에 관심을 갖게 되었다. 2년 후에 출간된 『포토 플레이: 심리학적 연구(The Photoplay: A Psychological Study)』(1916)는 무대에서 스크린 위로 전위된 새로운 형태의 매체를 심리학적 관점에서 다룬다(이윤희 2019 참고). 뮌스터베르크의 주장에 따라, 매체 변형의 관점에서 보자면, 영화는 올드미디어인 연극과 당시에 뉴미디어인 사진과의 결합을 통해서 탄생한 재매개된 매체, 곧 트랜스 미디어라고 이해될 수 있다. 혹은 영화라는 매체는 3차원의 연극무대가 2차원의 스크린으로 전위된다는 점에서 '포토 플레이(photoplay)'로서 이해될 수 있다. 연극과 영화와의 상관관계에 기초하여 영화 매체를 연구한 뮌스터베르크의 '포토 플레이'의 개념은 트랜스 미디어의 성격, 정확히는 트랜스 미디어 스토리텔링을 이해하는 중요한 실마리가 된다. 왜냐하면 포토 플레이로서 영화의 독자성은 사진 매체의 특이성에서 연극 매체가 변형된 형태를 취하기 때문이며, 이는 연극과 사진 두 매체가 어느 한쪽에 치중됨이 없이, 혹은 우위를 차지하지 않으면서도, 두 매체의 개별적 특성들이 영화라는 매체에서 수렴된다는 것을 함축하기 때문이다. 이러한 점은 헨리 젠킨스가 정의하는 트랜스 미디어의 특성을 잉태하고 있다. 다시 말해 젠킨스는 트랜스 미디어의 개념이 테크놀로지에 의한 수렴의 문화(Jenkins 2006)와 의미론적 영역에서 트랜스 미디어 스토리텔링의 관계를 통해 매체를 횡단하며 각 매체의 특성에 기초하여 수렴되는 어떤 것이라고 주장한다. 따라서 알자모라(2019)는 트랜스 미디어라는 관념이 현재의 문화적 현상이라고 지적한다.

영화 매체에서 '트랜스(trans)'의 개념은 다른 형태로 표현되기도 한다. 예를 들면, '트랜스내셔널(transnational)' 시네마, '글로벌' 시네마, 혹은 '월드' 필름 등이 그것이다(Stam 2019). 스탐은 영화가 기본적으로 시각(문학)과 청각(음악)의 매체를 사용하는 트랜스아트라고 말한다(Stam, 2019). 이 같은 다양한 표현을 통해 나타나는 트랜스 미디어 스토리텔링과 연관된 '트랜스'라는 개념은 궁극적으로 매체를 경험하는 수용자의 정체성과 맞물려 있다. 다시 말해 '트랜스 주체(trans-subject)'로서 기능하는 관객이 각 매체를 횡단하고, 감정과 사고 사이를 횡단하며, 자아가 구성되는 '트랜잭션 자아(the transactional self)'의 개념과 연관된다(Bruner 1986, 57-69).

'트랜스' 방법론에서 주목하는 것은 무엇인가? 재매개의 차원을 넘어 트랜스 매개에서 지향하는 것은 수렴(convergence)의 개념이다. 바꾸어 말하면 보편성 혹은 일관성에 대한 추구이다. 수렴의 개념은 외적 현상과 내적 현상의 탐구에서 얻어질 수 있다. 이 같은 탐구는 트랜스 매개를 통해 변형되는 매체와 인간 사이의 관계를 조명하며, 매체 경험을 개인의식의 차원에서뿐만 아니라 공동체적, 문화적, 집단적 의식과 함께 살펴보게 한다. 한 매체가 다른 매체를 모방하면서 변형되는 과정은 한 사고가 다른 사고를 모방하면서 재창조되는 인간의 정신세계와 유사하다.

영화 비평가들에게는 잘 알려져 있지 않은 뮌스터베르크의 영화이론을 본 논문에서 주목하는 이유는 '포토 플레이'의 개념이 함의하는, 매체 변형과 수용자의 매체 경험이 맺는 상호적 관계 때문이다. 이것은 디지털 시대의 영화 경험이라는 맥락에서 전개될 수 있을 것이다. 구체적으로 말해 디지털적 요소의 가상성을 잠재적으로 지닌 영화가 21세기 디지털 혁명을 통해 영화 경험을 어떻게 변화시켰는지에 관한 탐구이다. 매체와 그것의 지각 경험의 관계는 미디어 이론가인 마셜 맥루한의 격률 '미디어는 메시지다'에 잘 표현되어 있다. 기술결정론적 관점에서가 아닌 체현된 메시지로서의 매체 경험은 경험 주체가 매체와 메시지 사이에 존재하며 두 관계가 변증법적으로 해석된다. 이는 베냐민의 장난감에 대한 사유에서 유사하게 나타난다. 다시 말해 놀이매체인 장난감의 유의미성은 장난감에 의해 재현되는 놀이 개념에 있다는 사유와 연결된다. 베냐민에 따르면, 장난감 놀이, 즉 모방 놀이에서 현재와 과거가 교차된다. 어른들에게 한때 성스러웠던 제의적 물건들이 아이들에게 세속적인 놀이의 도구로 변형된다(김남시, 2014). 따라서 베냐민에게 놀이도구인 장난감매체는 시간성을 담고 있는 메시지이다. 아이들은 장난감을 매개로 한 놀이 활동에서 반복을 통해 즐거움을 경험한다. 이러한 측면에서 놀이형식으로서의 영화 매체를 고찰한 베냐민의 사유는 영화 매체를 경험하는 관객이 각색을 통한 재생산의 놀이 주체가 됨을 함축하고 있다.

매체의 경험은 의식에 나타난다. 퍼스에 따르면 의식은 느낌, 반응, 사고의 형태로 경험된다. 첫째, 일원적 형태의 경험은 감각 지각에서 오는 전체성의 느낌이다. 둘째, 이원적 형태의 경험은 주체와 대상이 분리되는 이중적 의식의 실존적 경험이다. 셋째, 삼원적 형태의 경험은 이중 의식의 대립되는 느낌을 연결하는 메타 의식적인 배움의 경험이다(Peirce, CP 7.529, 7.551). '포토 플레이'로서 간주된 영화 매체를 이러한 세 차원의 의식에서 살펴보는 것은 인간의 정신 활동을 객관적으로 관찰할 수 있는 기회가 된다. 즉 우리는 이러한 과정을 통해 감정, 사고, 행동이 연속되어 있음을 이해할 수 있고, 이는 지각 경험이 배움의 경험으로 변형되는 과정이다.

본격적인 분석과 해석에 들어가기 전에 열린 결말로 회자되는 이창동 감독의 영화 <버닝>(2018)의 마지막 장면을 서술해 본다. <버닝>에서 주인공 종수는 21세기 한국의 한 젊은이를 재현한다. 영화의 마지막 장면은 하나의 질문을 던진다. '인간은 무엇인가?'가 그것이다. 벤의 차 포르쉐를 불태운 후, 앞을 향해 멀어져가는, 나신(裸身)의 종수 뒷모습은, '그는 누구인가', '나는 누구인가', 더 나아가 '인간은 무엇인가?'라는 일반적인 질문을 관객에게 던진다. 그리고 그 질문에 답하는 트랜스 미디어 스토리텔러인 '나'는 해미일 수도, 벤일 수도, 종수일 수도 있다. 아니면 그 셋 모두일 수 있다.

우리 모두는 다양한 모습을 지닌 심리적인 인간이다. 하지만 인간을 인간되게 만드는 것은 일관성을 통해 인지되는 인격성(personal identity)에 있다. 주체성과 자율성의 특성을 지닌 자아 개념에 기초하여 인격은 타자와의 상호주관적 관계 속에서 발전한다. 이 같은 자아의 개념이 심리적 인간을 통제하며, 그 결과로 기호적 자아는 매개 자극을 통해 배움의 경험을 얻는다. 글쓰기를 매개로 자아에 대한 지식을 얻고, 자아에 대해 해석하며, 자아 정체성이 형성된다. 영화 이미지에 나타난 다양한 '나'의 모습, '나'의 내면을 바라보며 스토리텔링하는 스토리텔러로서의 관객은 영화 속 인물, '글쓰기'와 '불태우기'로 겹쳐진 종수의 이미지를 닮았다.

종수는 내적 세계에서 아버지의 분노를 숨기고 있으며, 해미의 상상의 세계에 이끌려 그녀를 사랑하게 되고, 인생을 놀이로 생각하는, 현실에 얽매이지 않은 벤의 세계를 부러워한다. 종수는 글쓰기를 통한 내러티브 세계에서 자기를 통합하려고 한다. 왜냐하면 언어는 느낌을 불러내고, 움직이게 하며, 사고하게 만드는 매체이기 때문이다. 더 정확히는 이미지, 언어, 행동을 포함하는 내러티브는 매체와의 상관관계 속에서 자기 자신을 보게 하는 힘을 가지고 있기 때문이다. 내러티브는 매체로서 대상을 지각하는 인지 형식이고, 또한 다중 양식성을 문화적으로 규정하게 하는 사고의 장르이다. 그런 점에서 디지털 문화에서 트랜스 미디어 스토리텔링은 수용자의 능동적이고 자율적인 트랜스 미디어 스토리텔러로서의 유희적 기능을 부각한다. 다시 말해 내러티브 기호를 매개로 한 스토리의 세계가 교환되고 전달되면서 트랜스 미디어 스토리텔러는 자신의 내러티브 세계를 만들면서, 자율적 주체로서 내러티브를 수행한다.

트랜스 미디어 스토리텔링의 유희성과 관련하여 위의 서술은 어떤 영화적 경험을 드러내려고 하는가? 영화 경험이 유희성의 측면에서 비디오 게임과 같은 디지털 매체 경험과는 어떻게 다른가? 이 같은 질문은 실용적 관점의 영화연구를 제시하며, 영화적 경험의 유희성이 관객 주체의 자율성에 기초한 사유의 유희성과 연결되어 있음을 함축한다. 더 나아가 영화 매체를 통해 자아를 발견하고, 자아지식에 이르는 예술형식으로서의 영화 기능도 내포한다. 이러한 측면은 관객이 영화를 사유의 도구로 탐구할 수 있다는 점을 부각하는 것이기도 하다. 따라서 영화 매체의 경험은 기호적, 실용적 측면에서 트랜스 미디어 스토리텔러의 경험을 기술하는 것이 될 것이다. 아울러 관객의 스토리텔러로서의 경험은 디지털 문화에서 변형되는 영화 매체에 관한 탐구와 연동된다. 그러므로 이 과정에서 영화 매체가 수용자의 내러티브 실천을 통해 글로벌 미디어, 트랜스 미디어의 특성을 지닌다는 점이 드러난다.

영화 매체는 이미지, 음악, 언어를 사용하는 멀티미디어의 성격과 사진 편집을 통한 내러티브 테크닉에 기초하는 가상성으로서 특징지어진다. 마노비치도 이런 영화의 특성에 주목하면서, 그것이 가진 뉴미디어 속성을 지적한 바 있다(Manovich 2001, 78-88). 그렇다면, 디지털 시대에 영화는 어떤 점에서 변별적 요소를 가지는가? 영화적 경험, 곧 유희적 경험의 차원에서 그 요소를 찾을 수 있다. 유희적 경험은 반복, 실험, 참여, 상호작용 등의 요소들을 기반으로 한다.

디지털 문화는 스크린 문화라고 할 정도로 그것이 크든 작든, 2차원의 시각적 경험을 매개로 3차원의 현실을 상상하거나 사유하게 한다. 영화 매체의 경험은 2차원적 이미지에서 3차원적의 가상세계를 경험하는 형태를 띤다. 즉 현실 세계와 정신세계의 만남이다. 다시 말해 평면 위의 두 점의 존재가 그 두 점 사이를 잇는 정신을 전제하듯이 2차원적 화면에 나타나는 이미지들의 관계는 그것을 시간적, 공간적, 인과적으로 연결하는 제3요소인 매개하는 정신인 내레이션을 전제하고 있다. 이러한 점에서 디지털 시대의 영화 매체는 3차원의 가상적인 실재가 영화 이미지에 나타나고, 다시 영화 이미지를 매개로 의식 세계를 이해하게 하는 이중의식 혹은 타자의식의 경험을 가능하게 한다.

뮌스터베르크의 영화 예술형식은 두 가지 요소로 특징지어진다. 분리(isolation)와 암시(suggestion)가 그것이다(Münsterberg 2002, 12; 19). 앞에서 언급한 것처럼, 퍼스의 경험의 구분 중에서 2차성 모드의 경험은 주체가 대상에서 분리된다. 이러한 분리 혹은 거리를 연결하는 의식은 3차성 모드의 경험인 메타의식으로서 이는 다시 세 모드로 세분된다. 추상화(abstraction), 암시(suggestion), 연상(association)

이 그것이다(Peirce, CP 7.551). 뮌스터베르크의 두 요소는 퍼스의 경험의 범주에서 확인될 수 있다. 즉 뮌스터베르크의 '분리'는 퍼스의 2차성 모드의 경험에서 나타나며, 이는 두 상이한 느낌이 병치되는 이중의식 혹은 타자의식이다. 한편, 암시는 퍼스의 3차성 모드의 경험에 속하는 연결의식에서 확인될 수 있다. 다시 말해 한 느낌이 다른 느낌을 불러오면서 두 느낌이 비교를 통해 연결된다. 전자가 현상과 관련된 외적인 감각적, 지각의 경험에 속한다면, 후자는 내적 세계에서 지각의 변화에 대한 경험이다. 영화 매체를 경험한다는 것은 두 차원을 모두 포함한다. 따라서 영화의 경험에서 감각적 유희와 정신적 유희가 혼합된다.

영화의 예술형식, 두 요소를 경험하는 것은 관객을 포토 플레이 유희성의 세계로 인도한다. 포토 플레이의 유희성은 영화 이미지의 트랜스 미디어 스토리텔링과 관객의 스토리텔링이 대화적 과정에 있을 때 그 효과가 커진다. 매체 수용자는 매체와 내러티브 간 관계에 주목하면서 소설이나 연극에서처럼 매체 의존적인 내러티브, 사진에서처럼 매체 독립적인 내러티브를 경험한다. 두 경우에 기초하여 관객은 영화에서 매체와 내러티브 간 변증법적 관계를 확인한다. 이창동 영화 <버닝>에서처럼 소설에서 영화로의 트랜스 미디어 경험은 매체 의존적인 내러티브에서 수용자의 내러티브 실천을 통해 매체와 내러티브 간 통합과정으로 이어지면서, 관객으로 하여금 새로운 내러티브가 만들어지는 과정을 인식하게 한다. 이때 영화 경험은 관객이 주체적이며 자율적인 트랜스 미디어 스토리텔러가 되도록 돕는다.

정리하면, 본 논문은 트랜스 미디어 스토리텔링의 유희성과 미학에 관한 고찰을 목적으로, 관객의 트랜스 미디어 스토리텔링의 과정을 포토 플레이의 개념을 적용하여 설명한다. 따라서 이 점을 입증하기 위해서 미메시스와 디에게시스 모드로 구성된 스토리텔러의 내러티브 과정을 두 축에서 기술한다. 로제 카이와의 놀이 범주 개념에 따라, 한 축은 아곤(경쟁놀이)과 일링크스(현기증놀이)에서 미미크리(모방놀이)로 변형되는 지각 경험의 포토 플레이이고, 다른 한 축은 미미크리에서 일레아(주사위 놀이)로 변형되는 포토 플레이이다. 따라서 전자에서는 이미지, 기억, 스토리텔링의 관계가 분석되고, 후자에서는 정신의 다이어그램으로서 영화 이미지를 가추적 추리를 토대로 해석하는 과정이 서술된다. 이러한 두 축의 분석이 '분리'와 '암시'의 두 요소를 기반으로 하는 정신의 실험으로서 영화 이미지를 경험하고 해석하는 가추적 추리임을 보인다. 결과적으로 이 과정은 트랜스 미디어 스토리텔링의 참여자로서, 더 나아가 공동 저자로서 관객이 영화 텍스트와 상호작용하는 디지털 시대의 영화 경험에 대한 서술이 될 것이다.

2. 놀이, 인간, 매체, 그리고 테크놀로지

베냐민은 영화를 놀이형식으로 규정한다. 그가 말하는 놀이란 실러의 유희충동(Spieltrieb)에 기초한다(Hansen 2012, 183). 하지만 최성만이 지적하듯이, 베냐민의 유희의 개념이 실러의 미적 유희와 다르며, 베냐민은 이를 경험 차원에서 고찰하고, 유희가 습관을 창조하는 기관이라는 점을 강조한다. 따라서 베냐민은 시각보다는 촉각에 우위를 두었다(최성만 2008, 45). 베냐민에게 미적 유희는 장난감 놀이에서처럼 아우라가 상실된 기술복제시대 영화형식이 갖는 놀이의 개념에서 발견된다. 그러므로 베냐민의 사유를 적용하면, 포토 플레이의 영화 놀이형식에서 스토리텔링의 경험을 통한 유희는 자기비판과 자기성찰에 이르는 느낌의 자질을 갖게 한다. 유희가 경험에 기초하고, 습관을 형성한다는 베냐민의 사유는 느낌과 연관된 퍼스의 미학 개념과 통한다. 퍼스 또한 실러의 미학 개념을 적용하여 사신의 미학 개념을 정립하지만, 베냐민과 유사하게, 행동이 완전하게 의도적이려면, 그 행동의 이상(ideal)은 자기비판과 타자비판 과정의 영향아래 성장했던 느낌의 습관이 되어야 한다고 주장한다. 따라서 퍼스는 그러한 느낌의 습관에 관한 의도적인 형성의 이론이 미학이 의미하는 바가 되어야 한다고 지적한다(Peirce, CP 1.573). 이는 미학을 발전시킨 독일인과는 다른 접근인데, 그들은 미학을 단지 유희충동의 행동인 취향에 국한시켰다. 그 결과로 퍼스는 거기에서 나오는 깊고 진정한 감정은 배제된 것처럼 보인다고 말한다(Peirce, CP 1.574; Barnouw 1988, 609).

베냐민은 영화 매체에 대해 긍정적으로 평가한다. 잘 알려져 있듯이, 베냐민은 기술복제시대에 아우라가 상실된 예술작품이 갖는 위기와 정체성의 문제에 관해 사유한다. 그의 주된 생각은, 새 포도주는 새 부대에 담아야 하듯이, 기술복제시대 예술작품의 의미를 재해석하며, 따라서 예술작품이 갖는 아우라의 개념을 재해석하게 만든다. 베냐민이 주장하는 놀이형식으로서 영화의 유의미성 혹은 가치는 반복성에 있다(Hansen 2012, 189-195).

뮌스터베르크의 예술형식으로서 영화와 베냐민의 놀이형식으로서 영화 개념과의 만남은 영화의 기호적, 실용적 접근을 가능하게 한다.[1]

---

1) 뮌스터베르크가 영화를 부상하는 예술의 형식으로 간주한 사실에 기초해, 콜라피에트로는 무성영화에 대해 단지 알고 있었던 사람이 그것에 대해 웅변적으로 이야기한 것에 비해, 영화적 표현에 대한 풍부한 경험을 했던 사람들이 어떻게 침묵할 수 있는지에 대해 묻는다(Colapietro 2000, 486). 뮌스터베르크의 저서를 환기하는 것이 컨템포러리 아트로서의 영화를 새롭게 하는 것이기를 희망하는 콜라피에드로의 바람을 토대로, 뮌스터베르크의 영화이론을 베냐민의 놀이형식의 사유와 결합하는 것은 디지털 시대 영화의 의미를 관객의 경험 차원에서 새롭게 사유하는 것이다. 즉 관객이 모방 놀이와 지능 놀이 활동에서 영화를 매개로 철학적 탐구를 하는 것이다. 이런 맥락에서 영화의

이는 영화 매체가 관객이 다시 쓰는 텍스트의 소재가 될 수 있다는 가능성을 드러낸다. 다시 말해 영화 이미지에 나타난 정신의 재현으로서 의식의 경험이 규칙에 의한 놀이형식과 만남으로써 디지털 시대 상호작용적 참여라는 개념이 영화 매체를 통해 실현된다. 이러한 다시 쓰기의 트랜스 미디어 스토리텔링의 과정은 재생산을 통해 반복되는 것이 전달되면서 예술작품의 아우라가 지니는 가치가 유일성에서 일반성, 혹은 가능성으로 전환되는 변형으로 이해될 수 있다. 따라서 아우라의 개념은 실체 속에 존재하는 것이 아니라 트랜스 미디어의 과정에서 전달되는 어떤 정신적인 것이라고 할 수 있다. 이는 이전 작품을 모방하면서 새로운 매체를 사용하여 원본 작품을 변형하는, 혹은 각색하는 재생산 과정에서 이루어진다. 따라서 이 같은 과정은 단순한 복제가 아니라 수용자의 창조적이고 자발적인 참여를 수반한다. 결과적으로 각색 과정에서 예술작품의 가치 혹은 아우라의 개념을 사유하도록 돕는다. 이런 맥락에서 기술복제시대의 예술작품에 관한 베냐민의 사유는 매체와 메시지 간 상관관계에 주목하게 한다. 즉 이는 상관관계에서 변형되는 매체와 메시지 간 관계라고 할 수 있다. 따라서 우리는 "껍질의 경험, 껍질에 싸인 대상의 경험도 아닌 껍질 속의 대상의 경험"을 하는 것이다(벤야민 2012, 180).

영화와 관련하여 베냐민이 주목한 것은 실러의 놀이충동이며, 놀이 개념에서 강조되는 것은 반복성이다. 기술복제시대에서 재생산되는 반복성에 대한 베냐민의 사유는 테크놀로지에 기반을 둔 21세기 문화의 디지털 가능성을 함축한다(McPherson 2014 참고). 디지털 가능성은 관객의 정신세계를 무한하게 확장한다. 뮌스터베르크가 지적하듯

기호적, 실용적 접근이 의미하는 바는 영화가 습관과 놀이를 통한 미적 교육, 혹은 감수성에 대한 교육을 할 수 있는 미적 교육의 도구로서 기능할 수 있다는 점이다.

이, 무대 위의 시간, 공간, 인과성에서 현실적인 제약을 받는 연극과는 다르게, 영화는 2차원의 스크린 위에서 영화 이미지가 시간, 공간, 인과성의 제약에서 벗어나 자유롭게 이동한다. 이러한 점은 스크린 위 영화 이미지와 내부 세계의 정신 이미지가 서로 연결되어 있음을 보여준다. 정확히 말해 스크린 위의 영화 이미지에 의식이 반영된 것이라고 이해할 수 있다. 언어, 혹은 내러티브에 반영된 의식처럼 말이다.

영화 매체가 수용자에 제공하는 정신의 자유로움은 마치 예술작품의 원본이 갖는 아우라가 각 매체로 전위되는 과정에서도 사라지지 않고 일관적으로 존재하듯이, 스토리텔러가 각색 과정에서 경험하게 되는 의식의 자유로운 흐름이다. 영화의 주제가 소설, 만화, 연극 등 다른 매체에서 각색되어 스토리텔링 된다고 할지라도 오히려 원본 이야기의 가치는 이러한 각색이 각색을 만들어내는 트랜스 미디어 과정을 통해 깊어진다고 할 수 있다(Hutcheon & O'Flynn 2013, 2). 디지털 혁명은 이러한 가능성의 세계에 대한 경험을 우리에게 제공한다. 디지털 문화는 증강된 현실을 매개로 다양한 실재들과 세계들을 만들고 구성하며 그 안에 거주하게 한다.

아도르노가 대중문화를 가치절하하면서 기술복제시대 영화 매체에 관해 부정적 평가를 내린 것은 아우라가 개체, 곧 물질적인 개체 속에서 체현된다는 베냐민의 사유에 그가 동의하지 않는다는 점을 반영한다. 따라서 아도르노의 사유는 실러의 형식충동(Formtrieb)[2)]에

2) 실러의 형식충동(Formtrieb)과 물질충동(Stofftrieb)은 서로 상반되는 방향성을 가진다. 따라서 물질에의 충동은 경험적이고, 우연적이며, 주관적인 반면, 형식에의 충동은 자유롭고, 필연적이며, 즉 자율적인 도덕률의 필연성이며, 객관적으로 유효하다. 실러는 이러한 대립이 서로 조화를 이루게 하는 것이 물질과 형식, 감각과 이성을 통합하는 미학에 의해 가능하다고 보았다. 이러한 미학적 명상에 의한 순수한 형태에서 자유로움은 놀이의 경우와 동일한 방식을 취한다(Snell 1954, 13)

속한 아우라의 개념에 기초한다고 볼 수 있다. 반면 베냐민의 경우는 놀이충동(Spieltrieb)이다.[3] 위에서 언급한 바와 같이 베냐민의 사유를 따라, 디지털 시대의 예술형식으로서 영화는 가능성의 기호로서 그것이 갖는 매체 특이성을 바탕으로 작품이 갖는 아우라를 더욱더 깊게 표현할 수 있다. 디지털 가능성은, 기호에 수동적으로 반응하는 관객의 의식을 반영하지 않고, 관객이 자율적으로 어떤 의도를 향해 이미지를 조합하고, 연결하며, 상상을 통해 내러티브 세계를 구성하는 일종의 놀이충동에 의하여 추동되게 만든다. 장난감 놀이를 통해 전달되는 것은 그것의 물질적 자질이 갖는 형식이다. 놀이하는 사람은 장난감 놀이를 통하여 거기에 재현되는 어떤 개념을 이해하고, 그 과정에서 장난감 놀이에 대한 가치를 부여할 수 있다. 마찬가지로 디지털 가능성의 세계에서 정신의 실험으로서 포토 플레이는 관객의 트랜스 미디어 스토리텔링을 매개로 수행된다.

베냐민과 아도르노의 영화에 관한 관점을 비교하는 것은 그 자체로 흥미롭다. 이를 통해 매체 자체의 속성과 매체 변형의 관계를 고찰하고, 더 나아가 매체 경험을 통해 정신의 활동을 살펴볼 수 있기 때문이다. 영화 매체는 영화 내적과 영화 외적으로 상이한 매체와 복합적으로 연결되어있다. 예를 들면, 외적으로는, 영화를 매개로 문학, 철학, 역사, 사회, 문화, 경제 등을 이야기한다. 이런 측면에서 우리는 영화를

---

3) 베냐민의 기술복제시대 예술작품의 아우라의 개념은 놀이충동에 기초한다고 볼 수 있다. 실러의 개념에서 차용한 놀이에 대한 충동은 형식충동에 구속된 도덕과 이성이 물질충동에 구속된 감각적인 현재성과 결합된 상태이다. 따라서 놀이충동은 인간을 물리적으로 도덕적으로 자유롭게 한다. 실러는 이러한 상이한 두 대립이 전제되어야 의식의 경험이 발생한다고 말한다. 즉 물질충동을 통한 삶의 경험은 개체의 시작과 함께 이루어지고, 형식충동을 통한 법칙의 경험은 인격의 시작과 함께 일어난다(Schiller 1954, 74; 96). 한편 베냐민의 경우, 경험은, 단순히 명상을 통한 미적 유희가 아니라 놀이 활동을 통한 유희에 존재한다.

매개자 역할을 하는 글로벌 미디어라고 부를 수 있을 것이다. 한편 영화 내적으로, 관객은 '포토 플레이'의 놀이 개념을 통해 영화를 경험하고, 육체와 정신의 눈을 통해 두 겹으로 영화 보기를 경험하면서 인간의 정신을 객관적으로 관찰한다. 이런 측면에서 영화는 감독과 관객의 공통정신(commind)을 확인할 수 있는 사유의 도구가 된다.

뮌스터베르크가 주장하는 '분리(isolation)'와 '암시(suggestion)'의 예술적 요소는 예술적 상상력과 놀이의 행위를 연결시키며, 놀이 행위 속에 숨겨진 개념을 사유하게 만든다. 놀이는 행위를 통해서, 즉 놀이 주체를 통해서 실현된다는 점이 경험적이고 실험적이며, 상호작용적인 놀이의 특성을 보여준다. 이러한 놀이의 형태 또한 인간의 삶의 형식처럼 다양하게 나타난다. 놀이 과정에서 추리를 통해 개념을 사유하는 형태의 지능 놀이는 인간과 동물을 구분하는 지점이 되기도 한다.

영화를 포토 플레이로 규정하고, 놀이충동의 어떤 의도나 목적을 향해서 행동하는 인간은 자극과 반응의 관계에 기초하여 움직이는, 이미지의 물질 충동에 반응하는 인간과는 다르다. 어떤 의도나 목적에서 행동하는 인간은 자기와 자기와의 관계를 메타적으로 의식하는 놀이의 주체가 된다. 즉 허구와 실제를 구분하지 못하는 수동적 놀이 주체가 아니라 두 세계를 횡단하며 새로운 가치를 발견하는 능동적인 놀이 주체가 된다. 예술형식으로서 포토 플레이는 이러한 능동적인 놀이 주체를 전제한다. 다시 말해 관찰과 추리에 기반을 둔 해석자의 기호 해석 능력을 전제한다. 왜냐하면 인간의 놀이는 그것이 드러난 것이든, 숨겨진 것이든지, 놀이 규칙에 기반을 두고 구성되며 수행되기 때문이다. 지능 놀이는 이러한 규칙을 이해하고 변용하는 능력을 필요로 한다.

네덜란드 학자 호이징가의 『호모 루덴스』(1938)의 놀이 이론에 이어

그의 이론을 분석하고 확장하여 주목을 받는 프랑스 문화 비평가 로제 카이와(2018, 34)는 인간의 놀이를 본질적으로 6가지로 정의한다.

1. 자유로운 활동
2. 분리된 활동
3. 확정되어 있지 않은 활동
4. 비생산적인 활동
5. 규칙이 있는 활동
6. 허구적인 활동

카이와의 정의에서 주목하고자 하는 것은 놀이가 허구적인 활동으로서 현실과는 분리된 즐거움을 동반하는 자유로운 활동이라는 점이고, 규칙이 있는 활동이지만 그것의 전개나 결과가 확정되지 않은 활동으로서, 놀이하는 자가 놀이 행동을 통해 자유롭게 생각하는 활동이라는 점이다. 카이와의 놀이의 정의는 한마디로 말해 현실과 분리된 허구 세계의 실재성을 인식하도록 만드는 활동이라고 할 수 있다. 이는 놀이 활동 과정에서 상상력을 통해 가상세계를 경험하는 효과를 발생시킨다. 다시 말해 그것은 현실과 허구의 분리를 통해 감각적이면서도 추리하는 정신의 자유로움에 대한 의식이라고 이해될 수 있다.

아울러 카이와는 호이징가의 정의에서 놀이가 비밀, 신비와 친근성을 갖는다는 것에 이견을 제시한다. 그것은 오히려 "비밀을 드러내고, 공표하며, 어떻게 보면 비밀을 소비한다. 한마디로 말하면, 놀이 활동은 비밀로부터 비밀의 성질 자체를 빼앗아버리려고 하는 것이다" (카이와 2018, 27)라고 말한다. 곧 놀이가 암시를 주지만 그러한 자유로운 활동의 놀이 주체는 비밀을 드러내는 해결 과정을 통해 놀이의 능동적 주체가 된다. 이러한 맥락에서 카이와의 놀이에 관한 정의는 뛴

스터베르크의 예술형식의 두 구성요소인 '분리', '암시'와 연결된다.

카이와는 호이징가의 놀이 이론을 수용, 비판, 확대하면서 놀이를 분류하는데, 이는 놀이의 정의만큼이나 놀이의 개념을 이해하는 데 유용하다. 그는 놀이의 4가지 기본적인 범주에 대해 설명한다. 아곤(Argôn), 알레아(Alea), 미미크리(Mimicry), 일링크스(Ilinx)가 그것이다.

첫째, 아곤은 경쟁이라는 형태를 취하는 놀이이다. 전형적인 예는 스포츠가 될 것이다. 이 놀이의 원동력은 경쟁자를 물리치고 우수성을 인정받고 싶어 하는 욕망이다(카이와 2018, 41). 이는 독자가 소설의 주인공이 고난에 대항하여 문제를 해결하는 과정을 따라가며 주인공과 동일시의 감정을 통해 간접적으로 허구세계에서 경험될 수 있다. 따라서 아곤과 미미크리는 내면적인 결합에서 찾을 수 있다. 카이와는 이 점에 대해 다음과 같이 기술한다. "큰 스포츠 시합은 미미크리의 절호의 기회이다. 조금이라도 잊지 말아야 할 것은, 여기서는 모의가 행위자에서 관객으로 이전된다는 점이다. 즉 흉내 내는 것은 선수가 아니라 관객이라는 사실이다. 선수와 동일시는 이미 그것만으로도 미미크리를 구성한다"(카이와 2018, 51).

둘째, 알레아는 라틴어로 주사위 놀이를 의미하며, 확률에 기반을 둔 우연 놀이의 형태를 취한다. 카이와는 놀이하는 자에게 집중되는 아곤과는 정반대로, "놀이하는 자에게 달려있지 않은 결정, 그가 전혀 영향력을 행사할 수 없는 결정에 기초하는 모든 놀이를 가리키기 위하여 나는 이 말을 차용한다"라고 밝히고 있다(카이와 2018, 44). 그 예로 주사위 놀이, 룰렛, 제비뽑기 등이 있다. 따라서 이러한 놀이는 아곤의 심리학적 접근이 아닌 수학적 접근을 통해 이해될 수 있다. 따라서 이러한 유형의 놀이에서 강조되는 것은 관찰과 추리, 지식이 된다. 카이와는 이 범주에 특별한 성격을 부여한다. 우연 놀이는 동물과는 구별되는 인간적인 놀이라는 점이다(카이와 2018, 46). 한편 아곤이나 미미크리, 일링크스는 동물에게도 발견될 수 있다고 언급한다.

셋째, 미미크리는 허구적인 세계에 일정한 약속을 가지고 들어가는 것을 전제한다. 그에 따르면, 미미크리의 행위는 가면을 쓰고 가장하는 어른의 행위에서도 볼 수 있는데, 이때 놀이의 즐거움의 원천은 "놀이하는 자가 가면을 쓰거나 가장하고 있다는 사실 자체와 그로 인해 일어나는 결과"(카이와 2018, 50)이다. 이는 연극의 상연과 연기의 형태인 미메시스를 포함한다. 카이와는 미미크리가 한 가지 요소만 제외하고 놀이의 모든 특징을 갖추고 있는데, 그것은 "강제적이며 명확한 규칙에의 지속적인 복종이라는 요소"이다(카이와 2018, 52). 대신 단 하나의 규칙이 존재하는데, 그것은 "연기자는 관객에게 환각을 거부하도록 하는 잘못을 저지르지 않으면서 관객을 매혹하는 것이며, 관객은 배경과 가면 그리고 인위적인 장치를 처음부터 거부하지 않고 현실보다 더 실제적인 현실로서 일정한 시간 동안 그런 도구들을 믿고서는 환각(속임수)에 몸을 맡기는 것이다"(카이와 2018, 52). 다른 놀이와 다르게 미미크리는 허구의 세계 속에 들어가는 상상의 놀이라고 할 수 있다. 이는 연기자와 동일시하는 관객이나 스포츠에서 운동선수와 동일시하는 관객이 정신작용을 통해서 경험하는 놀이의 형태를 띤다. 그러므로 미메시스는 연기자의 행위, 상상 그리고 정신 활동으로 구성된다. 즉 아곤의 놀이에서 행위자처럼 상상하며 그 사람이 되어보는 상상을 통해서 나를 아는 정신 활동이라고 할 수 있다.

마지막으로 일링크스는 그리스어로 물의 소용돌이를 뜻하며, 따라서 현기증 놀이라고 불린다. "일시적으로 지각의 안정을 파괴하고 맑은 의식에 일종의 기분 좋은 패닉 상태를 일으키려는 시도"로 이해된다. 그 예로 팽이놀이, 미끄럼질, 회전목마, 놀이공원의 롤러코스터와 같은 기계장치에 의한 놀이들이 있다. 그런데, 이러한 기계장치를 이용하는 사람들의 격렬한 느낌을 구경하는 구경꾼들이 존재한다. 가이와는 이러한 역할 분배에 대한 주석을 달지는 않지만, 이러한 놀이가 권투, 레슬링, 고대 로마 검투사들의 싸움에서도 나타난다고 지적한다. 그러나 그 놀이의 본질은 그러한 시련을 받거나 거부할 수 있는 자유, 엄격하며 불변적인 한계, 현실의 다른 부분들과의 분리에 있다고 말하며, 더욱이 이러한 시련이 구경거리의 소재가 된다고 덧붙인다(카이와 2018, 57).

다소 길게 설명되었지만, 카이와의 기본적인 놀이의 4가지 범주는 본 논문에서 '포토 플레이'의 놀이 활동을 이해하기 위한 토대가 된다. 4가지 범주를 심리학적 접근과 수학적 접근으로 구분하면, 아곤, 미미크리, 일링크스는 심리학적 분석을 통해 놀이의 의미를 해석할 수 있으며, 한편 알레아는 수학적 분석을 통해 놀이의 의미를 해석할 수 있다. 특히 놀이의 조합을 통해 두 가지 유형으로 다시 구분될 수 있는데, 연기자와 관람자의 놀이이다. 즉 아곤과 일링크스와 미미크리의 경우 행위자가 실제로 육체의 행동을 통해 느끼는 만족감과 성취감에서 오는 놀이의 즐거움과 그것을 바라보는 관객의 상상에서 오는 즐거움이다. 따라서 두 놀이의 형태는 조합을 통해 효과가 증대된다. 가령, 아곤과 미미크리의 조합, 일링크스와 미미크리의 조합이며, 곧 육체 놀이와 상상 놀이가 된다. 한편 알레아의 경우는 지식과 관찰을 토대로 한 추리의 결과로서, 문제를 해결함으로써 오는 즐거움이 원천이 되는 지능 놀이이다.

그렇다면, 포토 플레이는 어떤 범주에 속하고, 어떤 조합을 이룰까 생각하는 것은 디지털 시대 놀이 개념을 확장시킨다는 점에서 유의미하다. 본 논문에서 정의하는 포토 플레이는 영화 이미지를 가리킨다. 하지만 '포토 플레이'라는 말이 함축하듯이 사진을 매개로 한 플레이라는 점에서 마치 산업시대에 현기증 놀이가 기계장치를 통해 정교화된 것처럼, 사진은 육체 감각의 즐거움을 확장시킨다. 다시 말해 디지털 시대에 사진을 매개로 한 현실은 눈을 통해 본 현실보다 더 현실처럼 느껴지게 하며 감각을 확장한다. 한편 포토 플레이는 스크린 위의 연극이라고 할 수 있다. 이 점에서 사진을 매개로 한 연극은 동일시에 의해서 관람자와의 거리를 좁혀놓았으며, 오히려 연기자는 관객의 놀이의 소재로서 관객 자신이 놀이 주체로 변형되었다. 이러한 성격의 포토 플레이는 매체 수용자, 곧 관람자를 능동적인 놀이 주체로 변화시킨다. 엡스타인이 지적하듯이, 디지털 시대 테크놀로지는 기술이 아니라 철학에 가깝다(Epstein 2012, 155). 테크놀로지는 전통적인 놀이의 주체인 연기자에서 그 연기자를 구경하는 관객이 놀이의 주체가 되도록 만든다. 이런 점에서 모방행위를 통해 재현된 이미지는 관객의 내러티브를 통해 상상 놀이로서 변형되어 유희는 극대화된다. 이런 맥락에서 포토 플레이의 트랜스 미디어 스토리텔링의 유희성은 미학과 분리될 수 없는데, 관객이 상상 놀이를 통해 감정을 경험하고, 상상 놀이를 통해 추리를 하며, 자신을 상상하며, 자신을 알아가는 이미지의 자질적인 요소를 포함하고 있기 때문이다.

3. 내러티브 실천으로서의 트랜스 미디어 스토리텔링

앞에서 언급한 카이와의 놀이, 4개의 기초 범주는 육체 놀이, 상상 놀이, 지능 놀이 영역의 활동에서 이해될 수 있다. 즉 아곤과 일링크스는 육체 놀이에 속하고, 미미크리는 상상 놀이에 속하며, 알레아는 지능 놀이에 속한다. 이를 포토 플레이에 적용하면, 관객이 영화의 포토 플레이를 매개로 감정이입을 통한 내러티브의 허구세계에 들어가면서 육체 놀이와 상상 놀이를 경험하고, 정신의 다이어그램인 영화의 관계적 이미지에 기초한 추리 과정을 통해 영화의 의미를 발견하는 지능 놀이를 하는 것이다. 다시 말해 이러한 일련의 과정은 허구세계에 들어가 아곤의 주인공과 동일시하고, 상상을 통해 배열된 이미지 사이의 조합을 구성하여 내러티브를 구성하고, 그러한 이미지의 의미를 산출하는 알레아의 수학적 추론으로 이어지는 트랜스 미디어 놀이 경험이라고 할 수 있다.

트랜스 미디어 스토리텔링은 소설에서 영화로 매체가 변화함에 따라 스토리가 변용되어 전달되는 각색 이론과 함께 연구되어 왔다. 따라서 트랜스 미디어 스토리텔링은 상호텍스트성을 전제로 하는데, 가령 영화 이미지는 동일한 스토리의 소설을 환기시키고, 둘의 관계를 비교함으로써 영화 이미지를 해석한다. 그렇다면 소설에서 영화로의 트랜스 미디어 스토리텔링은 원본 이야기를 각색한 것인가, 아니면 확장한 것인가?

젠킨스는 트랜스 미디어가 "통일된 공동의 엔터테인먼트 경험을 창조하려는 목적으로 허구의 통합된 요소들이 다수의 전달 채널을 통해 체계적으로 분산되어지는 과정"이라고 말한다(Jenkins 2017). 젠킨스는 전통적인 각색의 의미와 관련하여 트랜스 미디어 개념이 잘못 이해되고 있다는 점을 지적한다. 트랜스 미디어 개념이 각각의 플랫폼이 "독특한 기여"를 하는 것인데, 이것이 전통적인 각색으로부터 편파적인 트랜스 미디어 확장의 구실을 하고 있으며, 그 결과 트랜스 미디어가 "부가적 이해"를 강조한다고 그는 말한다. 젠킨스에 따르면, 자료의 선택과 해석의 측면에서 그리고 원작자에게는 없는, 새로운 매체의 지원 가능성을 사용하는 방법과 관련하여, 각색에 대한 진지한 이해 없이 각색은 단순히 원본 이야기의 다른 버전 내지 다시 말하기로 이해되고, 확장은 원본을 넘어, 가령 타임라인을 확장하거나 제2의 인물의 배경 이야기를 발전시키거나, 허구세계의 다른 영역을 탐색한다.

그러므로 실천적인 측면에서 트랜스 미디어에서 각색과 확장은 정도의 차이라고 그는 말한다. 충실하게 각색을 하는 경우에는 장면과 인물들을 추가하거나 빼거나 하며, 트랜스 미디어 확장의 경우에는 전체 이야기 혹은 세계의 가장자리를 추가한다(Jenkins 2017). 결론적으로 젠킨스의 주장은 불균등하게 이루어지는 트랜스 미디어 확장과 각색에 대한 잘못된 이해가 트랜스 미디어 연구와 각색 연구 사이에 거리를 두게 만들었다는 것이다.

트랜스 미디어 연구와 각색 연구의 긴밀한 관계에 대한 젠킨스의 지적은 트랜스 미디어 과정에서 각색의 중요성을 부각한다. 트랜스 미디어란 용어는 명사가 아니라 기술의 기능을 하는 형용사로서[4] 이해되어야 한다는 젠킨스의 주장 또한 한 텍스트에서 다른 텍스트로 전위하는 과정에 주목하게 한다.

각색 이론 연구자인 린다 허치언과 오플린(Hutcheon & O'Flynn 2013, 4)에 따르면, 각색은 과정과 결과물로서 이해될 수 있으며 다음의 3가지 성격으로 기술된다.

1. 확인될 수 있는 다른 작품이나 작품들에 관한 승인된 전위 (transposition)
2. 전유의 창조적이고 해석적인 행위
3. 각색된 작품과의 확장된 상호텍스트적 참여

위의 3가지 성격은 트랜스 미디어 스토리텔링의 세 층위를 구성한

4) 트랜스 미디어 연구는 트랜스 미디어 산업, 트랜스 미디어 기술, 트랜스 미디어 실천, 트랜스 미디어 문화, 트랜스 미디어 방법론에 이르기까지 각 영역과 분야에서 트랜스 미디어성에 대한 연구를 수행한다. 그중에 한 분야가 트랜스 미디어 스토리텔링, 트랜스 미디어 스토리텔러가 된다(Freeman 2019).

다. 첫째, 각색의 결과물로서 특징지어지는 텍스트 층위이다. 곧 한 매체에서 다른 매체, 한 문화에서 다른 문화, 실제 세계에서 허구세계로의 전위이다. 둘째, 각색 과정으로서 특징지어지는 각색자, 곧 발화자 층위이다. 이는 각색자가 어떤 의도를 가지고 원작을 해석하는 행위이다. 마지막으로 상호작용과 참여, 정신의 실험으로서 특징지어지는, 각색이 관객에게 미치는 효과의 층위이다.

라이언은 전위가 각색과 트랜스 허구성(transfictionality)[5]의 교차점을 재현한다고 말한다(Ryan 2017, 528). 곧 원본 이야기를 다른 맥락 혹은 다른 매체에 위치시키는 것이다. 이 경우에 젠킨스가 주장하는 각색의 두 차원이 오버랩 된다. 하나는 원본의 이야기를 해석하는 내용적 측면이고, 다른 하나는 새로운 매체로 이동하면서 그 매체의 특이성을 활용하여 내용을 전달하는 표현적 측면이다. 이 점은 포토 플레이 소재로서 영화 이미지를 해석하는 관람자에게 중요한 경험의 요소로 작용한다. 왜냐하면 포토 플레이로서 영화 이미지는 정신의 다이어그램으로서, 정신세계 의식 활동의 형태로서 상상 놀이에 속하기 때문이다. 따라서 영화 이미지는 내용의 각색을 통해 기억을 불러내고, 매체의 특이성을 통해 감각적 경험을 제공한다. 관객의 입장에서 트랜스 미디어 스토리텔링은 트랜스 미디어 스토리텔러가 되는 내러티브 실천의 즐거움을 제공한다.

포토 플레이는 상상 놀이를 통해 관객을 단순한 관람자에서 내러티브 세계를 창조하는 스토리텔러가 되도록 하며, 관객이 스토리 세계에 참여하게 만든다. 관객은 스크린 위의 낯설음과 그것이 불러내는 익

---

5) 각색이 알려진 이야기를 다른 매체에서 다시 말하는 것이라면, 트랜스 허구성(transfictionality)이란 요소들을 공유하는 과정으로서 주로 인물들을 공유할 뿐만 아니라 둘 혹은 그 이상의 허구 작품에 의한 상상의 지역, 사건, 전체 허구적 세계를 공유하는 과정으로서 이해된다(Ryan 2019, 527).

숙함의 사이에서 경험될 수 있는 모험적인 즐거움을 경험한다. 따라서 트랜스 미디어의 내러티브를 연구하는 것은 매체와 내러티브의 상관 관계, 각색이 다시 각색되는 상호텍스트성, 내러티브 커뮤니케이션, 이미지와 내러티브의 관계 등의 연구를 포함하는 방대한 프로젝트가 된다. 특히 트랜스 미디어성의 유희성이 다른 요소들을 함께 묶는데 있다는 점을 염두에 둘 때, 미학적, 심리학적, 철학적 등의 다양한 접근을 통해 트랜스 미디어 내러티브가 탐구된다는 것을 알 수 있다. 디지털 시대의 트랜스 미디어 스토리텔링은 미디어 참여적이고 소통적인 매개의 기능을 하며, 미디어 사용자의 주체성과 정체성을 반영하고 또한 구성한다.

허치언과 오플린Hutcheon & O'Flynn 2013, 2)은 벤야민의 아우라의 개념이 각색의 재생산을 통해 사라지는 것이 아니라 오히려 그러한 재생산과 함께 아우라가 전달된다고 지적한 바 있다. 각색이 이전의 텍스트와 연결되어 있지만 그런 이유로 독자성을 잃어버리는 것이 아니다. 각색은, "시간과 공간을 차지하는 그 자신의 현전, 그것이 우연히 존재하게 되는 장소에서 그것의 유일한 실존"인 그 자신만의 아우라를 가지고 있다(Hutcheon & O'Flynn 2013, 2). 허치언과 오플린은 디지털 시대 벤야민의 아우라의 개념을 각색의 과정에서 발견한다. 즉 허치언과 오플린은, 롤랑바르트가 작품과 텍스트를 구별하고, 작품이 읽는 텍스트인 데 반해 '텍스트'는 독자가 다시 쓰는 텍스트라는 점을 환기시키면서, 아우라는 디지털 시대에 사라지는 것이 아니라 각색의 재생산 과정에서 전달되고 있다고 보는 것이다. 이런 점에서 라이언(Ryan 2017)이 정의한 내러티브 실천으로서의 트랜스 미디어 스토리텔링은 소설에서 영화로 각색된 스토리텔링을 관객이 다시 스토리텔링 하는 또 다른 각색으로서의 내러티브 실천이 될 것이다.

각색의 즐거움은 반복에서 오며, 그것은 각색의 특징이기도 하다. 하지만 그러한 반복은 복제가 아니다. 각색자가 이전의 텍스트에 충실하지만 자신의 의도를 가지고 각색된 텍스트를 생산한다. 마치 반복은 의례처럼 편안함과 충만한 이해와 그리고 다음에 무슨 일이 일어날지 알고 있는 느낌과 함께 확신감을 준다(Hutcheon & O'Flynn, 2013:108). 하지만 반복이 복제가 아니듯이, 트랜스 미디어 스토리텔링은 익숙한 감정을 다시 새롭게 구성한다. 놀이하는 사람은 규칙을 전제로 환각(illusion) 상태, 즉 허구세계로 들어간다. 그 세계는 익숙하면서도 현실과는 분리된 세계이어야만 한다. 다시 말해 익숙함과 새로움 사이에서 유희가 발생한다. 그것은 감각적인 희열과 흥분상태이자, 또한 익숙함과 새로움, 둘 사이의 거리를 좁히고자 하는 노력과 모험에서 오는 유희이다.

포토 플레이에서 관객의 참여를 이끌어내는 것은 이러한 트랜스 미디어 스토리텔링의 유희성이다. 스크린 위의 이미지의 생경함은 이내 어떤 단서, 가령 행동, 이미지, 에피소드, 혹은 전체 이야기 등, 이전의 텍스트를 떠올리게 하며, 이때 둘의 비교를 통해 새로운 이미지를 만드는 것이 트랜스 미디어의 과정이다. 사실상, 포토 플레이는 두 사람의 스토리텔러가 만드는 공동작품이라고 할 수 있다. 소설에서 영화로 각색하는, 즉 말하기에서 보여주기로 각색하는 영화감독과 보여주기에서 말하기로 해석하는 관객인 스토리텔러, 두 사람이 포토 플레이 활동에 함께 참여한다. 그러므로 포토 플레이는 말하기와 보여주기 모드의 스토리텔링을 매개로 감독과 관객이 상호작용하는 것이라고 볼 수 있다. 보여주기 모드에서는 사진에 기초한 영화의 매체적 특이성이 두드러지고, 움직이는 물리적 이미지에 기초하여 스토리텔링이 전개된다. 한편 말하기의 모드에서는 연극의 재현적 속성에 기초하여 인물의 행동을 따라가며 관객이 허구의 세계를 구성한다.

4. 이미지, 기억, 스토리텔링

위의 논의를 토대로 포토 플레이의 과정, 곧 내러티브 실천으로서 트랜스 미디어 스토리텔링을 서술해보자. 이는 쓰이는 텍스트로서 영화 이미지를 해석하는 과정이 될 것이며, 그것의 효과는 트랜스 미디어 스토리텔링의 유희성과 미학적 경험으로 나타날 것이다. 스토리텔링의 대상 텍스트는 이창동 감독의 <버닝>이다. 허치언과 오플린이 기술한 각색의 3가지 성격에 부합되게 관객의 스토리텔링 과정 또한 각색의 과정으로 이해될 수 있다. 공인된 텍스트로서 자격을 갖춘 결과물로서의 각색의 형태는 아니겠지만, 최소한 관객의 의식 활동에서 스크린 위의 허구세계가 정신의 가상세계로 전위된 것은 확실하다. 또한 다시 쓰기로서 스토리텔링은 관객의 관점에서 해석하는 창조적 과정이며, 그것의 결과물은 독자들에게 어떤 영향을 미치는 효과를 갖게 될 것이다.

이런 맥락에서 본 섹션과 뒤에 이어지는 내용은 트랜스 미디어 스토리텔링의 유희를 경험하는, 각색의 과정을 서술하는 내러티브의 실천으로서 이해될 수 있다. 말하자면, 포토 플레이는 육체 놀이에서 모방 놀이를 통하여 지능 놀이로 이어지는 일련의 트랜스 미디어 과정이다. 이 과정에서 트랜스 미디어 스토리텔러는 이미지, 기억, 스토리텔링이 맺는 상관관계를 고찰하고, 놀이 형태의 변형과 연속성을 통해 영화의 의미를 찾는 기호과정으로서 놀이 시스템을 이해한다.

영화 이미지는 사진의 물질적인 특성을 갖는다. 이는 연극의 '무대'와 소설의 '페이지'와는 다르다. '페이지'와 '무대'의 물질적 자질은 외부적 현상이지만 영화 이미지는 의식의 반영인 내부적 현상의 물질적 자질이다. 다시 말해 스크린 위 영화 이미지는 관객의 의식과 연결된 내면의 이미지의 반영이다. 내부 의식의 정신 이미지가 스크린에 투사되어 거울처럼 나를 비춘다. 영화 이미지의 물질성은 이 같은 방식으로 생겨한 낯설음의 느낌이 그것에 대조되는 친숙함을 이끌이내기 위하여 작동된다. 그런 점에서 이미지가 두 겹으로 되어 있다. 내부 의식의 재현이지만 그 이미지는 전혀 다른 타자의 모습으로 관객을 응시한다. 따라서 영화 이미지의 물질적 자질은 낯설고 현상적인 경험의 대상이 된다. 들뢰즈의 시간 이미지가 바로 이러한 이미지의 현상적인 물질성을 드러낸 것이라고 볼 수 있다.

퍼스는 의식을 3가지 모드로 구분한다. 첫째, 1차성에 속하는 의식으로, 분석될 수 없는 느낌이다. 둘째, 2차성에 속하는 의식으로, 동전의 양면처럼 분리되지는 않지만 서로 다른 면을 가지고 대립되는 이중의 느낌이다. 퍼스는 이를 두 모드, 곧 감각(sensation)과 의지(will)로서 구분한다. 둘의 관계에서 감각을 통한 느낌과 그 감각에 대립하는 의지적인 느낌이 나타난다. 이때 후자의 느낌은 전자의 반응으로서 나타나며 의식의 활발해짐과 함께 자기를 주장하려는 자아의식이 동반된다. 그것은 일종의 주의(attention)의 기능을 한다. 셋째, 3차성에 속하는 의식으로, 느낌과 그에 대립하는 또 다른 느낌을 연결하는 매개 의식이다. 퍼스는 이를 3가지 모드로 세분하는데, 앞에서 언급하였듯이 추상화(abstraction), 암시(suggestion), 연상(association)이 그것이다. 추상화는 2차성에서 주의(attention)와 연관되어 있으며, 관찰 행동이 발생한다. 암시는 재생산(reproduction)이며, 한 단어가 다른 단어를 생산하는 형태로, 가령 '남편'이라는 말이 '아내'와 한 쌍으로 되어 있어 '남편'이 '아내'를 불러일으키는 의식이다. 연상은 정신 안에서 두 관념이 연결되는데, 가령 아이가 아플 때의 한 음식에 대한 관념이 아이가 그 음식을 맛이 없다고 느끼게 만드는 우연적 경우이다. 즉 대상의 관념과 자신의 느낌을 연결하여 생각하는 주관적 사고의 형태가 될 것이다. 반면 빛의 관념과 따뜻한 관념이 연결되는 것은 정신이 아닌 자연에서 이미 연결되어 있는 결정론적 경우이다(Peirce, CP 7.547-7.551).

낯선 이미지와의 조우는 지표적인 경험, 즉 지각과 지각 대상과의 관계를 연결한다. 그러므로 눈앞에 낯선 이미지는 익숙한 이미지를 매개로 재현된다. 익숙한 이미지는 과거 관념의 형태로 지금 이 순간에 현재의 낯선 이미지에 의해서 소환된다. 그러므로 이미지와 기억은 현재의 느낌과 과거의 느낌이 만나는 순간이다. 익숙한 이미지나 혹은 과거의 관념은 현재의 텍스트가 소환하는 이전의 텍스트로서 둘 사이의 유사성에 의해서 연결된다.

하비는 트랜스 미디어 영역에서 기억이 매우 중요한 장르로 부상한다고 주장한다(Harvey 2019). 기억이 하나의 장르로 인식될 수 있다는 점은 각색된 영화에서 관객은 영화 이미지를 지각하면서 동시에 그 이미지가 불러내는 기억을 사고한다는 것으로 이해될 수 있다. 즉 텍스트 내부와 텍스트 외부의 세계가 만난다. 확장하여 말하면, 영화의 허구세계가 관객의 정신세계와 만나는 것이다. 각색된 영화의 원본 스토리를 모를 경우에도 관객은 이러한 과정을 의식 활동을 통해 경험한다. 즉 감각으로서의 영화 이미지에 대한 느낌과 그것에 대립하는 느낌으로서의 의지인데, 후자는 기억을 통해 재생산되는 느낌이다. 이러한 이중의식, 혹은 타자의식을 통해 이미지와 기억이 현재의 느낌과 과거의 관념과의 관계를 재현한다.

마치 아이가 음식이라는 대상의 관념을 자신이 아파 있을 때의 느낌을 매개로 재현하는 것을 통해 그 음식에 대해 맛이 없다고 생각하듯이 혹은 재현하듯이, 두 관념의 관계도 유사하게 작동한다. 즉 스크린 위의 특정 이미지에 대한 자질을 그것이 불러내는 기억에 의존한 과거의 느낌을 매개로 재현하여 그 이미지를 해석한다. 이러한 경우, 관객은 이미 이미지와 기억의 관계를 해석하며 트랜스 미디어 스토리텔링을 하고 있는 것이다. 다르게 말하면 이미지를 내러티브로 전위하는 행위를 정신 안에서 하고 있는 것이다. 감독이 이미지로 보여주기를 통해 스토리텔링하고 있다면, 관객은 미메시스 모드를 통해 지각하고, 디에게시스 모드를 통해 정신세계에서 스토리텔링하고 있는 것이라고 볼 수 있다. 이러한 과정을 거치면서 관객은 영화 이미지와의 상호작용을 통해 해석 활동에 참여함으로써 포토 플레이의 내러티브 실천을 수행하고 있는 셈이다. 이는 정신의 실험 과정으로서 다이어그램적 추론과정이라고 이해될 수 있다. 감각작용을 통해 현재 이미지를 지각하고, 그 이미지의 관념이 관객의 의식에서 불러온 다른 관념 사이의 관계가 정신 안에 형성된다. 이때 다른 관념이란 앞에서도 언급하였듯이 기억의 형태가 될 것인데, 문화적, 집단적, 사회적, 역사적, 개인적 기억에 따라 다른 내러티브 세계가 만들어질 것이다. 이런 이유로 하비가 트랜스 미디어에서 기억이 장르가 된다고 한다는 말에 동의한다. 이 같은 관점에서 영화를 두 장르로 구분하면, 미래를 상상하는 공상과학 영화 장르, 즉 이미지와 이미지의 조합으로만 이루어진 가상세계로 특징지어지는 장르와 과거를 기억하게 만드는 휴먼 드라마 장르, 즉 현실 세계와 허구세계의 조합으로 이루어진 상상의 세계로 특징지어지는 장르, 그 둘로만 구분할 수 있을지도 모르겠다.

의식 활동은 도상, 지표, 상징으로 재현된다. 도상기호와 지표기호는 각각 사진의 도상성과 지표성에 기초한 영화이론을 구분하는 기준이 되기도 한다. 하지만 디지털 시대의 영화는 영화 자체의 본질적 질문에 집중하기보다는 영화가 무엇을 할 수 있는지, 관객과의 상호작용의 관계에서 영화에 대한 질문에 접근해야 한다(Hansen 2012 참고). 따라서 도상과 지표를 적용한 기호학적 접근이 텍스트 분석에 그치는 것이 아니라 그러한 기호가 어떻게 관객의 의식 활동을 재현하는지, 상징적 차원을 포함하여, 관객의 영화 경험을 통해 영화 매체가 연구되어야 할 것이다. 이러한 관점에서 관객의 의식은 영화 이미지에 대해 느낌, 반응, 사고의 효과로 나타나며, 결과적으로 통합적 접근은 영화 이미지를 매개로 한 추론 활동을 포함하는 디지털 시대 놀이 주체에 대한 인식으로 이어진다.

도상기호는 정서를 자극하는 매개다. 따라서 도상기호는 영화 이미지와 정서적으로 동일시된 총체적인 느낌의 효과를 발생시키며, 관객을 환각의 허구세계에 거주하게 한다. 한편 지표기호는 외부 대상으로 주의를 향하게 하는, 일종의 신호 기능을 하여 관객이 허구세계를 현실 세계와 연결하게 만든다. 이때 이중의 의식이 발생하고 의식 활동이 활발해진다. 기호학적 관점에서 도상 이미지와 지표 이미지는 관객의 경험을 이끌어내며 소통하는 커뮤니케이션의 매개가 된다. 다수의 관객을 대상으로 하는 글로벌 미디어로서의 영화 이미지의 수사학적 접근은 퍼스의 커뮤니케이션 개념에서 사변 수사학이라고도 불리는 '보편수사학'과 연관된다. 따라서 문화적, 역사적, 집단적 기억을 매개로 영화에서 트랜스 미디어 스토리텔링이 가능해진다. 가령, 어떤 영화가 전 세계적으로 수많은 관객을 동원했다는 말을 들을 때, 그 영화가 관객들에게 보편적 어필되는 어떤 자질을 가졌을 것이라고 우리는 추측한다.

초점은 기호학적 접근이 영화 텍스트 분석의 도구가 아니라 관객의 영화 경험을 가능하게 하는 중재적 매개 역할을 드러낸다는 점이다. 이는 관객 자신이 해석체 기호가 되어 자신의 맥락에서 각색하고 해석하는, 트랜스 미디어의 스토리텔러의 경험을 의미한다. 이 과정에서 베냐민이 말하는 원본의 아우라가 상실되는 것이 아니라 오히려 트랜스 미디어 스토리텔링을 통해 원형적 원본이라고 할 수 있는 이미지의 자질이 분배되고 확장되면서, 더욱 다양하고 풍부하게 공유된다. 그러므로 관객의 해석은 각색된 텍스트를 다시 각색하는 것이 된다. 각각의 매체가 자신의 특이성으로 각색 과정에 기여하듯이, 각각의 관객은 영화 이미지의 해석과정에서 자신의 부수적 경험과 관찰을 통해서 창조적인 스토리텔링을 할 수 있다. 이러한 관찰과 경험을 토대로 상징적인 커뮤니케이션이 가능하다. 즉 맥락적 관찰(collateral observation)을 통해 스크린 위 이미지 기호를 관찰하는 현재의 의식은 과거의 관념을 소환하는 맥락적 경험(collateral experience)으로 이어지고(Bergman 2009, 140), 관객은 현재의 관념과 과거의 관념을 연결하여 이미지를 해석한다. 이는 영화 이미지를 매개로 한 내러티브의 인지 과정이다.

영화 <버닝>에서 물질적 자질로서 특정 이미지가 주의를 집중하게 만들면서 관찰의 대상, 곧 지각의 대상이 된다. 맥락적 관찰은 전체 이미지에서 특정 이미지가 분리되어 주의력을 갖게 만드는 특성을 지닌다. 이는 이미 2차성에 속하는 경험의 형태로, 즉 관객의 지각과 지각 대상과의 관계가 다이어그램적으로 형성된 것을 의미한다. 이 같은 2차성 모드의 경험을 토대로 현상으로서의 이미지를 분석한다.

첫 번째 이미지는 해미가 종수의 집 파주의 앞마당에서 노을이 지는 저녁에 춤을 추는 장면이다. 종수와 벤은 춤추는 해미를 바라보고 있고, 해미는 규칙이 없는 자유로운 몸짓으로 몸을 움직이지만 시간의 흐름을 재현하듯이, 해미의 손동작은 하늘로 향하여 계속하여 올라가며, 해미는 등 뒤로 지는 해를 배경으로 삼아 날아가는 새를 손동작으로 그리면서, 반 나신의 상태로 하늘을 자유롭게 나는 영혼의 이미지를 표현한다. 이러한 해미의 몸의 움직임을 따라 음악이 함께 흐른다. 해미는 남산 아래, 아주 짧은 시간 동안, 특정한 시간에만 햇빛이 들어오는 자신의 어두운 자취방에 제약을 받는 육체이지만 영혼은 아프리카를 열망하고, 그레이트 헝거를 욕망하고, 그리고 팬터마임을 통해 "귤이 없다는 것을 잊는다."는 환각의 규칙을 만들어 놀이한다. 허구세계의 실재가 현실을 망각하게 한다.

해미의 춤은 봉준호 감독의 <마더>(2009)에서 엄마의 춤, 즉 버스 안에서, 들판에서 자유롭게 움직이는 엄마의 몸짓을 떠올리게 한다. 빛과 함께 춤을 추는 버스 안 엄마의 자유로운 몸짓, 버스 안의 제한된 공간에서 무심하게 춤을 추는 엄마 얼굴에 나타나는 황홀한 모습이 해미의 춤추는 동작과 오버랩 된다. 또한 빠뜨리스 르꽁트 감독의 <사랑한다면 이들처럼>(1990)의 주인공 앙트완느가 아랍풍의 음악에 맞춰 추는 춤, 탈춤의 동작처럼 자유롭게, 어떤 흐름에 몸을 맡기고, 움직이는 춤 동작을 기억나게 한다. 스크린 위의 이미지와 정신 속의 이미지가 만나 육체는 사라지고, 몸짓을 통해 표현되는 자유로운 곡선의 움직임에 대한 느낌만이 반복된다. 관객이 지각하는 것은 해미의 춤동작이지만 맥락적 관찰과 경험을 통한 지각 대상은 자유로운 어떤 느낌의 자질이다. 해미가 갖는 자질은 자유로워서 종수 앞에 홀연히 나타나서 "거기에 귤이 있다고 생각하는 것이 아니라 거기에 귤이 없다는 것을 잊어버리면 되는 거예요"라는 것을 알려준 후에 흔적도 없이 사라진다.

두 번째로 주의를 집중하게 한 이미지는 종수가 아버지의 집 파주의 농가 근처를 새벽에 자전거를 타거나 혹은 달리면서 비닐하우스를 살피는 장면이다. 종수는 벤이 비닐하우스를 정기적으로 태운다는 말을 확인하기 위하여 파주 자신의 마을에 있는 모든 비닐하우스를 살피면서 달린다. 종수를 관찰하면서 '왜 종수가 뛰고 있는가'에 대한 근본적 이유가 궁금해진다. 종수는 벤의 메타포를 문자적으로 이해해서 그것을 확인하고 싶은 것인가? 더 정확히, '그가 비닐하우스를 태우는 것이 아니다'라는 자신의 생각을 사실로 증명하고 싶어서 뛰는 것인가? 아니면 반대로 해미가 사라진 이유가 그와 관계가 있을 것이라는 믿음을 거부하고 싶고, 그래서 정말로 벤의 말을 문자 그대로 믿고 싶고, 그래서 비닐하우스가 불타는 것을 확인하려고 뛰는 것일까? 간단히 말해, 종수는 비닐하우스가 불타고 있는 사실을 확인하고 싶은 것인가, 아니면 불타지 않고 있다는 사실을 확인하고 싶은 것인가?

종수의 다른 이미지는 해미가 아프리카로 여행을 떠난 후, 해미의 방에서 자위행위를 하는 장면이다. 해미의 고양이 보일에게 밥을 주기 위하여 해미의 자취방을 드나들면서 그 공간은 종수에게 상상의 세계가 된다. 눈에 보이지 않는 고양이에게 밥을 주고 대화하고, 옆에 없는 해미를 상상하며 자위행위를 한다. 그리고 영화의 마지막에는 그 공간, 해미가 사라진 그 방에서 종수는 소설을 쓰기 시작한다.

종수의 두 이미지는 파주와 서울로 물리적으로는 분리되어 있지만, 의식에서는 연결되어 있다. 실제와 허구의 연결이다. 마치 벤의 메타포처럼 종수는 현실을 가상의 관념으로써 재현한다. 해미가 없어진 현실을 벤의 메타포 개념을 매개로 재현한다. 파주의 현실을 서울 해미의 허구세계를 통해 재현한다. 종수의 이미지는 허구와 실제가 한 짝으로서, 허구는 실제를 암시하고, 실제는 허구를 통해 재현되면서 두 세계는 한 의식의 두 면이 된다. 이때 종수의 의식은 암시된 세계를 추측하게 하는 인지적 효과를 발생한다.

마지막으로 관심을 끈 이미지는 벤이 산의 정상에서 홀로 서 있는 뒷모습이다. 종수가 벤을 의심하기 시작하면서, 정확히는 해미가 사라진 시점에서 벤은 종수의 의식 속에 자리 잡게 된다. 그 이후 벤의 모습은 종수에 의하여 관찰되는 종수의 의식 속 이미지이다. 그렇게 본다면, 벤이 산 위에 홀로 서 있는 뒷모습에서 종수의 시선이 겹쳐있다. 그리고 관객은 이러한 종수를 보고 있다. 종수는 관찰자이자 관찰대상이다. 벤이 관찰자이면서 관찰대상인 것처럼 말이다. 종수의 이중의식, 곧 파주의 현실과 서울 해미의 허구는 제3의 미스터리한 인물인 벤이 연결하고 있다. 왜냐하면 벤은 종수에게 실제(현실)이면서 허구(의식)이기 때문이다. 바꾸어 말해 벤을 통해 해미의 의식과 종수의 의식이 결합된다.

지금까지 세 인물의 이미지를 바탕으로, 한 의식에서 다른 의식으로 혹은 한 매체에서 다른 매체로 전위되는 트랜스 미디어 스토리텔링을 시도하였다. 해미의 춤추는 동작에서 오는 감각적 지각을 통한 즐거움, 주인공 종수의 행동의 원인에 대해 질문하고 생각하는 과정, 종수에 눈에 비쳐진 벤의 신비로운 자의식의 가상, 사유의 세계는 각각 팬터마임, 상상 놀이(소설 쓰기), 메타포 놀이에 재현된다. 세 명의 젊은이의 유희적 공간을 재현하며, 세 종류의 세계가 환원됨이 없이 드러나고 있음이 영화 경험을 통해 확인된다.

5. 영화 이미지의 가추적 추리

위의 이미지 분석이 지각과 지각대상 간 관계를 맥락적 관찰과 경험에 기초하여 분석한 것이라면 이 섹션에서는 영화 이미지의 지각적 판단을 통한 가추적 추리에 기반을 두고 해석과정을 기술한다. 이러한 과정은 육체를 매개로 하는 놀이 형태인 아곤과 일링크스에서 트랜스 미디어 스토리텔링을 함으로써 내러티브 세계를 구성하는 상상 놀이로 변형된다. 상상 놀이를 바탕으로, 지능 놀이의 가추적 추리에 의한 내러티브 세계 해석은 일종의 가치판단이다. 이는 실용적 접근을 통한 트랜스 미디어 스토리텔러의 해석이 될 것이다.

인물[6]을 기반으로 한 트랜스 미디어 스토리텔링은 상상 놀이와 지

6) 인물을 따라가는 트랜스 미디어 스토리텔링의 메타구조는 관객이 어떻게 허구적 인물이 한 매체에서 다른 매체로 이동하면서 그들의 허구적 여정을 따라가는지에 관심을 갖는다. 영화 <버닝>의 경우, 주인공 종수는 하루키의 소설 『헛간을 태우다』에서 작가와 윌리엄 포크너의 소설 『헛간 방화』에서 아들의 세계를 공유하며, 세 허구적 인물이 중첩된 트랜스 주체라고 볼 수 있다. 본 논문에서는 관객이 이전의 소설을 알지 못하는 경우를 전제로 하여, 트랜스 미디어의

능 놀이의 추리적 과정을 통해 이루어진다. 이는 인물의 행동에서 암시되는 관념을 통해 인물의 특이한 행동의 원인을 추리함으로써 인물이 속한 세계를 해석하는 과정이다. 첫째, 해미가 보여주는 '잠'의 미스터리이다. 해미는 자신의 감정과 느낌을 열정적으로 표현하다가도 마치 아기처럼 대화 중에 곧잘 잠이 든다. 아기의 의식은 세상과 자신이 하나가 되는 일원적 경험으로서의 의식이다. 아기는 언어의 부재로 자아의 개념을 가질 수 없기에 '나'라는 지표기호의 습득은 비교적 늦은 시기에 이루어진다. 해미는 아기처럼 장소를 가리지 않고 아무데서나 잘 잔다. 잠은 또한 꿈, 그리고 기억과 연관되어 있다. 이것들은 모두 주관적인 내적 요소들로서의 인지이다.

해미는 그레이트 헝거가 있다는 아프리카에 가려고 아르바이트를 하며 여행비를 마련한다. 해미에게 삶의 가치는 현실이 아닌 욕망의 세계이다. 꿈의 세계이며, 현재가 아닌 기억을 통해 환기하는 과거의 세계이다. 종수가 그녀의 과거에서 불려 나온다. 어렸을 적 종수가 자신에게 못생겼다고 하여 성형을 한 해미, 종수가 자신을 우물 속에서 구해 준 것을 기억하는 해미이다. 해미는 꿈속에, 과거에, 상상 속에 사는 인물이다. 그러므로 그녀가 속한 공간은 상상과 허구의 공간이 된다. 종수는 그녀의 자취방에서 소설을 쓰기 시작한다. 해미가 속한 세계는 현실에 기초하지 않기 때문에 사라지는, 보이지 않는, 허구의 세계이자, 분리될 수 없는 전체의 세계이다.

둘째, 벤의 행동에서 드러나는 '외로움'의 미스터리이다. 벤은 서울 반포의 빌라에서 친구들을 초대하여 음식을 만들고, 즐기며, 대화하고, 일요일이면 가족과 함께 예배에 참석하고, 미술관에 들러 그림을

기능을 관객의 내적 정신세계의 활동에 초점을 맞추어 스토리텔러의 의식 활동을 기술하였다. 인물 중심의 트랜스 미디어에 대한 설명은 부르다(Bourda, 2019) 참고.

감상하고, 가족과 함께 식사를 즐기며, 몸을 단련하기 위해 헬스클럽에 가며, 여자 친구를 재미로 만나고, 책 읽으며 인생을 여유롭게 즐기는 '개츠비(Catsby)'와 같은 인물이다. 그런데 벤이 어느 날 포르쉐를 몰고 찾아가는 곳은 황량한 산언덕이다. 그곳에서 그는 한동안 사색에 잠겨 있다. 벤이 왜 거기까지 차를 몰고 찾아갔을까? 설명은 없다. 그리고 더군다나 맥락이 없다. 추론하기가 쉽지 않다. 벤이 홀로 먼 거리를 달려 외진 그 곳에서 무엇을 생각하는지는 알 수 없다. 하지만 그의 미스터리한 행동을 해석할 단서가 없지는 않다. 벤은 메타포 놀이를 즐기며, 재미를 인생의 가치로 여기고, 해미 혹은 해미와 같은 부류의 여자들이 하는 이야기를 듣고, 하품으로 반응하면서, 자신이 그들과는 다르다는 분리 의식을 드러낸다. 하지만 이 같은 행동은 타인의 부러움의 대상이 되는 벤이, 정작 자신은 진정한 인간관계를 갖지 못하는 것에 대한 외로움의 표현이 아닐까 추측해 본다. 마치 <위대한 개츠비>에 나오는 주인공 개츠비가 보여주었던 외로움처럼 말이다. 혹은 그러한 모습은 규칙과 법칙에서만 작동되는, 때가 되면 비닐하우스를 태우고, 원인과 결과의 인과법칙에 의해 세계가 작동되는 곳에서 인간 자신이 소외되는 것에 대한 외로움이 아닌지 추측해 본다. 그가 보여주는 '외로움'의 미스터리는 항상 타인에게 보이는 대상으로서, 진정한 상호주관적 관계가 상실된 삶을 사는 외로움을 통해 관객 자신의 모습을 비추게 한다.

이런 점에서 벤이 종수에게 한 말이 더욱 의미심장하게 들린다. 종수가 벤이 해미를 죽인 살인자라고 추정하고 미행하던 중, 해미의 행방을 묻는 종수에게 벤이 진지하게 한 말은 해미가 진심으로 종수를 사랑한다는 것이었고, 그래서 처음으로 질투라는 것을 느꼈다라고 말한 부분이다. 벤이 속한 세계는 실체가 없는 언어의 세계이자 의식이 없는 말의 세계, 재미를 추구하지만 게임의 규칙만 있고, 진정한 놀이의 즐거움이 상실된 사람의 세계이다.

마지막으로, 종수가 벤과 포르쉐를 '불태우는 행위'와 '글쓰기'의 미스터리이다. 종수의 불태우는 행위는 벤이 비닐하우스를 재미 삼아 태운다는 발화행위와 연관된다. 비닐하우스로 비유되는 일회적이고, 값싼, 무가치한 대상을 태워버리는 벤의 행위와 부와 권력의 상징인 포르쉐를 태우는 종수의 행위가 대조된다. 종수의 행위를 어떻게 해석해야 할까? 부를 태우는 약자의 분노 표출? 혹은 종수의 의식 속에 있는 벤의 메타포적 세계의 소거? 혹은 실존적 인간의 주체적 자아실현? 결정론적 세계에 대한 저항? 여러 다양한 방식과 관점을 통해 종수의 행동을 해석할 수 있을 것이다.

한편 '불태우기'와 '글쓰기'를 연결함으로써 창조적인 해석을 시도할 수도 있다. 다시 말해 벤을 죽인 후 차안에 벤을 앉히고, 포르쉐를 불태운 종수가 불길이 타오르는 자동차를 뒤로하고 나신으로 자신의 차로 다가가는 장면을 사라져버린 해미의 방에서 노트북으로 글쓰기를 하고 있는 종수의 모습과 연결함으로써 관객의 의식에서 또 다른 추리가 가능해진다.[7] 종수가 계속해서 벤의 뒤를 밟으며, 종수의 의식 속에 비친 벤이 모습이 나타나듯이, 벤이 포르쉐와 함께 불타는 장면이 실제가 아니고, 종수의 의식 속에 나타난 모습으로서 말이다. 그러한 상상의 세계, 곧 종수의 의식 세계를 관객이 보고 있는 것은 아닌지? 더 나아가 그 장면은 종수가 해미의 방에서 처음으로 쓰기 시작한 소설의 첫 부분이 아닐지 추측해 보는 것, 그것이 트랜스 미디어 스토리텔링의 유희가 아닐까?

---

7) 영화평론가 이동진이 이러한 추리를 한 바 있다.(이동진의 라이브 톡 CGV 아트하우스 https://m.blog.naver.com/gby0221/221289121520 2019년 8월 9일 접속).

6. 결론 : 영화 이미지에 관한 기호적·실용적 접근

자연과학의 탐구 과정과 유사하게 영화 이미지를 매개로 한 트랜스 미디어 스토리텔링의 유희성에 관해 고찰하였다. 이는 포토 플레이라는 놀이 활동에서 의식, 경험, 인지의 관계를 살펴보는 과정이며, 다음의 세 단계로 구성된다. 첫째, 주의를 집중하게 만드는 현상으로서의 이미지를 관찰하고, 둘째, 맥락적 관찰과 경험에 기초한 이미지 분석을 거쳐, 셋째, 가추적 추리를 통해 일관적으로 나타나는 보편적 요소를 확정하여 의미를 산출한다(Peirce, CP 7.276~279). 특별히 3차성의 해석을 가능하게 하는 이중의식에 초점을 맞추어 가추적 추리에 도달하는 과정을 설명하였다. 여기서 이중의식은 뮌스터베르크가 예술형식으로서 포토 플레이에서 주장한 두 요소, 곧 '분리'와 '암시'와 연관된 타자의식이다.

본 논문은 영화 이미지를 기호적 · 실용적 접근에서 살펴보았다. 다시 말해 디지털 시대, 영화가 관객과 맺는 관계에 초점을 맞추어, 영화 이미지에 관한 경험적, 유희적 차원을 다루었다. 인문학은 기술, 과학과의 만남 속에서 그것의 변형이 일어나고, 마찬가지로 기술, 과학이 인문학을 통해 그 방향성을 갖게 되듯이, 디지털 시대 인간은 매체 간 횡단적 매개를 통해 횡단적인 가치를 발견한다.

디지털 문화에서 트랜스 미디어 스토리텔링을 매개로 한 유희성은 채널이나 플랫폼을 구성하는 트랜스 미디어를 소비하는 것이 아니라 발화자와 해석자의 의식을 연결하는 트랜스 미디어 내러티브를 실천하는 참여 활동에서 찾을 수 있다. 이러한 맥락에서 포토 플레이는, 육체와 정신이 분리되지 않고 연속된 시스템 안에서 작동되는 점, 현실과 허구가 분리되면서도 연결되어 있는 점, 매체와 매체 간의 관계가 각각의 독자성을 유지하면서도 서로를 번역하고 해석하는 점, 그리고 이 같은 점들이 트랜스 미디어 스토리텔링을 통해서 발전될 수 있다는 섬을 시사한다.

놀이하는 인간은 자유롭다. 자유로움은 규칙을 전제로 그 규칙을 변형하고 제어하는 자율적 정신에서 비롯된 창조적 사고의 즐거움과 유희를 조건으로 한다. 기술 발전으로 인해 인간은 자신의 내부 세계를 거울에 비추듯이 자신을 바라볼 수 있는 매체를 발견하였다. 퍼스가 말하듯이 인간의 본질은 마치 거울과도 같다. 기술은 우리가 거울이라는 미디어 앞에 비친 자신의 모습을 인식하고 해석하도록 도와주고 있다. 이런 맥락에서 기술은 철학과 결합되며, 따라서 테크노소피아(Technosophia)라고 불려야 한다는 엡스타인의 주장이 설득력을 얻는다(Epstein 2012, 155).

<버닝>의 내러티브 세계에서 세 모드의 의식과 놀이가 인물의 이미지와 행동을 통해 재현된다. '잠'과 '팬터마임'의 행동으로서 표현되는 해미의 세계는 일링크스와 미미크리 범주에 속하며 실제와 허구의 경계가 불분명한, 분리되지 않은 원초적인 느낌과 의식을 재현한다. '은유', '재미', '하품'으로 표현되는 벤의 세계는 알레아에 속하며 법칙과 함께 매개 의식을 재현한다. 그리고 '불태우기'와 '글쓰기'로 표현되는 종수의 세계는 아곤과 미미크리의 놀이 범주에 속하며, 실존적인 인간의 모습과 함께 이중의식을 재현한다.

'트랜스 미디어'가 형용사로 쓰인다는 것을 기억한다면, 디지털 시대 놀이하는 인간에 대한 고찰은 의식의 활동을 통한 트랜스 미디어적인 과정에서 드러난다는 점이 확인될 것이다. 다시 말해 개인의 의식은 사회와 타자라는 매개를 통한 사회적 의식에서 인식되며, 자유롭게 놀이하는 창조적 인간의 개념은 매체 간을 횡단하는 메타 의식의 활동을 통해 이해될 수 있다. 그러므로 디지털 시대 놀이하는 인간은 트랜스 미디어 스토리텔러로서 디지털 가능성의 세계에서 의미를 만드는 '스토리텔링 동물'로서 규정될 수 있을 것이다.

참고문헌

김남시. 2015. “역사 없는 리듬: 벤야민과 장난감.” 『연세대대학원신문』 206호.

벤야민, 발터. 2012. 『괴테의 친화력』. 최성만 옮김. 서울: 도서출판 길.

이윤희. 2019. 『내러티브와 세미오시스』. 서울: 커뮤니케이션북스.

최성만. 2008. “해제: 발터 벤야민 사상의 토대: 언어-번역-미메시스.” 『언어 일반과 인간의 언어에 관하여: 번역자 과제 외』, 발터 벤야민 지음/최성만 옮김, 5-57. 서울: 도서출판 길.

카이와, 로제. 2018. 『놀이와 인간: 가면과 현기증』. 이상률 옮김. 서울: 문예출판사.

Alzamora, Geane Carvalho. 2019. “A Semiotic Approach to Transmedia Storytelling.” In *The Routledge Companion to Transmedia Studies.* edited by Matthew Freeman and Renira Rampazzo Gambarato, Chap. 47. New York/London: Routledge.

Barnouw, Jeffrey. 1988. “‘Aesthetic’ for Schiiler and Peirce: A Neglected Origin of Pragmatism.” *Journal of History of Ideas* 49 (4): 607-632.

Bergman, Mat. 2009. *Peirce's Philosophy of Communication: The Rhetorical Underpinnings of the Theory of Signs.* Continuum.

Bourda, Melanie. 2019. “Transmedia Storytelling Character, Time, and World: The Case of *Battlestar Galactica*”. In *The Routledge Companion to Transmedia Studies,* edited by Matthew Freeman and Renira Rampazzo Gambarato, Chap. 14. New York/London: Routledge.

Bruner, Jerome. 1986. *Actual Minds, Possible Worlds.* Cambridge,

Massachusettes/London, England: Harvard University Press.
Colapietro, Vincent. 2000. "Let's All Go to the Movies: Two Thumbs Up for Hugo Münsterberg's *The Photoplay* (1916)." *Transactions of the Charles Sanders Peirce Society* 36 (4): 477-501.
Epstein, Mikhail. 2012. *The Transformative Humanities: A Manifesto.* Trans. and Ed. by Igor Klyukanov. New York/London/New Deli: Bloomsbury.
Hansen, Miriam Bratu. 2012. *Cinema and Experience: Siegfried Kracauer, Walter Benjamin, and Theodor W. Adorno.* Berkeley/Los Angeles/London: University of California Press.
Harvey, Colin B. 2019. "Transmedia Genres Form, Content, and the Centrality of Memory." In *The Routledge Companion to Transmedia Studies,* edited by Matthew Freeman and Renira Rampazzo Gambarato, Chap. 17. New York/London: Routledge.
Freeman, Matthew, and Renira Rampazzo Gambarato. eds. 2019. *The Routledge Companion to Transmedia Studies.* New York/London: Routledge.
Hutcheon, Linda, andSiobhan O'Flynn. 2013. *A Theory of Adaptation.* Second Edition. New York/London: Routledge.
Jenkins, Henry. 2006. *Convergence Culture: Where Old and New Media Collide.* New York: New York University Press.
Jenkins, Henry. 2017. "Adaptation, Extension, Transmedia". *Literature/Film Quarterly* 45 (2). https://lfq.salisbury.edu/_issues/first/adaptation_extension_ transmedia.html.
Manovich, Lev. 2001. *The Language of New Media.* London,

England/Cambridge, Massachusetts: The MIT Press.

McPherson, Tara. 2014. "Digital Possibilities and the Remaining of Politics, Place, and the Self." In *Transmedia Frictions*, edited by Marsha Kinder and Tara McPherson, 160-179. Oakland, CA: University of California Press.

Münsterberg, Hugo. 2002. *The Photoplay: A Psychological Study and Other Writings*. ed. Allain Labgdale. New York; London: Routledge.

Peirce, Charles Sanders. 1931~1958. *Collected papers of Charles Sanders Peirce*, Vol. 1~6(C. Hartshorne & P. Weiss Eds.), Vol. 7~8(A. W. Burks, Ed.). Cambridge, Mass.: Harvard University Press.

Rayn, Mari-Laure. 2017. "Transmedia Storytelling as Narrative Practice." In *The Oxford Handbook of Adaptation Studies*, edited by Thomas Leitch, 527-541. Oxford: Oxford University Press.

Schiller, Friedrich. 1954. *On the Aesthetic Education of Man: In a Series of Letters*. translated with an introduction by Reginald Snell. New York: Frederick Ungar Publishing.

Schiller, Friedrich. 1954. "Introduction." In Schiller (1954), 1-20.

Stam, Robert. 2019. *World Literature, Transnational Cinema, and Global Media*. New York; London: Routledge.

제4장
놀이로서의 시(문학)

제4장 놀이로서의 시(문학)

김요한

1. 놀지 못해 아픈 이들

세계보건기구(WHO)는 올해 5월 25일 스위스 제네바에서 열린 제72차 총회에서 게임중독을 '게임 사용 장애(gaming disorder)'라는 질병코드로 등재하는 안건을 통과시켰다. 이에 따라 '게임 질병코드'가 도입되면, 각 회원국은 유예기간을 거쳐 2022년부터 게임중독을 마약이나 알코올 중독처럼 분류하고 이에 대한 통계를 발표하며 치료와 예방을 위한 예산을 배정하게 된다. 게임이 한편에서는 경제적인 측면에서의 성장을 위한 장려 대상이면서도, 다른 한편에서는 질병으로 예방해야 하는 아이러니한 상황에 놓이게 된 것이다. 우리 시대의 대표적인 놀이 문화 중 하나인 게임이 문화 콘텐츠 산업의 중요한 원천이자 동시에 질병인 중독의 대상이 된 셈이다.

하지만 중독에 이르는 지나침을 조율하면 놀이는 기본적으로 즐거움의 활동이다. 『놀이하는 인간』에서 볼츠(Norbert Bolz)는 "놀지 않는 사람은 병든 사람이다(Wer nicht spielt, ist krank)"라고 말한다(볼츠 2017, 18). '놀이'라는 것은 삶의 즐거움에 관한 것이며, 정말 가치 있는 모든 것, 예컨대 문화나 새롭고 창조적인 것, 삶에서 느끼는 즐거움 등 우리가 누리는 이 모든 것은 놀이하는 사람들 덕분에 가능하다는 것이 그의 주장이다(볼츠 2017, 7). 이러한 것들을 누리지 못하는 사람은 아픈 사람이라는 것이다. 이러한 맥락에서 볼츠는 놀이에 관한 '즐거운 학문'을 제시한다. 볼츠에 앞서 이미 요한 호이징하(호이징하 1993)가 『호모 루덴스(Homo Ludens)』에서 놀이를 학문적으로 탐구한 바 있다. 그는 인간을 '놀이하는 인간'으로 규정하며 놀이를 문화의 원천으로 제시한다, 하지만 볼츠가 자신의 저서에서 강조하는 것은 인간이 아니라 현시대에서 '놀이'가 가지고 있는 기능적인 측면이다. 놀이가 가지고 있는 중요한 기능적 속성은 '피상성'이다. 피상성으로 인해 우리의 의식은 일상의 혼잡한 인상들보다 놀이를 더 잘 받아들일 수 있게 한다. 인간이 놀이에 더욱 빠져들게 되고, 놀이에 매혹당하게 되는 이유가 바로 현실을 함축적으로 제시하는 놀이의 '피상성' 때문이라는 것이다. 예술이 갖고 있는 비밀인 "리듬, 대칭, 순수함"(볼츠 2017, 67)은 그에 대한 좋은 사례다. 바로 이 지점에서 놀이와 시가 만나는 접점을 발견할 수 있다. 일반적으로 '시'는 인간의 삶과 감성을 피상적으로 형상화시키는 진지한 그 어떤 대상이다. 그래서인지 '시'를 놀이의 대상으로 접근하는 사람들은 많지 않다. '시'가, 확대해서 '문학'이 문화의 중요한 한 부분이라고 한다면, 호이징하의 주장대로 '시'는 분명 문화의 중요한 원천인 놀이와 관련이 있으며 놀이의 속성을 가지고 있다. 이 둘의 관련성을 정확하게 꿰뚫어 본 작가는 발레리(Paul Valery)다. 그는 시는 단어와 언어를 가지고 노는 것이라고 말하며 시적 창조와 놀이의 관련성을 주장한다(호이징하 1993, 202). '시'가 어떻게 단어와 언어를 가지고 '노는'지 살펴보자.

2. 레디 플레이어 원

그림 1. <레디 플레이어 원> 포스터

2018년 개봉한 스필버그 감독의 SF 영화 <레디 플레이어 원(Ready Player One)>은 가상현실을 다룬 흥미로운 작품이다. 이 영화의 주 무대는 '오아시스(Oasis)'라는 공간이다. 네트워크 속의 세계인 오아시스는 전 세계 수많은 이들이 함께 접속하여 활동하는 대규모 가상현실 세계다. 이곳에 접속하는 모든 이들은 장갑과 고글을 끼고 다양한 세계를 눈으로 보고 손으로 만지며 원하는 활동을 벌인다. 상상하는 무엇이던 그대로 체험할 수 있는 놀이인 게임의 공간, 그 공간이 바로 오아시스다. 그러면서 영화는 포스터에 쓰여 있는 그대로 "로그인하는 순간, 모든 것이 현실이 되는" 가상현실(VR)의 세계를 보여준다.

영화가 보여주는 미래 세계의 모습은 디스토피아의 세계다. 판자촌이 넘쳐나고 여행은 꿈도 못 꾸는 하루하루를 겨우겨우 살아가는 사람들이 대부분인 이 세계에서, 이들이 즐거움을 얻을 수 있는 방법은 실재로는 존재하지 않는 '오아시스'에 접속해 게임을 하며 비참한 현실을 잊는 것뿐이다. 하지만 내용을 떠나 이 영화가 우리의 관심을 끄는 것은 '오아시스'라는 가상공간이 게임의 형태로 각 개인에게 제공하는 또 다른 현실의 체험과 그 방식이다. 영화에서는 첨단 기술을 통해 제공하는 다양한 몰입의 형식들이 불편한 현실을 살아가는 인간으로 하여금 그러한 불편한 현실을 견디게 해 주는데, 이것을 가능하게 해 주는 중요한 기제는 게임, 즉 놀이를 통한 상호작용이다.

놀이는 기본적으로 상호작용을 전제로 한다. 그리고 그러한 상호작용에는 규칙이 있다. 놀이에 참여하는 사람은 규칙을 지켜야 한다. 규칙을 어길 수 있지만, 그럴 경우 놀이는 놀이 참여자를 놀이에서 배제한다. 규칙을 지키는 것 자체가 상호작용의 중요한 요소다. 놀이 참여자들 사이에서, 놀이 참여자와 놀이 사이에서 상호작용이 일어나게 하는 것은 바로 이 규칙 때문이다. 규칙은 '형식'의 또 다른 표현이다. 거꾸로 말하면, 일정한 '형식'을 가지고 있는 모든 것은 놀이가 될 수 있다. 우리 사회의 모든 문화가 일정한 형식을 가지고 있다고 한다면 모든 문화에는 놀이의 속성이 있다. 호이징하가 모든 문화 현상을 놀이의 본질과 의미로 파악하는 것은 이 때문이다(호이징하 1993, 9). 그렇다면 문화의 중요한 부분을 구성하고 있는 문학의 경우, 특히 시문학의 경우는 어떨까? 읽기와 쓰기를 중심으로 세상을 이해하고 표현하며 자신을 성찰하는 중요한 활동인 시(문학)은 어떠한 놀이적 특성을 가지고 있을까?

3. 호메로스의 오디세이아

호메로스(Homeros)는 고대의 시인이자 음유시인이다. 서양 문학 최초이자 최고의 걸작으로 꼽히는 서사시 <오디세이아(Odysseia)>의 저자로 알려져 있지만 앞을 보지 못한 시각장애인으로도 알려져 있다. 호메로스가 시각장애인이라는 사실은 확실치 않다. 가정일 뿐이다. 다만 호메로스가 가진 엄청난 기억력 때문에 사람들이 그를 시각

징애인이었을 것이라 추측한다. 흥미로운 점은 호메로스가 자신의 저작을 만들고 노래하는 방식이다. <오디세이아>의 경우를 예로 들어보자. <오디세이아>는 그리스의 문자 24개를 딴 24편으로 나누어 2,110행으로 이루어져 있는 방대한 규모의 작품이다. 기원전 약 8세기 전에 구전으로 성립되고, 그 후 약 6세기경에 문자로 기록되었다고 전해진다. 문자가 없던 시절 호메로스는 이러한 대작을 어떻게 만들어 낭송하며 후대에 전달할 수 있었을까?

한편으로 그리스 사람들은 자식의 교육을 위해 호메로스의 작품 <일리아스(Ilias)>와 함께 <오디세이아>를 함께 읽고 암송하도록 했다고 한다. 당시의 이러한 대서사시들은 그리스 사람들에겐 문학 작품이자 역사 텍스트였다. 그리고 이러한 텍스트는 단순히 읽기 위한 대상이 아니라 암송하고 낭송하는 대상이었다. 텍스트를 암기하고 낭송하는 것은 교육의 중요한 방식이기도 했다. 여기서 방대한 분량의 텍스트를 암기하는 방식이 무척 흥미롭다. 호메로스 자신뿐만 아니라 당시 사람들은 또한 이러한 대작을 어떻게 암송할 수 있었을까? <일리아스>와 <오디세이아>는 모두 '헥사메터(Hexameter)'라고 하는 특정한 시 형식의 운율로 구성되어 있다. 헥사메터는 하나의 강세가 있는 장음절 다음에 두 개의 강세(Hebung)이 없는 단음절이 오는 6개의 닥틸루스(Daktylus)로 이루어진 6보격 시행을 말한다(Burdorf, Fasbender, & Moennighoff 2007, 315). 조금 복잡해 보이지만 이러한 형식, 말하자면 시를 창작하는 데 있어 일정한 법칙이 있었다는 것이다. 이러한 법칙에 따라 호메로스는 자신의 작품을 내용과 연결하여 일관성 있게 만들고, 자신뿐만 아니라 후대의 사람들은 여기에 의지해 텍스트를 암송하고 낭송하는 일정한 형식적 도움을 받는다. 다시 말하면 이러한 시 형식 혹은 규칙이 방대한 분량의 시 텍스트 암송을 가능하게 해 주는 일종의 나침반 역할을 해주는 것이다.

인간의 감각 중 특정한 하나의 감각이 떨어지면, 상대적으로 다른 감각이 발달되는 경우는 많다. 청각 장애를 겪는 사람이 다른 사람에 비해 시각 능력이 훨씬 뛰어나거나, 그 반대인 경우가 그 예이다. 때문에 호메로스가 특별한 기억력의 소유자이고, 그래서 기록매체가 없던 시절 그 방대한 작품을 만들어 노래했다는 이야기는 그럴듯해 보인다. 하지만 호메로스의 기억력을 단순히 자신의 장애로만 설명하기에는 설득력이 떨어진다. 여기에는 또 다른 논리적 추정이 가능하다. 앞서 언급한 일정한 규칙, 즉 시 언어의 형식이 기록 매체가 없던 시절 방대한 작품의 창작과 암송과 낭독을 가능케 했을 수 있다는 가정이다. 메트릭(Metrik)이라고 하는 시작법의 규범인 운율학은 그래서 생겨난다. 메트릭은 시어의 특성을 연구하는 학문으로, 산문 언어와 달리 운율이나 리듬, 운각, 혹은 각 연을 만드는 규범과 같은 시 언어의 특성을 연구하는 분야다. 산문 언어와 달리 시 언어는 시를 구성하는 각 단어가 가지고 있는 강세에 주의하고, 시의 모든 요소는 이러한 강세를 일정하게 나열시키거나 음을 배열해 일정한 리듬을 만들어 행을 만들고 연결하는 방식으로 서로 묶인다. 이러한 시 언어의 특성을 일상어(Alltagssprache)와 다른 "운율어(gebundene Sprache)"라고 하는데, 이처럼 서로 묶여 있는, 다시 말해 일정한 규칙에 따르는 시 언의 특성이 호메로스에게는 대용량의 텍스트를 만들고 외우고 낭송할 수 있게 하는 나침반 역할을 했다고 볼 수 있다. 물론 산문시와 같이 일정한 규범을 따르지 않는 시도 있지만, 서정시나 특히 볼륨이 큰 서사시의 경우는 바로 이 메트릭 덕분에 기록 매체가 없던 시절에도 전승이 가능했던 것이다.

1. 운율에서 배열로

일정한 규범을 준수하는 시 언어의 엄격성은 현대에 들어와 조금씩 쇠퇴한다. 이러한 현상은 언어 자체에 주목하는 문예학적 흐름과도 관련이 있지만, 매체의 발달에 따라 문학의 범주에도 시각적 특성과 구어적 특성이 점차로 강하게 나타나는 경향과 연결된다. 대표적인 장르는 구체시(konkrete Poesie) 분야다. 물론 이러한 현상은 문자 탄생 이전 시기부터 시작되어 오래된 역사를 가지고 있다. 예컨대, 시 언어의 중요 매체인 문자 자체의 미적 형태를 보여주거나, 문자의 독특한 배열을 통해 특정 이미지를 만드는 방식이다. 아들러(Adler 1987)는 그 사례로 고대의 다양한 형상시(Figurengedicht), 중세의 미로시(Labyrinthgedicht), 다양한 사물의 윤곽을 스케치하는 윤곽시(Umrissgedicht), 바로크 시대의 엠블럼(Emblem) 등을 들고 있다. 구체시는 이러한 전통에서 시 언어가 가지고 있는 '묶임', 즉 규칙을 전혀 다른 방식으로 재현한다. 시문학의 새로운 목표와 형식을 주장한 곰링어(Gomringer 1969)는 실제로 작품을 발표하며 그러한 변화를 가져오는 중요한 특성을 '배열(Konstelllation)'로 정의한다. 구체시는 운율이 아닌 배열을 통해 문자가 가지고 있는 매체적 속성을 시각적으로 인식할 수 있게 함으로써 시 언어가 전달하는 메시지가 아닌 시 언어 자체를 텍스트의 메시지로 만든다(유현주 2017, 109).

IL PLEUT

Il pleut des voix de femmes comme si elles étaient mortes même dans le souvenir
c'est vous aussi qu'il pleut merveilleuses rencontres de ma vie ô gouttelettes
et ces nuages cabrés se prennent à hennir tout un univers de villes auriculaires
écoute s'il pleut tandis que le regret et le dédain pleurent une ancienne musique
écoute tomber les liens qui te retiennent en haut et en bas

GUILLAUME APOLLINAIRE

비가 내린다

추억 속에서 죽어버린 것처럼
여인들의 목소리로 비가 내린다.

비가 되어 내리는 건
내 인생의 멋진 만남들

오, 빗방울들이여
구름이 울부짖기 시작한다.
이 우주에서
후회와 서러움의 흘러간 노래가 비로 내린다.

이 빗소리를 들어라.

위아래 수직으로 그대를 묶어 놓은
인연의 줄이 내려오는 소리를 들어라.[1)]

위의 시 아폴리네르(Guillaume Apollinaire)의 「비가 내린다(Il Pleut)」(1914/1916)를 보자. 아폴리네르가 「상형시집(Calligrammes)」에 수록한 이 시는 원래는 1914년 손으로 직접 써서 발표했던 것을 1916년 다시 인쇄술을 이용해 출간한 것이다. 불어로 된 시 언어를 단순하게 옮겨놓은 오른쪽의 우리말 번역본을 보면, 제목 그대로 비가 내리는 이미지는 읽기 과정 속에서 독자의 머릿속에 추상적으로 재현

1) 이 번역은 2016년 민음사에서 출간된 황현산 번역의 아폴리네르 시집 「사랑받지 못한 사내의 노래」에서 발췌한 것이다.

된다. 하지만 왼쪽의 원본을 보면, 그러한 이미지가 시각적인 형태(모습)로 직접 표현되어 있다. 여기서 시는 읽는 대상일 뿐만 아니라 보는 대상으로서 독자가 만들어내는 이미지의 상상력을 더욱 자극시킨다. 시 언어인 문자 텍스트가 가지고 있는 메시지도 중요하지만, 이 메시지는 텍스트가 그려내는 구체적인 시각적 이미지와 결합되어 이 시가 가지고 있는 아름다움과 바로 연결된다. 이때 중요한 역할을 하는 것은 시 언어가 지니는 운율이 아니라 개별 문자가 점유하는 위치다. 곰링어가 주장하는 대로 시 언어의 '배열'에 의해 텍스트가 전달하는 서정적인 아름다움이 이 시를 읽고 보는 독자에게 직접적으로 전달된다.[2)] 좀 더 단순한 형태의 배열을 다음에서 살펴보자.

2) 이 시에서 각 문자들은 세로로 약간 기울어진 사선의 형태로 배열되어 있다. 만약 이것이 두꺼운 볼딕체로 수직으로 배열되어 있다고 해보자. 느낌은 완전히 달라질 것이다.

위 시는 오스트리아의 구체시 작가 얀들(Ernst Jandl)의 「날나(fliegen)」[3]이다. '날다'를 뜻하는 독일어 'fliegen'을 두 가지 버전으로 배열한 작품이다. 이 시의 메시지는 분명하다. 어딘가로 날아가는 모습을 시각적으로 재현한 것이다. 이때 동사 'fliegen'은 넓은 의미의 표의문자(Ideogramm)로 기능하면서 시각적 의미의 오해를 제한한다(Dubiel 2004, 118). 이 시는 경험적인 영역에서가 아니라 시각적인 차원에서 시어 'fliegen'이 가지고 있는 선험적인 메시지를 재현한다. 그러면서 단어 'fliegen'은 비행물체나 새, 혹은 나는 것과 관계있는 그 밖의 어떤 대상과 관련하여 독자에게 감각적으로 인지된다. 이러한 인식 경험에서 중요한 것은 아래에서 위로 상승하는 듯한 모습의 단어 배열이다. 그리고 배열 자체가 움직임을 강조하며 단어가 가지고 있는 선험적인 내용, 즉 '날다'라는 메시지를 즉물적으로 전달한다.

schweigen schweigen schweigen
schweigen schweigen schweigen
schweigen   schweigen
schweigen schweigen schweigen
schweigen schweigen schweigen

배열은 나아가 시각적인 재현뿐만 아니라 청각적인 재현도 가능하게 한다. 대표적인 사례가 왼쪽의 「침묵 schweigen」[4]이라는 시다. '침묵'을 의미하는 독일어 'schweigen'을 사각형 형태로 배열해 놓은 이

3) 1967년 작품으로 여기서는 다음의 얀들 시집에서 발췌. Ernst Jandl: Der künstliche Baum. München 2001.

4) 1960년 작품으로 여기서는 다음의 시집에서 발췌. konkrete poesie. deutsche Autoren. anthologie von eugen gomringer. reclam stuttgart 1972.

시는 한 가운데를 비워놓음으로써 '침묵'을 시각적으로, 그리고 청각적으로 재현한다. 얀들의 시 「날다」와 마찬가지로 여기서도 독일어 단어 'schweigen'은 표의문자로 기능한다. 따라서 이 시가 전달하는 메시지 역시 명확하다. '침묵'은 '말하지 않는 것'이다. 이 시는 '말하지 않는 것'을 그야말로 말하지 않고서 표현한다. 빈 공간을 넣은 것이다. 빈 공간은 독자들에게 '침묵'을 시각적/청각적으로 보이게 하고 듣게 한다. 물리적으로는 보이지 않고 들리지 않지만, 이 시의 '침묵' 이미지는 그 두 가지 감각을 모두 자극한다. 빈 공간이 적극적으로 독자의 개입을 요구하면서 독자로 하여금 "통각적 특성(apperzeptorischer Bezug)"(Dubiel 2004, 118)을 사용하도록 한다. 여기에서 독자의 미적 체험은 감각과 경험의 다양한 차원에서 이루어진다.

5. 벌레 먹은 사과

아래의 왼쪽 시는 될(Reinhard Döhl)[5]이 '사과'를 뜻하는 독일어 단어 'Apfel'을 사과의 모양에 맞게 배열해 1965년 「벌레 먹은 사과(Apfel mit Wurm)」[6]라는 제목의 우편엽서 그림으로 제작한 것이다. 자세히 보면 사과 형상의 모습 오른쪽 아랫부분에는 한 마리의 벌레가 우리말 '벌레'를 뜻하는 단어 'Wurm'으로 삽입되어 있어, 이 시는 제목 그대로 사과 속에 벌레가 있는 이미지를 재현한다. 될 역시 앞서의 얀들이나 곰링어와 마찬가지로 60년대 구체시 운동을 주도했던 작가다.

---

5) 방송극과 구체시 작가로 활동하면서 최근에 와서는 멀티미디어 예술가로 활동 중인 될은 아우어와 함께 새로운 매체를 이용한 예술실험을 주로 하는 슈투트가르트 그룹(Stuttgarter Gruppe)에 참여하고 있다.

6) 이 시는 이후 <사과시>로 알려지며 독일어권 구체시의 교과적인 작품으로 자리 잡는다.

그림 2. worm applepie for doehl

될은 시 언어 자체를 일정한 이미지로 구성하여 텍스트와 이미지의 직접적인 연결을 시도한다. 그 방법은 텍스트의 분절이다. 독일어권의 대표적 구체시 중 하나인 이 작품은 또 다른 형식의 배열인 텍스트의 분절을 통해 단어가 가지고 있는 의미를 시의 이미지와 바로 연결시킨다. 사물의 형상을 그대로 재현하는 형상시의 전통을 계승하고 있는 이 시의 이미지는 그래서 한 편으로는 일종의 픽토그램(Piktogramm)으로 기능하는 것처럼 보인다. 이 시에서 작동하고 있는 텍스트와 이미지의 관계에 대해 람핑(Dieter Lamping)은 다음과 같이 말한다.

> 일반적인 산문의 형태에서 벗어나 있는 텍스트 분절은 이 작품에서 운율의 원칙을 따르지 않는다. 여기서 중요한 것은 전적으로 시각의 원칙이다. 한 단어를 제외하고는 사과를 의미하는 'Apfel'로 이루어진 일련의 단어들은 하나의 이미지, 즉 벌레가 있는 사과의 모습을 그린다. 이때 개별 기호들의 경계는 오로지 형상의 형태로부터, 다시 말해 자모나 단어의 경계와는 상관없는 각 시행의 경계로부터 생성된다. 이를 통해 그림시(Bildgedicht)가 아닌 일종의 단어그림(Wortbild)이 만들어진다[...] 문자는 전체 음악을 조망해주는 악보와 같은 기능을 상실하고 그

저 이미지로만 남는다(Lamping 1993, 35).

여기서도 시 언어는 운율의 범위를 벗어난다. 구체시가 가지고 있는 일반적인 특성을 그대로 보여주고 있는 이 시에서 시어는 시각적 기호 나열의 역할을 한다. 시의 재료로서 문자가 유희적으로 배열되어 있는 것인데, 때문에 시의 형상 단계에서 특정한 리듬이나 운각, 혹은 시행은 시각적인 유희를 위해 파괴된다(조경택 2006, 270). 이러한 특성은 시가 디지털 기술로 재현되면 더욱 유희적인 모습을 나타낸다. 다시 위의 오른쪽 시를 보자.

오른쪽의 시의 제목은 「될에게 바치는 벌레 사과파이(worm applepie for doehl)」다.[7] 60~70년대 방송극과 구체시 작가로 활동했던 될의 사과시를 그의 63번째 생일을 맞아 그와 함께 활동하던 후배 작가 아우어(Johannes Auer)가 97년 애니메이션 형식의 디지털 버전으로 새롭게 만든 것이다. 아우어는 사과시의 제목을 「될에게 바치는 벌레 사과파이」로 바꾸고, 벌레라는 글자가 사과 모양의 시를 지나가면서 갉아먹는 형식으로 재구성한다. 디지털 미디어의 특성을 살려 아날로그 방식의 기존 사과시를 모니터에 구현함으로써 사과 형상 자체를 역동적으로 만든 것이다. 오른쪽 그림 아래쪽에는 양쪽으로 moreapple이 보이는데, 이곳을 클릭하면 사과 모양의 시 전체 크기가 일그러지거나 좌우로 움직이는 형태로 바뀐다. 원래는 될의 시에서처럼 조판기술을 이용하여 단어의 분절 혹은 잘라냄으로써 형태상으로만 사과 모양이었던 것을 디지털 기술을 응용하여 좀 더 다양한 이미

7) Johannes Auer: "worm applepie for doehl". In: Hyperfiction. Hyperliterarisches Lesebuch: Internet und Literatur(mit CD-Rom). Hrsg. v. Beat Suter/Michael Böhler, Basel, Frankfurt am Main 1999. Oder URL:https://auer.netzliteratur.net/worm/applepie.htm [30. 6 2019].

지로 재현한 것이다. 결과적으로 인쇄술을 이용해 실물 형상을 그려낸 시가 디지털 글쓰기의 도움으로 움직이는 시로 바뀐 것이다. 텍스트가 움직이게 되면서 시 자체가 이미지와 같은 개념으로 이해되고, 동시에 그 시각적 형태와 이미지의 변화하는 모습이 더욱 강조된다.

이러한 방식의 재현 형식에서는 구체시에 있어서의 배열의 역할을 '상호작용성'과 '연출'이 한다. 디지털 매체를 이용해 시작(詩作)을 할 때 중요한 요소는 세 가지다. 작품구성에 있어서 수용자의 참여를 의미하는 상호작용성, 다양한 매체들의 상호 관련성을 의미하는 상호매체성, 그리고 작품 내재적으로, 즉 수용과정 내에서 벌어지는 퍼포먼스를 위한 프로그래밍의 개념으로서 연출이 그것이다. 상호작용성과 상호매체성이 디지털 매체 자체가 지니고 있는 영역에 속하는 것인 반면, 연출은 저자에게 고유한 영역이다. 디지털 매체가 속성상 단일한 인터페이스에 다양한 매체를 통합시킨다고 할 때, 저자가 각각의 이질적인 매체를 어느 정도로 사용하고 어떻게 배치시키며, 어떻게 연결시키는가에 따라 작품은 다양한 평가를 얻는다(김요한 2007, 187). 이러한 맥락에서 연출은 세 가지 중 가장 중요한 기능을 담당한다. 다시 「뒬에게 바치는 벌레 사과 파이」를 보자.

이 작품은 원래 오른쪽의 그림처럼 컴퓨터 언어인 하이퍼텍스트로 제작되어 있다. 이 언어는 독자에게 그대로 전달되지 않고 코드화 작업을 통해 위의 오른쪽 그림의 모습으로 나타난다. 다시 말해, 디지털 방식으로 제작된 텍스트는 보이는 구조와 보이지 않는

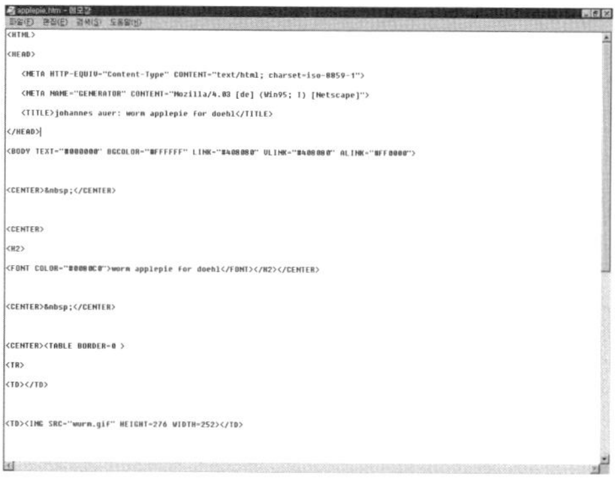

구조의 이중 구조로 이루어진다. 보이는 구조는 단일한 인터페이스인 스크린에서 보이는 구조이다. 보이지 않는 구조는 스크린에서 보이는 형태가 아닌 하이퍼텍스트 자체의 언어로 이루어져 있는 숨겨진 구조이다. 이 같은 구조에서 문제가 되는 것은, 스크린 상에 보이는 모습이 작품의 전부가 아니라는 점이다. 원래 텍스트인 하이퍼텍스트 코드에는 여러 명령어와 함께 이미지 링크 등이 숨겨져 있어, 마우스 클릭과 같은 독자의 참여를 통해 이것이 스크린에 나타나기도 하고 나타나지 않기도 한다. 「뒬에게 바치는 벌레 사과파이」에서는 처음에는 사과 모양의 시를 글자 벌레(Wurm)가 갉아먹는 형태로 나오지만, 독자가 아래쪽의 moreapple을 클릭하게 되면, 벌레가 없어지고 사과 모양의 형태가 여러 가지로 바뀌게 되는데, 이처럼 수용자(User)의 개입을 통해 작품 전체에 일정한 변화를 가져오는 것을 "연출(Inszenierung)" (Simanowski 2001, 5)이라고 한다. 전통적인 방식의 시에서는 운율이, 그 전통을 파괴하며 나타난 구체시와 같은 현대시에서는 운율 대신 '배열'이 이미지와 메시지를 만든다면, 디지털 방식의 작품에서는 이러한 연출이 그 역할을 대신한다. 연출의 속성이 특징적으로 드러나는 다음의 시를 보자.

6. 시를 죽여라

문학의 분석 대상으로서의 텍스트는 기본적으로 쓰여 있는 것을 가리킨다. 시, 소설, 희극 등, 무엇이 되었든 간에 '쓰여 있다는 것'은 종이에 문자로 고정되어 있고, 따라서 물질적 속성상 움직이지 못한다는 특징을 갖는다. 그리고 텍스트는 어떠한 방식으로든 시작하는 부분과 끝나는 부분이 정해져 있는 완결된 형태를 지니고 있으며 일정

그림 3. 「시를 죽여라」의 초기화면

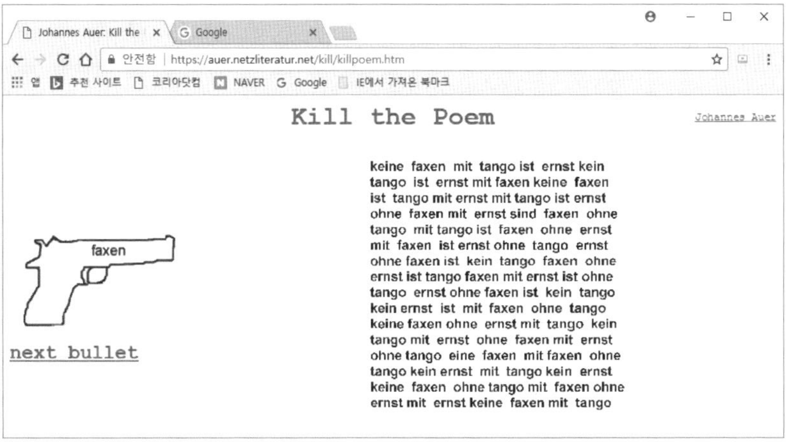

한 순서를 따라 읽어야 하는 선형적인 특성을 가진다. 하지만 이러한 문학 텍스트의 형태상 특징들은 매체의 발달, 특히 디지털 매체가 지배적인 재현 수단으로 등장하면서 전통적인 문학이 지니고 있는 개념상의 특성을 변화시킨다. 슈투트가르트에서 일련의 작가들과 함께 디지털 매체를 사용해 다양한 실험을 전개하고 있는 아우어는 「시를 죽여라(Kill the Poem)」[8]을 통해 이러한 변화를 가늠할 수 있는 방향을 제시한다.

아우어 스스로는 「시를 죽여라」를 "최후의 서정시 혹은 독자에 의한 시의 치명적 해체(Finale Lyrik oder letale Dekonstruktion eines Gedichtes durch den Leser)"(Auer 1999, 203)로 설명한다. 매체 환경 변화로 인해 앞으로의 문학과 텍스트가 어떠한 방향에서 만들어지고 소비될 것인가를 단적으로 보여주기 위해서다. 우선 형식적으로 「시를

8) Johannes Auer: "Kill the Poem". In: "kill the poem", digitale-konkrete poesie und poem art(CD-Rom), Zürich 2000. Oder URL: https://auer.netzliteratur.net/kill/killpoem.htm [30. 6. 2019].

죽여라」는 전체 구도를 반으로 나누어 쓴다. 왼편에 러시안룰렛과 같은 권총이 있고 오른편에는 텍스트가 있다. 권총 안에는 단어 하나가 들어 있는데, 이 권총을 직접 클릭하게 되면 오른편의 텍스트에서 권총 안에 있는 단어가 총소리와 함께 사라진다. 권총 아래에는 "다음 탄환(next bullet)"이라는 글자가 붉은색으로 쓰여 있는데, 이곳을 클릭하면 권총 안에는 오른편 텍스트에 남아 있는 단어들 중 다른 한 단어가 다시 나타난다. 다시 권총을 발사하면 또다시 오른편의 텍스트에는 해당 단어가 사라진다. 계속해서 권총을 클릭할 때마다, 오른편에 있는 텍스트에서 권총 안에 들어 있는 단어가 모두 사라지게 되고, 이런 식으로 결국 텍스트에는 아무런 단어도 남지 않게 되어 위의 그림과 같은 모습이 된다. 결국 제목처럼 이 시는 시를 읽고, 보고, 듣는 독자의 적극적인 개입(클릭)으로 인해 '죽게' 되는 결과를 보여준다. 하지만 마지막 남아 있는 단어를 클릭하여 오른편의 전체 텍스트가 모두 사라질 때, 권총 아래에는 next bullet 대신에 i like it and start again이 나타나는데, 이를 클릭하면 다시 처음의 모습대로 시가 나타나 다른 한 편으로 죽었던 시를 다시 살릴 수도 있고 다시 죽일 수도 있게 된다.

1998년 키닝어(Martina Kieninger) 등과 함께 우루과이 몬테비디오의 독일문화원에서 있었던 「탱고 프로젝트(Tango Projekt)」에 함께 전시되었던 이 시는 내용적으로 "텍스트의 파괴와 저자의 문제 제기(Text-Zerstörung und Infragestellung des Autors)"를 "치환적 텍스트(ein permutationeller Text)"(Döhl 2000)[9]를 통해 다루고 있다. 즉, 단어의 위치를 변화시키거나 아예 단어를 제거함으로써 텍스트의 구조와 내용상의 의미를 파괴한다. 또한 독자의 개입을 통해 과연 텍스트의 저자가 누구인가를 다시 한번 고민하도록 해 준다. 이러한 모든 것이 앞서 언급한 '연출'의 개념으로 이해되는 구성적 특성이다. 아날로그 매체에서보다 더욱 치밀한 프로그래밍을 통해 상호작용을 비롯한 특정한 효과를 발생 시켜 이미지와 메시지를 전달하는 데 있어 연출이 결정적인 역할을 담당한다. 연출 기능을 통해 내용의 변화는 아래에서처럼 달라진다.

> keine faxen mit tango ist ernst kein tango ist ernst mit faxen keine faxen ist tango mit ernst mit tango ist ernst ohne faxen mit ernst sind faxen ohne tango mit tango ist faxen ohne ernst mit faxen ist ernst[...]

이 시에는 기본적으로 "그 누구도 탱고를 통해 허튼 짓거리를 하지 않는다(keine faxen mit tango)", "탱고는 진지하다(tango ist ernst)", "탱고는 진지하지 않다(kein tango ist ernst)" 등과 같은 다양한 의미가 주어져 있다. 총 쏘기와 더불어 위의 텍스트는 faxen, ohne, mit, kein(e), ist/sind, ernst, tango와 같은 단어들이 독자의 결정에 따라

9) Reinhard Döhl: "TanGo & Co". - Bericht über einige Stuttgarter Internet Projekte. URL: https://www.netzliteratur.net/tangoundco.htm [30. 6. 2019].

순서대로 혹은 전체가 한꺼번에 소멸되는데, 이에 따라 그 의미가 조금씩 달라진다. 예를 들어, 첫 문장 "keine faxen mit tango ist ernst"에서 첫 번째로 주어진 단어 "faxen"을 없애면 그 의미가 "탱고를 추는 사람은 누구도 진지하지 않다(keine mit tango ist ernst)"로 변하게 된다. 이때 사라지는 단어의 순서는 임의로 바뀔 수 있다. 이에 따라 개개 단어가 앞선 단어를 포함하여 텍스트에서 사라지면서 텍스트의 모양과 자의적 문장의 순서도 달라지고 그 의미도 달라진다. 마치 여러 사람이 탱고의 스텝을 밟는 것처럼 텍스트의 모양이 움직이는 듯한 시각적 효과를 보여주기도 한다. 텍스트가 모두 사라지면 새롭게 텍스트를 불러올 수도 있다. 그렇다면 이와 같은 작업을 통해 저자 아우어가 말하고자 하는 것은 무엇일까?

탱고 프로젝트는 선정적인 라틴아메리카 춤인 탱고를 소재로 몇몇 작가들이 실험적인 텍스트를 전시한 작업이다. 역동적이고 흥겨운 춤인 탱고는 단순히 눈으로만 보는 춤이 아니다. 그것은 시각적이고 음악적이며 역동적으로 움직이는, 그래서 모두가 함께 참여하고 싶은 그러한 춤이다. 이러한 춤과 같이 텍스트도 시각적이고 감각적이며 음악적인 성격을 통해 모두가 참여하는 역동적인 춤이 될 수도 있다는 생각에서 탱고 프로젝트는 출발한다. 아우어가 이 시에서 한 편으로 "탱고를 추는 사람은 누구도 진지하지 않다(keine mit tango ist ernst)"고 말하고, 또한 그것이 독자에 의해 의미가 변하기도 하지만, 다른 한편으로 "탱고는 진지하다(tango ist ernst)"고 말하는 것도, 자신의 이러한 실험이 탱고의 스텝과 같이 다분히 유희적이며 역동적인 의미를 지닌 것임을 전달하는 것이다. 이와 관련하여 아우어는 자신의 시에서 시가 이제는 더 이상 읽는 시가 아니라 보고, 듣고, 읽고, 움직이며, 독자에 의해 함께 만들어지는, 동시에 해체되는, 그리고 다시 재구성되는, 역동적인 것임을 말하고자 한다. 아우어와 함께 슈투트가르트에서 작업을 같이 하고 있는 될(Döhl 2000)은 조심스럽게 이러한 실험적 시도를 새로운 매체를 통한 "예술품의 해체와 동시에 그것의 파괴 불가능성에 대한 실연(die Demontage eines Artefaks und zugleich die Demonstration seiner Unzerstörbarkeit)"으로 표현한다. 1996년부터 슈투트가르트에서 될, 키닝어와 함께 공동 문학 네트워크 프로젝트(kollaborative literarische Netzprojekte)를 이끌고 있는 아우어는 이 시의 제목 '시를 죽여라'를 모든 디지털 문학의 모토로 사용한다(Braun 2001). 여기서 말하는 '시'가 은유적으로 넓게는 텍스트와 문학 전체를 가리킬 수도 있다면, 새로운 문화적, 예술적 조건 속에서 기존의 텍스트와 문학을 해체하고 재구성하는 일이 무엇보다 중요한 일임을 아우어는 이 시를 통해 주장한다. 종이에 펜으로 썼다면 불가능했을 이 시는 글쓰기의 수단이 달라질 때, 그리고 그 달라진 수단으로 시를 쓰고 읽을 때, 무엇이 다르고, 무엇이 달라질 수 있는지를 단편적으로 나타내준다. 더불어 종이에서 스크린으로 재현 매체가 달라지면서 강조되는 '연출'의 기능으로 텍스트와 독자의 상호작용이 강화되고, 이렇게 강화된 상호작용은 시에서의 놀이적 특성을 더욱 두드러지게 보여준다.

7. 「텍스트 레인(Text Rain)」[10]

아폴리네르의 시 <비가 내린다>로 돌아가 보자. 아폴리네르 자신은 이러한 시를 '상형시'로 부르며 시가 가지고 있는 메시지를 문자를 이용해 시각적으로 나타냈다. 글쓰기와 관련한 당시의 기술적 조건으

10) http://camilleutterback.com/projects/text-rain [30. 6 2019].

로서는 메시지의 시각화를 위한 최적의 방법이었을 것이다. 하지만 아폴리네르가 오늘날의 매체적 환경에서 활동한 작가였다면, 어떠한 방식으로 자신의 상형시를 형상화했을까? 이에 대한 단초를 로미 아키튜브와 카밀 우터벡(Romy Achituv & Camille Utterback)의 증강현실을 이용한 상호작용 설치예술작품 「텍스트 레인」에서 찾을 수 있다. 이 작품은 텍스트 수용자들이 스크린 앞에 서서 자신의 몸을 사용하여 문자를 들어 올리거나 떨어뜨리면서 일정한 선의 형태로 만들어지는 시작(詩作)을 체험케 하는 설치예술이다. 현존하는 텍스트 수용자와 실재하지 않는 문자가 단일한 인터페이스인 스크린에서 함께 투영되는 이 작품에서 빗방울이 되어 떨어지는 문자들은 스크린 위로부터 떨어지며 수용자 몸의 움직임에 반응하고, 수용자는 자신의 몸을 따라 만들어지는 텍스트를 인식한다. 작품의 제목 그대로 문자는 비가 되어 내리고, 비가 되어 내리는 문자를 수용자는 "프로그램화된

그림 4. 「텍스트 레인」의 시연 장면

상호자용"(유현주 2017, 134)을 통해 텍스트로 만든다. 이렇게 만들어지는 텍스트는 "몸과 언어에 관한 시행(lines of a poem about bodies and language)"(Utterback 1999)을 형성하는데, 이때 중요한 것은 디지털 기술과 이 기술이 제공하는 증강현실 기법을 이용하여 수용자 혹은 독자가 텍스트 생산에 직접 참여한다는 사실이다. 앞서의 될의 작품에서 좀 더 나아가 메시지의 시각적 형상화를 강화된 상호작용을 이용해 가상현실의 '놀이'로 확장한 것이다. 아폴리네르의 상형시와 곰링어의 구체시들이 운율에서 배열로 규범을 옮겨 시(문학)을 시각화시킨다면, 「텍스트 레인」은 될의 사과시를 디지털 버전으로 리모델링한 아우어의 의도를 시공간적으로 확장시켜 '놀이'의 특징을 직접적으로 형상화시킨다. 여기에서 시(문학)은 디지털 기술과 증강현실 기술을 만나 '상호작용적 놀이'로 비가 되어 내린다.

8. 놀이로서의 시

> 놀이의 고유한 속성이라고 우리가 판단을 내렸던 특징들을 다시 한번 열거해 보기로 하자. 그것은 일정한 시간과 공간의 한계 내에서 뚜렷한 질서에 따라, 또 자유롭게 공인된 규칙에 따라 진행되는 활동으로서 필요 또는 물질적 효용의 영역 밖에 있는 활동이다[...]. 이제 이런 특징들이 또한 시적 창조에도 고유한 것이라는 사실을 부인하기는 힘들 것 같다. 사실 우리가 방금 놀이에 대해 내린 정의는 바로 시의 정의로도 통할 수 있는 것이다. 언어의 운율적, 대칭적 배열, 각운이나 유운으로 운율 맞추기, 의미의 고의적인 가장(假裝), 어구의 인공적이고 기술적인 배열... 이 모두는 놀이 정신의 발로라고 볼 수 있을 것이다. 발레리가 표현했듯이 시를 단어와 언어를 가지고 노는 것이라고 한 것은 암유(暗喩)가 아니다. 그것은 사실을 낱말 뜻 그대로 정확하게 표현한 말이다(호이징하 1993, 202).

호이징하(호아징하 1993)는 시가 놀이임을 증명하기 위해 놀이 자체의 특징을 다음과 같이 세 가지 활동으로 규정한다. 첫째, 놀이는 특정한 시간과 공간의 제약을 갖고 있는 활동이다. 둘째, 놀이는 자유롭게 받아들여진 규칙에 입각하여 명확한 질서를 확립하는 활동이다. 셋째, 놀이는 일상적 필요 혹은 물질적 실용성의 영역 밖에서 지속되는 활동이다. 이러한 놀이의 특성은 위의 인용에서처럼 시가 가지고 있는 중요한 속성과 연결된다. 언어의 리드미컬하고 대칭적인 배열, 각운이나 유운으로 운율 맞추기, 의미의 고의적인 가장, 어구의 인공적이고 예술적인 구성 등이 놀이 정신의 표현이라는 것이 호이징하의 주장이다. 이러한 주장을 확대하면, 시가 가지고 있는 창조적 상상력, 곧 시구의 전환, 모티프의 발전, 분위기의 표현 등도 놀이가 가지고 있는 중요한 요소가 된다(김성언 2014, 234). 여기서 가장 중요한 요소는 상상력이다. 시는 시적 상상력을 통해 특정한 현실을 이미지로 전환시킨다. '은유'는 시적 상상력을 재현하는 중요한 시적 놀이의 한 방식이다. 이러한 상상력의 가치와 의의는 놀이에서 중요하다. 놀이의 작동 방식 역시 어떠한 이미지 조작, 즉 현실을 이미지로 전환시키는 형상화 작용에 근거하기 때문이다(호이징하 1993, 14). 이러한 맥락에서 시와 놀이의 유사성이 또다시 발견된다. 놀이와 마찬가지로 시 창작에도 형상화 작용을 형식적으로 뒷받침하는 규칙이 필요하다. 서양의 시적 전통에서는 메트릭이라고 하는 시 창작의 규범인 운율학이 있어 놀이의 중요한 특성인 '제약'과 '명확한 질서'를 뒷받침한다.

원시사회를 거쳐 고대사회, 근대사회, 심지어 현대에 이르기까지 모든 종교적 제의와 주술, 사회적 변혁에 대한 신념, 자연과 그 창조자에 대한 예찬과 개인의 감성을 표현한 노래 등은 흔히 엄격한 규칙을 준수하는 운문으로 표출되어 왔으며, 사회의 구성원들은 그것을 즐기고 자신의 사유 속에 받아들여 왔다. 다시 말해 시는 쾌락이자 의례이며 서로 주고받는 일정한 규칙을 지닌 '놀이'라 할 수 있다(김성헌 2014, 234). 서양 문학 최초이자 최고의 걸작으로 꼽히는 서사시 <오디세이아>가 그랬고, 자연을 노래하거나 개인의 감정을 전하는 서정시도 마찬가지다. 물론 운율을 벗어나는 시 창작도 있다. 구체시가 대표적이다. 하지만 운율을 벗어난다고 시가 아무런 규칙 없이 창작되는 것은 아니다. 이러한 시들에도 운율 대신 배열이라는 규칙을 통해 놀이의 특성은 그대로 남는다. 디지털 방식으로 창작되는 시는 '상호작용성'과 '연출'이라는 기능을 통해 놀이로서의 시와 강하게 연결된다.

앞서 고대 그리스 사람들은 교육의 일환으로 호메로스의 서사시를 외우고 낭송하게 했다는 점을 언급한 바 있다. 그 이유가 카이와(Roser Caillois)의 주장대로 놀이가 상상력을 자극하고 더불어 질서를 만들어내며 구성을 생각해내도록 하듯이, 시가 창의력을 자극하며 현실을 이미지로 전환시키는 구성력을 키우고 더불어 자신과 자신을 둘러싼 환경을 성찰하게 하는 '재미'를 제공하기 때문은 아니었을까? 이에 대해 카이와는 다음과 같이 말한다.

> 놀이 정신은 연구심, 세련, 창의력을 자극한다. 동시에 그것은 적을 대할 때의 성실함[공정함]을 가르치며, 시합이 끝나면 적대관계도 끝나는 경쟁의 모범을 권한다. 놀이라는 수단을 통해서 인간은 자연의 단조로움, 결정론, 맹목성과 난폭함에 저항 할 수 있게 된다. 또 질서를 만들어내고 구성[유기적인 연계]을 생각해내며 공정성을 확립하는 것을 배우게 된다(카이와 1994, 96).

참고문헌

김성언. 2014. "놀이문화로서의 한시." 『한국한시연구』 22 (10): 231-253.

김요한. 2007. 『디지털 시대의 문학하기』. 한국학술정보.

볼츠, 노르베르트. 2007. 『놀이하는 인간: 놀지 못해 아픈 이들을 위한 인문학』. 윤종석(외) 역. 문예출판사.

유현주. 2017. 『텍스트, 하이퍼텍스트, 하이퍼미디어: 디지털 시대의 새로운 문예학』. 문학동네.

조경택. 2006. 『독일 운율학 개론』. 종문화사.

카이와, 로제. 1994. 『놀이와 인간』. 이상률 역. 문예출판사.

호이징하, 요한. 1993. 『호모 루덴스』. 김윤수 역. 도서출판 까치.

Adler, Jeremy and Ulrich Ernst. 1987. *Text als Figur: Visuelle Poesie von der Antike bis zur Moderne.* Weinheim.

Auer, Johannes. 1999. "worm applepie for doehl." In *Hyperfiction. Hyperliterarisches Lesebuch: Internet und Literatur (mit CD-Rom),* edited by Beat Suter and Michael Böhler. Basel, Frankfurt am Main. URL: https://auer. netzliteratur.net/worm/applepie.htm [30. 6 2019].

Auer, Johannes. 1997. "Kill the poem." In *"kill the poem", digitale-konkrete poesie und poem art (CD-Rom),* Zürich 2000. Oder URL: https://auer.netzliteratur.net/kill/killpoem.htm [30. 6. 2019].

Auer, Johannes. 1999. "Wie sich Kunst Gehör verschafft." In *Hyperfiction. Hyperliterarisches Lesebuch: Internet und Literatur (mit CD-Rom),* edited by Beat Suter and Michael Böhler. Basel, Frankfurt am Main.

Braun, Michael. 2001. "Hügelzeit und Hyperfiction/"Kill the poem": Die 23. Solothurner Literaturtage." *Frankfurter Rundschau*, 29. 05. 2001.

Burdorf, Fasbender, and Moennighoff. 2007. *Metzler Lexikon Literatur.* Stuttgart.

Döhl, Reinhard. 2000. "TanGo & Co". - Bericht über einige Stuttgarter Internet Projekte. URL: https://www.netzliteratur.net/tangoundco.htm [30. 6. 2019].

Dubiel, Jochen. 2004. *Intermediale Spielarten der visuellen Poesie: Versuch einer deduktiven Analyse potentieller Text-Bild-Relationen.* Marburg.

Gomringer, Eugen. ed. 1972. *konkrete poesie. deutsche Autoren. anthologie von eugen gomringer.* reclam stuttgart 2018.

Gomringer, Eugen. 1969. *Worte sind schatten. Die Konstellationen 1951-1968.* Hamburg.

Jandl, Ernst. 2001. *Der künstliche Baum.* München.

Lamping, Dieter. 1993. *Das lyrische Gedicht.* Göttingen.

Simanowski, Roberto. 2001. "Autorschaften in digitalen Medien: Eine Einleitung." TEXT+KRITIK 152: 3-21.

Romy Achituv and Camille Utterback. 1999. http://camilleutterback.com/projects/ text-rain [30. 6 2019].

이미지 출처

그림 1:

https://movie-phinf.pstatic.net/20180315_203/15211038058255kjrY_JPEG/movie_image.jpg

그림 2: https://auer.netzliteratur.net/worm/applepie.htm

그림 3: https://auer.netzliteratur.net/kill/killpoem.htm

그림 4: https://americanart.si.edu/artwork/text-rain-109552

제5장

호모 루덴스 vs. 호모 디기탈리스

- 디지털 예술과 놀이 공간의 확장

제5장 호모 루덴스 vs. 호모 디기탈리스

– 디지털 예술과 놀이 공간의 확장

서송석

1. 들어가는 말: 놀이를 탐하다

놀이는 인간을 행복하게 한다. 주변의 아이들을 눈여겨보자. 놀이에 흠뻑 빠져 있다 보면 시간이 어떻게 가는 줄도 모르고 때를 놓치는 경우가 있다. 아이들은 저녁 먹기 전까지 들어오라는 엄마의 신신당부를 잊어버리기 십상이며 경고성 짙은 휴대폰 울림은 깔깔대며 웃고 떠드는 소리에 곧바로 묻혀버린다. 엄마가 쫓아 나오자마자 내지르는 고함도 공허한 메아리에 그칠 뿐이다. 놀이에 빠진 아이들은 이에 아랑곳하지 않고 그 세계에서 헤어 나오지 못한다. 그 세계는 독자적이면서 자발적인, 뿐만 아니라 자기 폐쇄적이기도 하지만 유연한 구성을 특징으로 하며, 현실 세계와는 아무 관련이 없는 자기만의 고유한, 역시 유연하게 설정된 시간과 공간의 옷을 입고 있다. 아이들은 당장이라도 놀이판을 거두고 들어가서 마무리해야 할 숙제와 독서노트, 그 밖에 밀릴 대로 밀린 학습지를 망각의 저편으로 내팽개쳐둔다. 현실 세계에서 어느 정도 의미가 있는지는 몰라도 그것들은 놀이 세계에서 일종의 이물질, 오염원, 불순물에 불과하다. 왜냐하면 현실 세계에서 일로 간주되는 것들은 놀이의 지속을 위한 몰입과 집중, 그리고 자기 헌신에 찬물을 끼얹는 거추장스러운 장애물이자 훼방꾼에 지나지 않기 때문이다.

놀이는 다 큰 어른들과 더 나이 많은 어른들을 행복하게 한다. 놀이는 일상에 지친 어른들에게 생기와 활력을 불어넣으며 마음을 들뜨게 한다. 놀이하는 어른들은 무겁고 번잡한 마음에 날개를 장착하고 일, 노동, 과제, 업무, 의무, 책임, 수고 따위의 얽히고설킨 짐들을 잠시나마 내려놓고 색다른 세계를 향해 사뿐히 날아오른다. 그들의 놀이 세계에서 목표, 결승점, 결과, 성과, 달성, 평가 등의 목적 지향적 행태는 아이들의 숙제나 학습지 취급을 받을 수밖에 없다. 이것들을 가볍게 무시하고 보다 자유로운 비상을 꿈꾸는 어른들은 그 구별된 또 하나의 세계, 어떤 면에서는 현실과 흡사하면서도 전혀 다른, 나름의 고유한 질서와 규율, 진지함과 열성을 요구하는 이 놀이 세계로 진입하면서 과중함, 버거움, 초조함, 불안함, 피곤함을 털어낸다. 이러한 점에서 노는 아이와 노는 어른은 차이가 없다. 어른들뿐만 아니라 아이들도 놀이가 선사하는 그 무엇으로부터의 해방을 만끽하기 때문이다. 그러므로 놀이는, 성별은 말할 것도 없고, 아이와 어른을 구별하지 않으며 오히려 모든 인간과 관계한다. 인간의 삶을 돌아볼 때 놀이는 보편성을 획득한다.

놀이는 인간을 자유롭게 한다. 놀이는 무엇으로부터 벗어날 자유와 무엇에 몰입할 수 있는 자유를 허락한다. 놀이라는 해방공간 안에서는 해야 할 것과 할 필요가 없는 것, 하지 말아야 할 것과 해도 되는 것 사이의 구분이 불분명하다. 놀이는 해야 할 의무와 하지 말아야 할 일탈의 경계를 무력화시키며, 오히려 의무를 억제하고 일탈을 조장하려는 경향을 갖는다. 그 이유는 지나칠 정도로 단순하다. 단지 그렇게 구분할 필요가 없기 때문이다. 가령 소꿉놀이를 할 때 아들이 숙제하는 것과 숙제를 하지 않는 것, 숙제하지 않은 아들을 혼내는 것과 그 아들을 너그러이 용서하는 것, 엉뚱한 소리로 들리겠지만, 숙제하는 아들을 혼내는 것과 숙제를 내주는 선생님을 혼내는 것과 같은 일련의 행동결정들은 어떤 필연성이나 당위성, 또는 설득력 있는 인과관계를 내포하지 않는다. 놀이에서 발현되는 특정한 행동들은 주로 자발성, 우연성, 즉흥성, 비일관성, 전복성에 좌우되기 때문에 어떤 행동이 어떤 의미를 수반할지 예측하기 어렵다. 덧붙여, 놀이 세계에서 행동기대는 현실 세계의 그것과 일치하지 않으며 오히려 비논리적, 비합리적, 비상식적, 심지어 몰이해의 측면을 동반하기도 한다. 다시 말해, 놀이 세계에서 행동기대의 반경은 현실 세계의 그것보다 월등히 넓다고 할 수 있다. 그렇기 때문에 숙제하지 않은 아들을 대하는 행동결정의 선택이 현실 세계에서는 관습적이고 제한적인데 반해, 소꿉놀이에서는 숙제하지 않은 아들을 칭찬하고 숙제 잘하는 아들을 혼내는 엄마의 태도가 전혀 이상하지 않는 것이다. 여기서 중요한 것은 단순히 선택반경의 넓이가 아니다. 보다 눈여겨볼 문제는, 놀이 참여자가 어떤 방향으로 놀이를 진행시킬 것인지에 대한 자발적 선택, 곧 놀이에 대한 관심과 열정 그리고 몰입의 상태를 유지, 강화하거나 반대로 약화, 중단하기 위해 허용되는 선택의 자유이다.

재미와 즐거움을 유발하는 놀이의 근본요소가 바로 이 지점에서 두드러진다. 놀이는 자유를 보증한다. 놀이 참여자는 그들만의 시공간을 자유자재로 구성하고 해체할 수 있으며 그 어떤 방해도 없이 자발적으로 행위하고 그 행위에 대한 해석을 역시 자유로운 판단에 맡긴다. 역사학자이자 존경할만한 놀이 이론가인 『호모 루덴스』의 저자 요한 하위징어의 말을 빌리면,

> 무엇보다도 모든 놀이는 자발적 행위이다. 명령에 의한 놀이는 더 이상 놀이가 아니다. [...] 놀이는 언제라도 연기되거나 정지될 수 있다. 육체적 필요나 도덕적 의무에 의해서 부과되는 것이 아니다. 그것은 결코 의무적으로 수행해야 하는 일이 아니다. '자유 시간'에 한가롭게 할 수 있는 행위이다. [...] 즉, 놀이는 자유로운 행위이며 자유 그 자체이다(하위징아 2018, 43 이하).

이쯤에서 서론이 길어지는 것을 경계해야겠다. 우리의 논의는 단지 자유를 필두로 하는 놀이의 속성을 탐구하는 데에서 멈추지 않는다. 놀이는 끊임없이 인간을 유혹하고 인간 역시 끊임없이 놀이를 탐한다. 때문에 자유로운 날갯짓으로 더 즐겁게 놀 수 있는 세계를 향해 떠나고자 하는 21세기의 아이들과 어른들이 디지털 세계를 넘나드는 것은 전혀 수상한 일이 아니다. 왜냐하면 디지털 세상은 이미 그 누구에게도 어색하거나 낯선 곳이 아닐 뿐만 아니라, 놀이 세계의 확장이라는 측면에서 당연히 주목할 만한 영역이기 때문이다. 그러므로 우리의 논의는 디지털과 놀이의 공통분모지대, 곧 디지털 세계에서 경험할 수 있는 놀이터를 향한다. 호모 루덴스와 호모 디기탈리스가 공존할 수 있는 영역을 탐험하려는 것이다. 얼핏 다채로운 영상과 화려한 사운드, 그리고 변화무쌍한 그래픽으로 무장한 디지털 게임을 생각할 수 있겠으나, 이곳은 필자의 역량이 미치는 분야가 아니기에, 필자는 디지털 게임을 기대했던 독자들의 마음을 다독이며 디지털 예술세계로 안내하려 한다. 하지만 독자들은 다음과 같은 문제를 제기할 수 있다. 어딘지 익숙하면서도 낯선 감이 없지 않은 디지털 예술작품이라고 하는 것이 어떻게 해서 놀이와 만날 수 있을까? 간략하게나마 놀이와 디지털의 접점을 찾기 위한 이론의 검토가 요구되는 이유가 여기에 있다. 더욱이 놀이 또는 유희, 예술, 가상, 공간과 같은 개념의 덩어리들을 만지작거리며 디지털 놀이터의 가능성과 전망을 찾는 작업 자체가 어찌 보면 하나의 놀이라고 볼 수도 있을 듯하다. 디지털 예술을 소개하기에 앞서 놀이의 속성을 계속 이어 살펴보도록 하자.

2. 놀이의 속성 1: 현실을 넘어 비현실의 세계로

자유를 이야기하다보니 본의 아니게 서론이 길어졌다. 놀이의 속성을 거론할 때 자유는 그만큼 핵심 지위에 오를 충분한 자격을 지닌다. 하지만 놀이는 즐거움과 재미를 북돋는 솔깃한 매력을 발산하는 것만큼이나, 아니 그 이상으로 의심의 눈초리에 둘러싸여 있다. 인간은 시시각각 놀이를 탐하면서도 노는 것을 못마땅하게 여긴다. 그도 그럴 것이, 그리스어에 담긴 놀이 개념을 예로 들면, 놀이는 "기쁜(froh)", "신나는(fröhlich)", "걱정근심 없는(unbesorgt)", "장난스럽게 구는(tändelnd)", "중요하지 않은(unwesentlich)", 그리고 "아이들에 속한(was zum Kind gehört)", "싸움 또는 경기(Kämpferisch)" "내기(Wettstreit)"와 같은 의미 내용을 지시한다(Wetzel, 579; Hoffmann, 6 참조). 말이 나온 김에 다른 어원들도 조금 더 살펴보면, 라틴어 ludus에는 비슷함, 기만, 진지하지 않음, 가상, 조롱, …인 체하기, …의 외양을 갖추기, 춤, (어른과 아이들이 하는) 모든 유형의 놀이, 독일어 Spiel에는 춤, 음악, 장난치기, 목적 없이 행동하기, 자유로움, 현실의 강압에서 벗어나기, 다른 사람이 되어 보기, 다른 입장이 되어보기, 그리고 영어 play에는 재빠른 움직임, 제스처, 양손 잡기, 손뼉 치기, 모든 종류의 신체적 움직임 등이 내포되어 있다.

그러니 인간은, 한편으로는 일단 놀이를 시작하면 거기에 빠져들면서도 다른 한편으로는 놀이가 마치 건실하게 살아가(야 하)는 자신들을 어떤 몹쓸 곳으로 끌고 가려는 세이렌의 노래라도 되는 듯 경계심을 늦추지 못하는 것이다. 이와 같은 이율배반적인 태도가 놀이의 속성에 반영되는 바, 놀이는 본의 아니게 그 속성의 그릇에 부정적 측면을 우선적으로 채워 넣는다. 상투적인 표현을 빌리자면, 놀이는 현실(Wirklichkeit)과 진지함(Ernst)이라는 범주의 대척점에 묶여 있어 뭔가 비현실적이고 진중하지 못한 가벼운 태도나 행위와 결부되어 있는 것이다(Wetzel, 578 참조). 따라서 놀이는 삶의 긍정적인 것 뒤에 가려진 어둡고 부정적인 면면으로 구성되어 있어 대체적으로 열등한 지위에 내몰린다. 현실과 진지함이 오른편에 있다면 놀이의 자리는 왼편인 셈이다. 왼손잡이인 필자가 어렸을 때 왼손으로 밥을 뜨면 할머니는 밥은 바른손으로 먹는 것이라고 말씀하시고는 하셨다.

놀이를 못마땅하게 생각하고 이를 진지하게 기록으로 남긴 최초의 거목은 플라톤이다. 플라톤에게 놀이는 생산적이지도 바람직하지도 못한 활동이기에 시나 비극을 쓰는 것만큼이나 쓸모없는 일이다. 그러고 보면 놀이는 어딘지 모르게 예술과 닮았다. 놀이와 예술은 근본적으로 모방, 곧 미메시스에 기원을 두기 때문이다. 플라톤에 따르면,

> 예술의 기원은 모방이며, 모방을 이끄는 힘은 실재에 다가가려는 의지가 아니라 신체적 욕망과 감정이다. 이러한 모방 욕망은 일종의 놀이이고 그것이 산출하는 것은 환영과 상상이다(정낙림 2018, 92).

하지만 왜 모방이 문제일까? 잘 알려진 대로 플라톤은 미메시스의 부작용을 우려한 철학자다. 모방은 진리 발현에 그 어떤 기여도 하지 않으며 오히려 사물의 본성을 이해하려는 이성의 활동을 방해한다. 왜냐하면 모방은 실재를 그대로 가져오는 것이 아니라, 실재의 현상만을 보여주기 때문이다. 모방은 이데아를 있는 그대로 재현할 수 없으며 이데아의 그림자를 어렴풋이 재생할 뿐이다. 그러한 점에서 모방은

일종의 가상행위이자 거짓이요 속임수다. 예술의 미메시스가 특히 문제가 되는 이유는, 예술이 현상의 모방, 이데아의 그림자의 모방, 곧 모방을 모방한 결과물에 지나지 않기 때문이다. 그러므로 예술은 이데아를 모방한 현상을 다시 모방하기 때문에 진실의 부재, 진실의 왜곡이라는 태생적 약점에서 빠져나올 수 없으며 사물의 본성에서 멀찍이 떨어져 있다. 그러니 진리와 무관한 일에 집착하는 예술가들이 플라톤의 눈에 곱게 보일 리가 없는 것이다.

> 미메테스(mimetes: 모방하는 사람), 즉 창조하고 제작하는 예술가는 그가 모방하는 사물이 좋은지 나쁜지 스스로 알지 못했다. 미메시스는 그에게 단지 놀이일 뿐 진지한 일이 아니었다. 심지어 비극 시인들도 마찬가지였다(하위징아 2018, 324).

플라톤의 예술비판을 조금만 더 따라가 보자. 이런 식으로 모방에 치중하는 예술가들은 환영과 상상에 사로잡혀 있기 때문에 인간의 영혼을 타락시킨다. 그림을 그리고 시와 비극작품을 쓰는 예술가들은 감각과 감정의 지배를 받고 있는 한, 진실을 마주할 수 없으며 – 백번 양보해서 진실을 마주하고 진실을 표현할 수 있다 하더라도, 그들의 일은 가장 저급한 단계에 머물러 있다 – 오히려 거짓되고 허황된 모사를 통해 인간을 진리에 무관심하도록 유도한다. 특히 시인들은 각종 현란한 미사여구들과 환상적인 표현들을 동원해 대상들을 모사할 수 있다고 자처하지만, 정작 그들은 "뮤즈에 사로잡혀 환각 상태에서 알 수 없는 언어로 주절"(정낙림 2018, 93)거릴 뿐이다. 그들의 미메시스는 결국 인간의 영혼을 혼탁하게 함으로써 감정이 주도하는 쾌락의 늪을 조성하고, 그렇게 미혹된 인간은 자기 이성이 둔화되고 퇴보하는 함정에 빠지게 되는 것이다.

시인들의 이러한 상상력이 이성이 미약한 인간의 영혼을 갉아먹는 것은 불문가지이다. 그 이유는 감정은 쾌락을 갈구하고, 쾌락에 빠진 인간은 이성과 진리에서 멀어지기 때문이다. 플라톤에서 쾌락과 이성은 양립 불가능하다(정낙림 2018, 95).

플라톤의 예술이해를 단순화시키면, 예술의 근본은 모방이며 모방은 어린아이들 장난에 다름 아니다. 곧 예술은 하나의 놀이이다. 이렇게 예술과 놀이가 삶의 무거움을 내려놓고 현실과 동떨어진 환상과 환영, 그리고 상상의 세계를 탐닉한다는 혐의로 인해 이데아를 신봉하는 고대의 뛰어난 철학자로부터 야박하다 싶을 정도로 인색한 점수를 받았다. 물론 플라톤은 아이들을 교육하는 데 있어서 놀이와 모방의 긍정적 측면을 완전히 도외시한 것은 아니었다. 왜냐하면 국가가 필요로 하는 모범적인 시민을 육성하기 위해서는 어릴 때부터 규율과 규칙을 습득하고 국가 질서에 순응하도록 가르쳐야 하는데, 아이들에게 모방을 동반하는 놀이 – 예를 들어 군사 놀이 - 를 통해 규율과 규칙을 몸에 익히도록 가르치는 방식은 그러한 목표를 달성하는데 효력이 있기 때문이다. 이처럼 놀이는 한시적으로, 그것도 제한된 범위 내에서만 수용되어야 한다. 놀이가 비현실을 탐닉한다는 부정적 눈초리를 벗어나지 못하는 한 어디까지나 국가의 질서를 저해하는 요인이 될 수 있다는 점에서는 사정이 달라지지 않기 때문이다. 비현실 문제는 이쯤에서 접어두고 이제 놀이에 덧씌워진 또 다른 부정적 속성, 곧 놀이는 진지하지 못하다는 시각을 비판적으로 다루어보자.

3. 놀이의 속성 II: 가볍고 진지하지 못한

TV 드라마에서 흔히 볼 수 있는 장면 두 가지가 떠오른다. 첫 번째, 우연히 길가다 마주친 먼 친척뻘 되는 분이 반갑게 안부를 묻는다. "그래, 요즘 뭐 해?" 아직 일자리를 구하지 못한 주인공은 멋쩍기도 하고 해서 잠시 주춤거리다 머리를 긁적이며 대답한다. "놀죠, 뭐." 두 번째, 매출부진을 겪고 있는 한 회사에서 대책회의가 진행 중이다. 다들 진지하게 열심히 열변들을 토하고는 있지만 마땅히 좋은 아이디어가 모이지는 않는다. 보다 못한 부장님이 책상을 툭툭 치며 짜증과 답답함이 뒤섞인 고성으로 한 마디 내뱉는다. "거참 놀고들 있네, 그만 됐고, 가서 일들이나 해!"

이 짤막한 장면들은 논다는 행위가 가치중립적인 자리를 끝내 지키지 못하고 조소, 자조, 힐난, 비방, 못마땅함, 비아냥거리기와 같은 느낌을 동반하는 부정적 속성에 연루되어 있음을 예시한다. 여기서 놀이는 일(Arbeit)과 대립한다. 일은 진지함, 근면성실함, 책임감, 성취능력, 목적이 뚜렷한 행동(zweckmäßige Tätigkeiten) 등을 떠올리지만, 놀이는 비진지함, 가벼움, 경솔함, 유치함, 게으름, 시간낭비, 목적 없는 행동 등을 떠올린다. 일은 올바른 현실인식과 이성의 건전한 참여를 조건으로 진지하게 임해야 하는 활동인 반면, 놀이는 감정과 상상력을 앞세우며 특별한 목적도, 결과에 대한 기대도 없이 그저 가볍게 임하는 활동으로 파악된다. 곧 놀이(비현실)와 현실의 대립 구도처럼, 일과 진지함은 오른쪽에, 놀이와 비진지함은 왼쪽에 서게 되는 것이다.

놀이를 일과 대비시킴으로써 그 속성의 내부를 채우려 했던 서양 전통은 18세기 중반 이후, 산업의 발달과 산업발달을 촉진시킨 시민계급의 발흥에서 찾을 수 있다(Wetzel, 586 참조). 귀족에 비해 태생적으로 열등한 지위에 있었던 시민들은 열심히 교양을 쌓고 근면하게 일해서 일정한 성과를 얻는 길만이 그들을 얕잡아봤던 귀족들을 능가하는 것으로 생각했다. 일과 놀이를 특별히 구분하지 않았던 – 사실 구분할 필요도 없었다 – 귀족들에 반해, 시민계급은 우선 일을 매개로 성취와 업적을 달성해야 한다는 의무감을 충족시켜야만 했다. 그런 다음 시간적, 금전적 여유를 갖게 되면 그때서야 그들만의 놀이문화를 개척하고 누릴 수 있게 된 것이다. 후기산업사회 이후 인간 삶에서 중요한 비중을 차지하고 있는 여가(Muße)라는 개념은 시민계급을 특징짓는 문화의 한 단면이라고 볼 수 있다.

오늘날 여가, 여유, 충전의 시간, 쉼, 휴가와 같은 달콤한 말들이 그 자체로 유의미하다는 주장에는 누구도 이의를 달기 힘들다. 그렇다 하더라도 그 숨은 배경에는 여전히 일과 노동의 필연성에 대한 묵직한 인식이 버티고 있다. 다시 말해, 놀이가 담고 있는 달콤하고 유혹적인 말들은 열심히 일 한 자들에게(만) 주어지는 일종의 권리이자 포상인 셈이다. 반대로 365일 여유와 쉼이 있는 삶이란 설득력이 떨어지는 광고 카피의 클리셰에 불과하다. 아쉽지만 이 지점에서도 놀이는 여전히 부속된 이미지에 갇혀 있다는 인상을 준다. 일은 끊임없이 놀이를 포박하며, 놀이는 쉼 없이 일에 포획된다. 심지어 오늘의 사회는 긍정성의 과잉을 보란 듯이 과시하며, 피로 사회의 도래를 무색케 할 만큼 성과를 부추기면서 놀이가 겨우 비집고 들어갈 틈마저 메우려고 한다. 따뜻한 햇볕 아래 에메랄드빛 바닷가에서 한가로이 누워 들여다보고 있는 태블릿 PC 창에, 좋아하지만 그간 바빠서 챙겨 보지 못했던 뮤직비디오와 실시간 전송되는 회의 자료가 나란히 열려 있는 모습을 떠올린다면, 지나치게 과장된 그림일까?

이제 놀이에 본연의 권리를 찾아 주어야 할 때가 온 것 같다. 자유로움으로 거창하게 시작했지만 비현실과 비진지함이라는 부정적 속성에 갇혀 있는 놀이를 건져 내기 위한, 또한 일의 반대급부라는 종속적인 이미지를 벗겨내고 그 자리에 독자적인 특성을 부여하기 위한 기회를 열어 보려고 한다. 놀이의 반격은 놀이가 진지하지 않다는 오래된 선입견에 맞선 대항으로 시작한다.

4. 놀이의 반격 I: 진지한, 너무도 진지한

> 어른이든 아이든 모든 놀이는 아주 진지한 방식으로 수행될 수 있다(하위징아 2018, 61).

놀이가 진지한 활동이 아니라는, 곧 진지하지 않다는 해묵은 고정관념에 점잖게 반격의 닻을 올린 사람은 하위징아다. 그는 진지함과 진지하지 않음이라는 대립 구도의 경직성 때문에 놀이 본연의 성격이 도외시되고 있다는 점을 지적한다. 그러므로 놀이 본연의 속성을 찾는, 무엇보다 놀이에 긍정적인 속성을 되찾아 주는 방법은 이러한 대립 구도를 해체하는 것이어야 하며, 이를 위해 하위징아는 놀이도 진지하다는 단순명쾌한 명제에 정당성을 부여한다. 놀이도 진지하기 때문에 대립 구도 자체가 무의미하다는 것이다. 그는 멀리 갈 것도 없이 우리의 실제 경험 반경에서 쉽게 목도할 수 있는 사례들을 제시한다.

> 어린아이는 완벽할 정도로(거의 성스럽다고 할 정도로) 진지하게 놀이를 한다. 어린아이는 놀이를 하면서도 자신이 놀이 중이라는 것을 안다. 운동선수도 신들린 사람처럼 운동에 몰두하지만 자신이 놀이를 하고 있음을 자각한다. 무대 위의 배우는 자신의 연기에 몰두하지만 그것이 '연기(놀이)'라는 것을 안다. 이것은 열심히 바이올린을 연주하면서 무아의 세계로 들어가 있는 바이올리니스트도 마찬가지이다(하위징아 2018, 62).

위 인용문에서도 드러나듯이, 놀이의 진지함은 놀이 참여자의 놀이에 대한 자각, 참여 의지, 헌신, 몰입과 한 쌍을 이룬다. 놀이하는 사람은 일을 할 때와 마찬가지로 아니, 때로는 그보다 더 진지하게 놀이의 세계 속으로 자신을 던진다.

독일의 대문호인 요한 볼프강 폰 괴테는 놀이가 더할 나위 없이 진지한 행위라는 하위징아의 주장에 힘을 실어주기라도 하듯이 좋은 본보기를 세상에 남겨 놓았다. 젊은 날의 회상기록인 『시와 진실(Dichtung und Wahrheit)』에서 괴테는 일흔이 훨씬 넘어도 잊히지 않는 어린 시절의 흥미진진한 제사 놀이를 끄집어낸다. 교리만 남은 무생물적인 종교 수업이 지루하기만 했던 어린 볼프강은 시시각각 변화하는 자연의 한가운데에서 직접 신을 대면할 수 있다고 믿고, 해가 떠오르기 시작하는 이른 아침에 구약성서에 나오는 방식대로 제사를 올리기로 결심한다. 그는 아버지가 아끼는 악보대를 제단으로 삼아, 그 위에 역시 아버지가 수집해 놓은 각종 광물을 촘촘히 정성스레 쌓아올린다. 그렇게 준비된 제단 위에 볼프강은 향기 나는 양초를 세워 놓고 불을 피울 준비를 한다. 볼록렌즈를 투과하는 가느다란 햇빛이 양초에 불을 선사하자 제사 놀이는 성스러움의 절정에 이르고, 그의 마음도 신의 임재를 느끼는 것처럼 황홀감으로 불타오른다. 어린 사제는 아른아른 피어오르는 이른 아침의 불꽃을 보며 형형색색의 아름다운 자연을 인간에게 선물한 창조주를 경배하는 것이다. 그런데,

> 경배가 어찌나 거창했던지, 더 이상 손을 쓸 수 없을 지경이 될 때까지도 사제는 자신의 제물이 어떤 위험을 일으키고 있는지 알아차리지 못했다. 즉 향초들이 붉은 래커와 아름다운 금박 꽃무늬 가운데서 처참하게 타 들어갔으며, 마치 나쁜 악령이 지울 수 없는 검은 발자국을 남겨 놓고 사라져버린 것만 같았다(괴테 2009, 59).

여기서 진지함을 요구하는 제식이나 의례가 놀이의 근원적인 한 양태라는 하위징아의 주장을 세밀히 다룰 필요는 없을 것 같다. 보다 주목할 점은, 하마터면 불이 날 수도 있었을 아찔했던 상황에 대한 기억이 아니라, 제사에 진지하게 임할수록 이 놀이가 주는 기쁨과 감격이 그만큼 컸을 것이라는 어린 사제의 의식이다. 괴테는 제사가 마치 역할극처럼 하나의 놀이라는 생각을 완전히 놓지 않고 있었음에도 불구하고 제의에 몰두하면서 신성함으로 가득한 비현실 공간을 구성하고 거기서 신을 대면하는 환상에 사로잡히는 놀라운 경험을 기억공간에 새겨 넣은 것이다.

이처럼 놀이를 진지함/비진지함이라는 대립 범주 안에서 파악하는 방식은 비록 전통적인 영향력이 완전히 사라지지는 않았지만 설득력은 희박하다. 하위징아가 바르게 진단한 바와 같이, 놀이와 진지함의 관계는 선과 악, 진리와 거짓, 자유와 필연, 미추와 같은 대립쌍과 동일 노선에 있지 않다. 진지함이 놀이하지 않음을 지시할 수는 있어도 놀이가 진지하지 않다는 명제는 더 이상 성립하지 않는 것이다. 왜냐하면 앞선 예들처럼, 놀이는 열심, 노력, 최선처럼 진지함이 결부된 속성을 내포하고 있으며, 심지어 어떤 놀이 - 운동경기, 축제, 연극 - 는 진지하지 않으면 아예 놀이가 유지되기 어렵기 때문이다. 그러한 점에서 "놀이 개념 그 자체는 진지함보다 더 높은 질서 속에 있다. 왜냐하면 진지함은 놀이를 배제하려고 하는 반면, 놀이는 진지함을 잘 포섭하기 때문이다"(하위징아 2018, 109).

지금까지 살펴본 대로, 놀이의 부정적인 속성을 탈피하기 위한 하위징아의 노력을 과소평가해서는 안 되겠지만, 그렇다고 놀이의 반격을 여기서 멈출 수는 없다. 왜냐하면 하위징아에서 한걸음 더 나아간 시도, 그것도 출발점부터 완전히 다른 시도가 있어 이를 언급하지 않을 수 없기 때문이다. 놀이가 근원적으로 비현실적이며 비진지한 일이라는 획기적인 전환을 시도한 오이겐 핑크의 생각을 간략히 더듬어가 보기로 하자.

5. 놀이의 반격 II: 진지하지 않은, 너무도 진지하지 않은

놀이가 현실적이지 않으며 진지하지도 않다는 놀이철학자 핑크의 주장은 어떤 의미를 함축하고 있을까? 그의 단정적 표현이 놀이는 진지하다는 지금까지의 반격을 일시에 무력화시키는 것은 아닐까? 놀이를 못마땅하게 생각하는 플라톤의 지론을 단순히 답습한 표현이 아니라면, 핑크의 논리는 도대체 어떤 지향점을 갖는 것일까? 핑크는 놀이에 대한 새로운 이해에 도달하기 위해 일단 통상적인 견해로부터 출발하지만, 그 종착역은 완전히 다른 지점에 있다. 왜냐하면 하위징아와 달리 핑크는 놀이의 속성이 아닌, 놀이의 존재론적 가치에 일차적인 관심을 두기 때문이다. 그의 존재론적 접근은 철학적 차원에서 놀이 개념의 확장을 도모하고 인간실존의 차원에서는 호모 루덴스의 욕망을 긍정한다.

그는 먼저 인간의 일상을 둘러싸고 있는 놀이의 친근한 접근을 용인한다. 놀이는 고달픈 삶을 살아가는 인간들에게 다가와 그들의 관심을 끌어당기며, 삶의 한가운데까지는 아니더라도 주변부에 자리를 잡는다. 그리고 생존과 노동의 무거운 짐을 잠시나마 내려놓고 한숨 돌릴 기회를 마련한다는 점에서 자기정당성을 찾는다. 이렇게 놀이의 자기정당성은, 인간이 "고역의 멍에와 쪼개어진 바쁜 시간의 억압에서 벗어나 가끔은 방탕하게 또는 감미롭게 여유로운 '시간보내기(Zeitvertreib)'를 필요로"(김재철 2013a, 198)한다는 진술의 수용과 맞닿는다. 그러한 의미에서 놀이는 진지하게 책임을 요구하는 일상의 책무이행을 중단할 수 있는 하나의 권리 – 속성이 아니라 - 를 보유한다. 핑크는 이 같은 놀이의 멈춤 기능을 수면을 취하는 일에 비유한다(Fink. 1957, 12 참조). 수면은 인간이 깨어있는 동안 온전히 활동할 수 있도록 돕는 하나의 필요조건으로 인정받는다. 그러므로 놀이는 노동이 가져오는 긴장과 노동의 중단이 유발하는 긴장의 느슨함, 책무 이행의 수고와 책무를 망각한 게으름, 그리고 노력과 방관 사이의 교대와 반복을 가능하게 함으로써 인간 삶의 단조로움을 피할 수 있는 리듬감을 부여하며, 힘겨운 노동의 나날들 사이로 쉴 틈을 열어 주면서 노동으로 "병들어 가는 영혼을 달래는 치유의 수단(als therapeutisches Mittel für seine kranke Seele)"(Fink 1957, 13)으로 격상된다. 놀이가 일에 대한 단순한 보상이 결코 아니라는 것이다.

이처럼 핑크 이론의 맥락에서 휴식과 여유를 허락하는 놀이는 이제 인생의 어둡고 그늘진 환경, 진지하고 근엄한 노동의 분위기를 누그러뜨리는 완충 역할을 한다. 놀이는 일종의 "보완현상(Komplementarphänomen)"(Fink 1957, 13)으로서 삶에 기분전환을 가져오고 새로운 동력을 마련해 줄 수 있는 만큼 오늘날 더욱 적극적으로 장려해야 한다. 왜냐하면 노동을 어떤 향락이나 되는 것처럼 포장하며 과도한 성과를 독촉하는 현대사회는 그 구성원들로 하여금 마치 신들린 사람처럼 끊임없이 밑 빠진 독에 물 붓기를 강제하다시피하고 있기 때문이다.

핑크는 피로가 만연한 오늘날의 사회에서 놀이가 그와 같은 강요된 노동에 현혹되지 않도록 필요한 안식처를 제공한다는 긍정적 속성을 앞세우고는 있지만, 아직까지 하위징아의 방법론을 크게 벗어나지 못하고 있다는 점에서 여전히 해결해야 할 문제를 안고 있다. 왜냐하면 놀이가 기여하는 바를 십분 수용하더라도, 지금까지의 진술은, 견고해 보이는 대립 관계, 곧 놀이를 파악하기 위해 상반된 범주를 대치시키는 방식을 여전히 버리지 못하고 있기 때문이다. 달리 말하면 "놀이는 "비-진지한 것, 비-의무적인 것, 비-본래적인 것"으로서 부정성("비-")을 특징으로 하는 경계에 의해 규정되며, "분방하고 한가로운 것"으로서 "노동", "삶의 진지함"과의 대립"(김재철 2013a, 199) 관계에서 아직도 헤어 나오지 못하는 상황에 놓여 있는 것이다. 핑크는 지금까지의 논리맥락을 점검하면서, 놀이가 인간 삶에서 여전히 "주변 현상(Randphänomen)"으로 머물러 있으며, 그저 "변두리에서 일어나는 일(periphere Erscheinung)"(Fink. 1957, 11)로 치부될 가능성이 상존하는 위험성을 지적한다.

바로 이 지점에서 하위징아와 핑크의 차이가 드러난다. 환원하면, 놀이 개념에 대한 핑크의 독자적 해석이 주목을 받는 바, 핑크는 놀이가 이와 같은 경계 짓기의 결과로, 말하자면 대립되는 현상들에 드리워진 그림자를 통해 규정되는 한, 존재의 내용과 존재의 깊이 차원에서 파악할 수는 없다고 주장한다. 다시 말해, 하위징아는 놀이를 적용시킬 수 있는 폭넓은 삶의 반경 내에서 다양한 사례를 들어 진지함을 놀이의 속성에 포함시키고 그로써 놀이의 부정적 속성을 희석시키려고 한 반면, 핑크는 놀이를 인간 행위의 반향에 의하지 않고, 놀이만이 갖고 있는 고유한 존재론적 의미에서 파악할 수 있다고 본 것이다. 그의 견해에 따르면, 놀이는 인간 삶의 주변적인 것도, 부차적인 것도, 어디서 파생되어 나온 것도 아니다. 오히려 놀이는 인간의 현존재를 구성하는 근본요인에 속한다. 독일 고전주의 시대의 작가 실러를 인용하자면, 오로지 인간만이 제대로 놀이를 할 수 있으며, 인간은 놀이를 할 때에 비로소 참다운 완전한 인간이 된다. 다시 말해 인간은 놀이를 통해서 자신의 실존을 드러내는데, 이는 놀이 자체가 인간실존에 필연적인 구성요소들을 함유하고 있기 때문이다. 결국 놀이와 인간은 서로의 실존에 깊이 관여하며, 놀이는 인간을 통해서, 인간은 놀이를 통해서 자신의 본질을 드러내고 자신의 현존을 증명할 수 있다는 것이다.

하지만 놀이는 소리 없이, "완전히 수수께끼 같은 방식으로(von ganz rätselhafter Art)"(Fink 1957, 27) 인간을 찾아온다. 보통 인간은 이성을 토대로 자기 삶을 지향한다고 간주된다. 이성은 집요하리만치 인간의 내면을 파고들며 합리적인 개념을 내놓으라고, 합목적적인 삶을 영위하라고 인간을 다그치지만 인간이 이러한 기대에 항상 부응할 수 있는 것은 아니다. 세상에 내던져진 인간은 이성을 발휘함으로써 자연을 휘하에 두며 마음껏 자유를 누리는 것 같지만, 다른 한편으로 경이로운 자연의 섭리로부터 벗어나지 못한다. 그렇기 때문에 위축된 인간은 자신을 은폐하고 자신을 숨길 수 있는 가면을 쓰고 다중의 의미들, 아니면 불분명하고 애매하며 결과를 지향하지 않고, 인과율에 지배를 덜 받는 세계로 도망치고 싶은 욕구에 사로잡힌다. 달리 말해, 인간은 밝고 안정적이며 예상 가능한 세계 건설을 지향하면서도, 동시에 은밀하고 들추어내고 싶지 않은 음습한 욕망을 갈구하며, 불투명한 미래 전망으로 불안에 떨거나 좌절하면서도 현재의 달콤한 유희를 포기하려 들지 않는 것이다. 인간 실존의 이와 같은 양면성, 핑크의 표현으로, "인간 실존의 패러독스(das Paradox des menschlichen Existenz)"(Uzelac 1989, 65)는 놀이의 실존적 특성에도 그대로 반영된다. 곧 "놀이의 "비-"의 형식 (비-진지한 것, 비-의무적인 것, 비-본래적인 것) 또는 "무-"의 형식(무-목적성, 무-의미성)과 같은 이중성은 사이-존재(Inter-esse)로서"(김재철 2013b, 36)의 인간의 실존 방식이 이와 같은 양면적인 계기들에 의해 구체화된다는 점을 증거하고 있는 것이다.

핑크 이론의 종착지점에서 놀이의 비현실과 비진지함이라는 속성을 다시 들여다보자. 이제 이러한 속성은 관습적인 대립 구도의 그늘에 접착되어 있는 부정의 시선에 포획될 것이 아니라, 인간 삶의 본질을 재현하는 필수요소로 간주되어야 한다. 물론 삶의 진지함은 현실 세계에서 생존과 번영, 행복을 실현하기 위한 목적 수행과 깊은 관련을 갖는 반면, 놀이의 비진지함은 이와 같은 목적 수행에서 한발 물러나 있다고 볼 수도 있다. 그러나 놀이는 – 마치 달콤한 수면처럼 - 위와 같은 궁극목표에 도달하기 위해서라도 인간 삶의 진지함을 잠시 중단시키고 관조할 수 있는 권리를 보유하며, 놀이의 "비-," 또는 "무-"의 특징은 단순히 무엇에 저항한다는 대립의 차원이 아니라, 자기실현이라는 과제로 인한 압박을 견디어 내야 하는 인간에게 다른 차원의 원동력을 제공하는 것이다. 그 다른 차원이란, 안식, 여유, 관망, 무위, 눈감기, 다르게 보기, 꿈, 가상, 아름다움을 찾아 나서기, 비틀기 그리고 아무 것도 안 하기와 같은 범주들과 연관되며, 바로 이 지점에서 전통 형이상학이라는 틀에 끼워 맞춰져 저평가되어 왔던 놀이의 비현실성도 본래의 자리로 복원된다.

이와 같은 의미에서 현실/비현실, 진지함/비진지함의 대립은 더 이상 중요한 의미를 담고 있지 못하다. 인간은 이제 비진지함과 비현실의 놀이 세계를 근본적으로 이해하고 그 자체로 수용함으로써 노동, 현실, 진지함과 담을 쌓을 필요가 없으며 놀이가 신비로운 다의성을 가진 근본 현상임을 통찰할 수 있게 된다. 곧 "놀이는 죽음, 사랑, 노동, 지배처럼 근원적이며 본래적이다"(김재철 2013a, 209). 왜냐하면 놀이는 현실과 비현실 사이에 가로놓인 모든 것들을 자신의 대상으로 포함시킬 수 있기 때문이다.

> 우리는 진지함을 놀이하며, 순수성을 놀이하고, 현실성을 놀이한다. 우리는 노동과 투쟁을 놀이하며, 사랑과 죽음을 놀이한다. 그리고 심지어 우리는 놀이조차도 놀이한다(Fink 1957, 25).

하위징아와 핑크의 노력으로 호모 루덴스는 어느새 대상과 영역을 가리지 않고, 또한 플라톤의 꾸지람으로 위축될 필요도 없이 모든 것을 놀이로 삼을 수 있는 근거를 마련하였다. 모든 것이란 말이 모호하기는 하지만 적어도 인간의 놀이 욕망과 상상력이 미치는 만큼 놀이 세계의 깊이와 넓이가 가늠하기 어려울 정도로 확장될 수 있다는 점은 분명해 보인다. 하지만 소꿉놀이에 한참 빠져 있는 아이들에게 이 같은 정교한 이론 틀은 아쉽게도 아무런 영향력을 행사하지 못한다. 이론이 굳이 도와주지 않아도 그들은 본래 그렇게 놀면서 자란다. 그들은 엄마, 아빠가 되어 출퇴근하고 자기 아이들을 등하교시킨다. 숙제를 내주기도 하고 숙제를 하지 않을 때는 혼을 내 거나, 아니면 칭찬을 해준다. 부부싸움도 중요한 놀이거리 중 하나이다. 저녁 메뉴는 한식, 중식, 양식 뭐든지 가능하며, 가족 휴가는 365일, 전 세계 어디든 다녀올 수 있고, 여행사 사장님과 흥정만 잘한다면 태양계를 벗어날 수도 있다. 아이들은 말과 웃음, 표정, 손짓·발짓, 자그마하고 말랑말랑한 플라스틱 그릇과 반찬들 사이에서 마음껏 상상의 나래를 펼치며 자유로이 놀이 구성에 몰입한다. 밥때가 되어도 들어오지 않자 엄마들이 놀이터로 모여든다. 그들은 아이들이 열중해 노는 모습을 물끄러미 지켜보다 자연스럽게 휴대폰을 들어 엄마가 되고 아빠가 된, 놀이터인 집을 벗어나 기상천외한 공간으로 휴가를 떠난 아이들을 화면에 담는다. 휴대폰으로 엄마들의 놀이가 시작된다. 휴대폰에 담긴 아이들의 웃고 떠드는 모습은 정시퇴근을 일찌감치 포기한 아빠의 휴대폰으로, 오매불망 손자 손녀들이 보고 싶어 연휴를 기다리는 할아버지 할머니의 휴대폰으로 전송된다. 그들은 그들 나름의 놀이를 시작한다.

오늘날 디지털 매체를 대표하는 스마트폰이 어떻게 새로운 공간을 창출하고, 그 안에서 어떠한 놀이 세계가 펼쳐지는지 일일이 예시할 필요는 없을 것이다. 일상의 경험이 이를 충분히 방증하기 때문이다. 다만, 이왕 지금까지 놀이 이론의 바다에서 서핑을 즐기고 있는 이상,

호모 디기탈리스가 관심을 가져볼 만한 공간에 대한 생각을 간략히 언급할 필요는 있어 보인다. 놀이와 디지털이 바로 공간에서 만나기 때문이다.

6. 놀이, 공간, 상상, 그리고 디지털 1: 놀이 공간 펼치기

17세기 초 바로크 시대 이탈리아의 화가인 베르나르도 스트로치(Bernardo Strozzi)의 "무상함의 알레고리(Allegory of Impermanence)"[1]는 "교태부리는 늙은 여인(the old coquette)"이라는 별도의 제목을 갖고 있다. 나이 많은 한 부유한 마나님이 하녀들의 도움을 받아 거울 앞에서 온몸을 치장하고 있다. 왼쪽 하녀는 이 노부인이 자기 모습을 잘 볼 수 있도록 거울을 붙들고 있고, 다른 하녀는 뒤쪽으로 약간 비스듬히 서서 머리 장식을 돕는다. 이들 사이에 어떤 교감이 오고갔을까? 두 하녀의 표정은 알 듯 모를 듯 어딘지 미묘한 속내를 드러내는 것처럼 보인다. 한편으로는 애써 밝게 웃으며 온갖 값비싼 장신구들로 외모를 두르고 있는 늙은 마님에게 입에 발린 칭찬이라도 늘어놓으려는 것 같으면서도, 다른 한편으로는 늙어버린 육체에 값비싼 보석들이 무슨 소용이 있냐고 비아냥거리는 듯하다.

이제 거울 앞에 앉아서 가만히 자기 얼굴을 들여다보고 있는 늙은 마나님을 주목해 보자. 그녀는 나이를 무색게 할 만큼 자신을 여전히 아름답다고 믿고 있을까? 아니면 그림의 제목이 시사하듯, 어차피 소용없다는 것을 알면서도 차마 늙음을 체념하지 못해 부질없는 몸치장에 매달리는 자신의 처지를 애달픈 기분으로 달래고 있는 것일까? 이

1) 이미지 출처: https://commons.wikimedia.org/wiki/File:Bernardo_Strozzi_-_Vanitas_(Old_Coquette)_-_Google_Art_Project.jpg

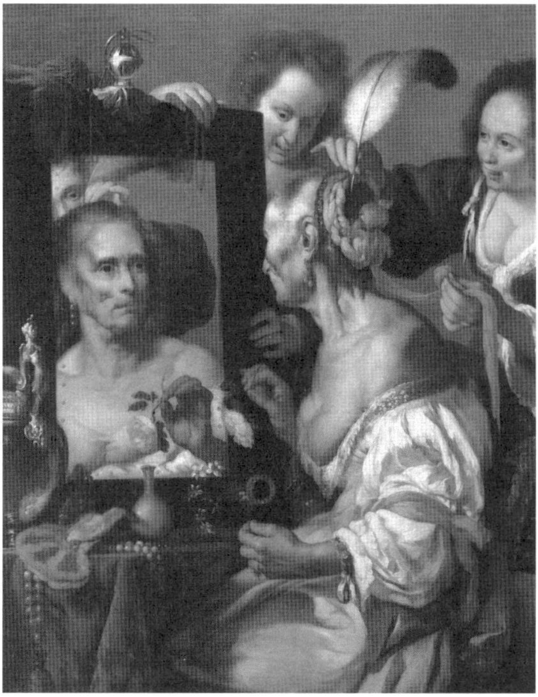

그림 1. 무상함의 알레고리

그림의 묘미는 노부인에 대한 감상자의 감정이입에 따라 거울 앞에 앉아 있는 실제 마나님과 거울 속 마나님이 다르게 보일 수도 있다는 점이다. 거울 속 인물이 실제 인물보다 젊어 보인다면, 성숙치 못한 노부인의 여전한 허영심, 아니면 보다 젊었을 때 자신의 매력만으로도 자연스럽게 사람들을 끌어모았던 시절을 회상하는 노부인의 심정을 반영한 결과일지도 모른다. 반대로, 거울 속 인물과 실제 인물에서 차이점을 발견하지 못한다면, 마나님은 이미 늙어 버렸고 이를 되돌릴 수 없다는 냉혹한 단정, 또는 욕망하는 것들에 대한 집착이 덧없음을 밝히려는 작가의 단호한 표현의 산물일 수도 있다. 노부인의 양손에 들린 활짝 핀 꽃은 어렴풋한 수심이 깃든 그녀의 표정과 대조를 이룬다.

이 그림에서 거울은 단순히 노부인의 현존을 있는 그대로 비추는 반사경에 머물지 않는다. 거울은 인생의 덧없음을 상징적으로 투사하는 도구이자, 보이는 그대로의 직관을 거스르고 거울을 마주하는 자들의 성찰을 유도하는 매체로 기능한다(Kampmann 2016, 284 참조). 스트로치의 거울은 실제 세계의 모사에 관심을 두기보다는 성찰 결과로서의 새로운 세계를 재현하는 무대이다. 그림 속 인물들은 말할 것도 없고, 그림의 감상자도 마찬가지로 실제 노부인과 거울 속 노부인을 같다고 보든, 다르게 보든 그것은 어디까지나 성찰을 경험한 이후의 판단인 것이다. 이러한 점에서 거울은 모방에 이바지하지 않으며 실제 세계에 종속되어 있지도 않다. 거울은 오히려 하나의 독립된 이미지를 창출하는 독립된 공간으로 인정된다. 여기서 거울의 또 다른 기능이 추론되는 바, 거울은 공간의 분할과 재구성 및 새로운 공간의 창출을 가능케 하는 창구 역할을 한다.

그림은 거울을 경계 삼아 크게 두 개의 공간, 곧 거울 밖 공간과 거울 속 공간으로 나뉜다. 거울을 사이에 둔 그림 속 인물들은 각각의 세계를 응시할 수 있다. 그들은 거울 밖과 거울 속을 오가는 시선과 표정들을 교차시키며 공간을 훑어보는 다른 인물들의 반응을 탐색하고 이를 다시 응시에 반영한다. 예컨대, 거울을 정면으로 마주한 노부인은 거울 속의 자기 모습과 자기를 바라보는 하녀의 얼굴을 번갈아 보며 자신의 (늙어가는) 외모가 어떻게 받아들여지는지를 살필 수 있다. 머리를 매만져 주는 하녀는 거울 밖 마나님과 거울 속 마나님을 볼 수 있으며, 동시에 거울에 비치는 자기 얼굴도 힐끔힐끔 곁눈질할 수 있다. 그녀는 은연중 비집고 나올지도 모를 냉소적인 표정을 감추기 위해 마나님의 머리 뒤로 자신의 얼굴을 가릴 수도 있고 – 적어도 감상자의 위치에서는 그렇게 보일만도 하다 – 위급하다면 몸을 더 뒤로 움직여 아예 거울의 사각지대에 서 있을 수도 있다. 거울을 들고 선 하녀는 거울 밖 공간만을 관찰할 수 있지만, 거울을 응시하는 마나님의 얼굴을 통해 거울에 비친 노부인의 모습이 어떻게 보이고 수용되는지를 추체험해볼 수 있다. 그림의 감상자는 그림 속의 분할된 공간을 다층적으로 응시하면서 거울 주변의 여인들과 교감을 시도하고 자기도 모르는 사이에 감정이입에 몰입한다. 그러다 보면, 필자가 시도해 본 위 감상 사례처럼 하나의 스토리텔링을 구사하고 싶은 욕구를 느낀다. 그림이라는 예술 매체가 선사하는 소위 미적 체험을 어떻게 표현할 수 있는지 그 흔적을 남기고자 하는 것이다. 이렇게 스트로치의 "교태부리는 늙은 여인"에서 일종의 미적 쾌감을 얻는다면, 거울이 선사하는 이중의 관찰, 곧 거울 속 공간과 거울 밖 공간의 차이가 유발하는 긴장관계가 끼친 영향을 간과하기는 어려워 보인다.

여기에 미적 쾌감을 지속시키고자 하는 어떤 유별난 감상자가 있다고 하자. 이 감상자는 그림이 마음에 든 나머지, 자신의 상상력을 그림에 덧입히면 보다 흥미롭고 강렬한 인상을 남길만한, 하지만 섣부른 예측을 허락하지 않는 결과를 가져올 수 있으리라는 기대를 품는다. 이 그림을 살아 움직이게 만들면 어떨까? 평면적이면서도 고정된 회화예술에 묘약과도 같은 기술을 불어 넣어 등장인물들을 마치 영화의 캐릭터들처럼 움직이게 만든다면 어떤 장면들이 펼쳐질까? 거울 속에 비친 노부인의 모습을 수시로 달리해서, 한 번은 귀엽고 앳된 소녀로, 또 한 번은 화장기 없는 주름투성이의 무표정한 백발노인으로 나타나게 한다면, 거울 밖 노부인과 하녀들은 어떤 반응을 보이게 될까? 또 백설 공주 이야기처럼, 거울에도 인격을 부여하면 어떨까? 거울도 말을 할 뿐만 아니라, 자기 특유의 표정으로 하녀들과 교감을 이루는 것이다. 이 유별난 감상자는 "교태부리는 늙은 여인"을 애니메이션으로 가공함으로써 그림에 변형과 과장을 허용하고(박숙영 2016, 262 참조), 정적인 이미지들을 역동적인 움직임으로 전환시켜 시각의 잔상효과를 극대화시킨다. 이로써 또 다른 스토리텔링의 길이 열리는 재미를 얻지만, 이 유별난 감상자는 여기서 멈추지 않는다. 그는 거울 속 가상공간을 새롭게 재단할 수 있는 사고 놀이를 심화시킨다. 만약, 그림의 인물들이 거울 속 공간과 거울 밖 공간을 넘나들 수 있다면 어떨까? 늙은 마나님은 마치 투명 문을 뚫고 들어가듯 거울 안으로 들어가 보다 젊어 보이는 자기 자신과 직접 대면하고, 하녀들은 경악을 금치 못한 채, 마주 서서 서로를 노려보고 있는 두 마나님을 쳐다본다. 반대로 거울 속 하녀가 거울 밖으로 빠져나와, 머리를 손질하며 늙은 주인을 비웃고 있던 자기 자신을 쏘아보며 질책한다. 현재의 디지털 기술은 그의 사고 놀이를 그래픽으로 재현, 곧 애니메이팅하는데 어려움이 없을 것이다.

이처럼 고전적이면서도 혁신적인 디지털 기술을 사용하는 애니메이션은 공간의 경계를 무력화시키면서 상상력의 심층에 잠복해 있던 온갖 흐릿한 이미지들을 감각적으로 재구성한다. 공간 경계의 흐릿함은 공간의 전복 또는 공간의 확장으로 이어지는바, 예술에서 이와 같은 공간 비틀기의 욕망은 근원적으로 현실 세계의 비틀기라는 욕망을 상기시킨다. 예술은 다양한 방식으로 발전을 거듭하고 있는 테크놀로지에 힘입어 물리적, 원근법적인 공간을 엿가락처럼 늘리고 구부렸다가 다시 붙이고 잡아당긴다. 그 틈바구니로 내비치는 비현실 세계의 경험은 노동의 값진 보람과는 다른 차원에서 인간을 만족시키며, 그 만족은 어린 시절, 어두운 방 안 비좁은 책상 밑에 숨어들어 마치 깊은 바다 밑을 탐색하는 잠수함을 탄 기분에 젖어 있을 때의 짜릿한 쾌감을 연상시킨다. 아빠가 큰맘 먹고 사다 놓은 각종 백과사전이며 전집 시리즈들을 켜켜이 쌓아 은밀한 공간을 만들고, 얇은 이불과 방석, 베개들로 그 주위를 감싸고 덮으면, 현실 세계와 완벽히 차단된 나만의 공간, 나만의 이글루, 성전, 우주선, 지하 감옥, 나만의 놀이터가 된다. 놀이외 예술은 이처럼 남모를 쾌감을 위해 새로운 공간 구성을 탐닉한다는 점에서 서로를 닮는다.

이 유별난 감상자의 상상력이 이쯤에서 멈추었으면 하고 바란다면, 그를 서운하게 하는 일이다. 하지만 놀이 공간의 확장이라는 본 소주제를 마무리하기 위해 다른 사례를 하나 먼저 소개하고, 아직도 그림에서 아직 헤어 나오지 못한 채 또 다른 방식의 공간 참여, 곧 인터렉티브한 참여를 꿈꾸고 있는 그의 이야기를 마저 해보려 한다.

7. 놀이, 공간, 상상 그리고 디지털 II: 미디어 파사드

아주 최근의 일이다. 지난 7월 19일 저녁, 미국에서는 인류 최초의 달 착륙 50주년(1969년 7월 20일)을 맞아 독특한 행사가 열렸다. 워싱턴 DC에 있는 높이 170미터의 워싱턴 기념탑에 아폴로 11호의 운반선인 새턴 5호를 다시 세운 것이다. 이른바 프로젝션 매핑 기술로 여러 대의 프로젝터를 동원해 조합한 영상을 건물 벽면인 파사드(façade)에 쏘아 100미터가 넘는 새턴 5호의 위용을 다시 한번 전 세계에 드러내었다. 이때 관람객들 대부분은 워싱턴 DC의 랜드마크라고 할 수 있는 워싱턴 기념탑에 주목하지 않는다. 그들은 새턴 5호가 빛이 꺼져버리면 동시에 사라져 버릴 허상에 불과하다는 점을 익히 잘 알고 있음에도 불구하고, 달나라에 정말 토끼가 살고 있는지 답을 듣고 싶어 하는 1969년의 아이로 돌아가, 플로리다의 케네디 우주 센터가 보이는 어느 언덕 위에 서 있는 기분에 끌린다. "건물 혹은 물리적 오브제에 빛을 투영시켜 그 빛을 통해 본래의 물리적 형태와 다른 형태의 이미지"를 현시하는 프로젝션 매핑은 "그 안에서 나타나는 시각적인 착시나 환상 이미지를"(오은석 2016, 162) 통해 새로운 이미지 구성을 가능케 하는 미디어 파사드의 한 방식이다.

미디어 파사드는 마케팅이나 광고 효과에 있어서 이미 대중적 인지도를 확보한 디지털 미디어 양식이다. 굳이 미술관이나 비엔날레를 찾아가지 않더라도 즐길 수 있는 하나의 예술 양식으로 간주되기도 한다. 빌딩이 즐비한 시내 중심가 한복판에 서서 건물을 올려다보면, 거기에 형형색색의 LED 불빛들이 모였다 흩어졌다를 반복하면서 휘황찬란한 광경들을 만들고 사라지게 하는 것을 볼 수 있다. 그 광경을 멍하니 바라보고 있으면, 각종 열대어들이 해초들 사이로 숨바꼭질하는 수족관 안에 들어가 있다가도 곧바로 수만 명이 운집한 유명 가수의 콘서트장으로 이동하는 것과 같은 착각을 낳는다.

미디어 파사드는 도시 축제나 기념일에서도 빼놓을 수 없는 요소로 자리 잡았다. 파리의 개선문, 시드니의 오페라하우스, 베를린의 브란덴부르크 문, 우리나라에서는 경복궁, 덕수궁 석조전, 그리고 전주의 풍남문이나 전동성당에서 건물 본연의 아름다움과 독창성을 부각시키면서도 빛과 영상의 시각적 조형이 빚어내는 미디어 파사드의 환상적 이미지들을 볼 수 있다. 처음 건물을 응시하던 사람들은 점차 현란한 빛의 움직임에 시선을 빼앗긴다. 파사드 이외에 공간은 어둠의 장막으로 가려져 있다. 오브제와 이미지의 중첩, 오브제에 새겨진 여러 이미지들의 겹침으로 사람들은 착시 효과에 자신을 내맡긴다. 착시로부터 유발되는 감각의 모호함은 공간의 모호함으로 전이된다. 내가 현재 딛고 서 있는 곳은 워싱턴 DC일까, 아니면 케네디 우주 센터를 볼 수 있는 멀리서나마 볼 수 있는 플로리다의 어느 언덕일까? 이처럼 미디어 파사드가 선사하는 빛의 향연은 공간의 망각과 새로운 공간의 탐험을 자극한다.

8. 놀이, 공간, 상상 그리고 디지털 III: 인터랙티브 아트

"교태부리는 늙은 여인"을 잊지 못하는 유별난 감상자는, 들뢰즈의 잘 알려진 용어를 빌리자면, 리좀식으로 뻗어 나가는 상상력을 제어하지 못하고 스스로 예술가가 되기로 결심한다. 통상 예술가가 된다는 것은 어떤 예술 행위를 통해 하나의 작품을 생산한다는 뜻일 것이다. 하지만 그는 스토로치의 그림을 모방할 생각은 추호도 없다. 그림에 변용을 준다거나 풍자, 패러디를 한다 하더라도 창작자와 감상자가 분리되어 있는 회화라는 예술형식에서 벗어나지 못한다면, 가장 실망할 사람은 아마 누구보다도 그 자신일 것이다. 그렇다면, 어떤 방법이 있을까? 그는 생각한다, 내가 그림 속 인물들과 마치 한 공간에 있는 것처럼 어울리는 방법은 없을까? 늙은 마나님에게 "당신의 하녀들이 당신을 비웃어요."라고 귓속말을 할 만큼 가까이 다가가는 방법은 없을까? 반복하지만, 그는 그림을 제작할 의향이 없다. 렘브란트가 "그리스도의 십자가를 세움"을 그릴 때 자기 자신을 십자가에 매달린 예수님의 발 옆으로 은근슬쩍 끼워 넣었던 것처럼 그림 한 귀퉁이에 우두커니 서 있을 바에는 아예 시도하지 않는 게 좋을 것이다.

호모 디기탈리스이기도 한 이 신참 예술가는 여러 대의 컴퓨터와 모니터 및 부속 기기들, 카메라, 프로젝터, 그리고 대형 스크린을 준비한다. 대형 스크린에는 그림의 인물들이 본래의 자세를 유지하면서도 어딘지 모르게 엉거주춤한 모습을 하고 관람객을 기다린다. 자세히 보니 애니매이팅을 거쳐 디지털 이미지로 변환된 상태이다. 이 유별난 감상자가 – 이제부터 그는 예술가로 불릴 수 있다 - 어떤 카메라 앞에 서자 모니터에 자신의 모습을 드러낸다. 하지만 컴퓨터 프로그래밍을 통해 그의 모습은 서서히 바뀌고, 그림 속 인물들과 비슷한 분위기의, 역시 디지털 이미지를 겹쳐 있은 바로크 시대의 한 남자로 변신한다. 카메라와 연결된 각각의 센서들이 예술가를 포착하면, 그의 움직임은 곧장 바로크의 여인들을 담당하는 시스템으로 전달된다. 그는 천천히 그림의 왼쪽 측면에서 입장하고, 머리 장식을 돕는 하녀와 나란히, 노부인의 등 가까이에 서 있는 자기를 확인한다. 그리고 자신의 움직임에 따라 노부인과 두 명의 하녀가 반응하는 모습을 대형 스크린으로 관찰할 수 있다. 다른 카메라 앞에는 마이크가 장착되어 있다. 예술가는 세 명의 여인들에게 말을 걸며 간단한 대화를 나눌 수 있다. 예컨대, 센서로 하여금 노부인을 지정하도록 하고, "당신은 여전히 아름답습니다."하고 말을 건네면, 그녀는 활짝 웃는 표정으로 그를 환대하며 손에 쥔 장미꽃을 건넨다. 만약, "당신은 아무리 화장을 해도 소용이 없습니다"라는 말을 건넨다면? 이 예술가는 어떻게 프로그래밍 할까 한참을 고민했을 것이다. 또 다른 카메라 앞에 서니, 이번에는 그가 그림의 오른쪽 거울에서 등장해 마찬가지 방식으로 거울 밖의 여인들 중 한 명을 지정하여 말을 건넨다. 군데군데 설치된 카메라와 센서들을 통과하자 유별난 관람객은 어떤 다른 스크린에서 이 모든 과정을 흥미롭게 지켜보고 있는 다른 관람객들이 있음을 알게 된다. 그들은 자기 차례를 기다리는 잠재적인 예술가들이며, 그림 속 여인들 곁에서 어떤 동작을 취하고 어떤 말을 전해 줄까 고심 중이다. 살아 움직이는 "무상함의 알레고리"에서 빠져 나온 그가 이제는 긴장을 늦추고 현실 세계로 돌아와 다른 예술가들의 미적 선택들을 흥미롭게 관찰할 차례이다.

인터랙티브 아트의 선구자로 불리는 영국의 예술가 어니스트 에드먼즈(Ernest Edmonds)는 인터랙티브 아트의 특징을 다음과 같이 간결하지만 명확하게 밝힌다.

> 예술은, 관객들의 참여가 예술작품의 필수불가결한 일부가 될 때 인터랙티브를 확보한다. 관객들의 행동은 예술작품 자체를 변화시키는 요인이 될 수 있다. ...

> 인터랙티브 아트를 제작하는데 있어서 예술작품이 관객들과 인터랙티브하게 관계하는 방식은 예술작품의 본질을 구성하는 중요한 부분이다. 그와 같은 예술의 가장 중심부에는 그 어떤 다른 양상들보다도 관객의 행동이 있다(Edmonds, 1).

간략히 말해 인터랙티브 아트는 예술작품과 관람자들의, 또는 관람자들과 관람자들 사이의 커뮤니케이션을 가능하게 하는 가장 최근의 예술 장르라고 할 수 있다. 예술에 대한 일반적인 이해는 예술가와 감상자의 일정한 거리 두기를 전제로 한다. 특정한 예술가에 의해 생산된 하나의 예술작품은 고정, 완결, 불변, 원본성이라는 형식을 갖추고 관람객들과 시간적, 공간적 거리를 유지한 채 예술의 수용을 기대한다. 말하자면, 관람객들은 작품의 고정, 완결, 불변, 원본성이라는 형식을 침범하지 않으면서 객체로서의 작품을 마주한다. 고전적인 시각으로 보면, 미술관, 갤러리, 박물관, 오페라 극장, 콘서트홀, 영화관 등은 예술가, 예술작품, 감상자의 분리된 관계를 보존하는 대표적인 공간이다. 하지만 인터랙티브 아트는 관람자들의 직접적인 참여, 곧 생산자 못지않은 참여를 기본 조건으로 한다. 관람자는 어떤 행동을 통해서든, 아니면 반응을 통해서든 작품형성에 관여하며, 관람자들 스스로가 작품형성에 대한 의식, 즉 자신의 행동이나 반응에 따라 작품형성의 결과가 달라지며, 그 결과는 수시로 변형되고 중첩될 수 있다는 의식을 갖는다. 이러한 방식을 통해 관람자들은 관람자이자 창작자로서 감상과 제작을 동시에 수행하는 새로운 유형의 미적 경험을 맛보게 되는 것이다(Fleischmann 2008, 14 참조). 이처럼, 생산자와 관람자, 작품과 관람자 및 관람자와 관람자 사이의 상호작용이 가능한 이유는 무엇보다도 디지털 기술에 기반을 둔 네트워크 실현방식의 발전과 다변화에 기인한다.

> 인터랙티브 아트의 형태는 관람자와 컴퓨터 시스템 사이의 인터랙션의 결과물로서 정보로 구성되고 그 내용은 유동적이고 끊임없이 변화하고 변형된다. 관람자와의 인터랙션으로 정보가 상호적으로 조절, 교환됨으로써 형태가 계속 재창조되고 재구조화되는 것이다(박숙영 2016, 151).

인터랙션은 인간의 감각적, 신체적인 반응들을 디지털 형식으로 변환시킴으로써 작품 구성요소로서의 서로 다른 매체들과 호환 가능하게 하고, 그 결과물을 다시 인간이 감지할 수 있는 현상 영역에서 재구성할 수 있는 기술을 가리킨다. 여기서 인터랙티브의 공학적 원리들을 일일이 다룰 수도 없고 다룰 필요도 없지만, 앞서 언급한 대로 우리를 둘러싸고 있는 디지털 환경은 이미 디지털 미디어를 통한 인터렉션의 일상화를 실증하고 있다. 잘 알려진 인터랙티브 아트 중에서 획기적인 전기를 마련했다고 평가되는 작품들을 몇 가지 더 소개하고자 한다.

오스트레일리아 태생의 제프리 쇼(Jeffrey Shaw)는 1960년대 후반부터 급변하는 미디어 환경이 예술체계에 미칠 영향력을 간파하면서 소위 뉴미디어 아트 영역을 개척한 예술가이자, 예술이론가이다. 그의 "읽을 수 있는 도시(The Legible City)"(1989-1991)와 "루어 광장(Place-Ruhr)"(2000)은 오늘날 쏟아져 나오는 각종 가상현실 게임이나 증강현실 게임에 비하면 그다지 정교하다고 보기는 어려운 작품이지만, 그 선구적인 방향 제시를 고려한다면 언급할 가치가 있다.

두 작품은 대형 스크린을 마주한 관람객의 행동에 따라 스크린의 이미지가 바뀌는 전형적인 인터랙티브의 형식을 취한다. "읽을 수 있는 도시"는 말 그대로 도시의 외형이 아닌, 독해가 가능한 알파벳 그래픽을 통해 해당 도시의 정보를 인식할 수 있게 하는 작품이다. "읽을 수 있는 도시"를 방문한 관람객은 특수 안경을 쓰고 바닥에 부착된 자전거에 앉아 페달을 밟으면서 속도와 방향을 조절하면 스크린을 통해 마치 그 도시 - 제프리 쇼는 맨해튼, 암스테르담, 그리고 독일의 작은 도시 카를스루에를 모델로 삼았다 - 의 어느 거리를 지나가고 있다는 느낌을 받게 된다. 다만, 오늘날의 스트리트 뷰와 같은 실사 이미지들이 펼쳐지는 것이 아니라, 그 도시의 건물이나 기념물, 도로 등을 실제 크기와 동일한 비율의 문자 그래픽으로 전환시켜 만든, 그 도시와 연관된 특정한 역사적 사건들을 가리키는 단어들이 늘어서 있는 것을 볼 수 있다. 때문에 관람객은 마치 자전거를 타고 도시 곳곳을 여행하는 기분을 갖게 된다.(손부경 2012, 154 이하 참조) "루어 광장"은 실린더 모양으로 둘러싸인 스크린 한 가운데에 관람자가 들어가서 기기를 작동시켜 그의 선택에 따라 마치 공간이동을 하듯, 스크린의 장면들을 전환시키는 설치예술작품이다. 관람객은 조종석과 엇비슷한 자리에 앉아서, 독일 중서부의 대표적인 공업지대로 잘 알려진 루어 지역의 어느 동네와 구별하기 어려운 평범한 장소들을 방문할 수 있다. 관람객의 좌석은 좌우 회전이 가능하며 그에 맞게 스크린의 영상도 원통형의 모양을 따라 이동하고, 영상 아랫면에 보이는 지도를 따라가다 특정한 장소를 선택하면 - 예컨대 도로, 공원, 공장 등 - 스크린에는 새로운 이미지들이 마치 원통형의 바퀴가 굴러오듯이 근접해 온다. "읽을 수 있는 도시"와는 달리 "루어 광장"에서는 사전에 촬영된 도시의 실제 모습과 사람들의 일상적인 활동 모습들이 그대로 재현되며, 그로써 실제로 루어지대의 어느 장소를 방문하고 사람들을 만나는 것과 같은 느낌을 받게 된다.

현재 뉴미디어 아트 계열에서 가장 왕성한 활동을 펼쳐 나가고 있는 예술가를 꼽는다면, 우리나라에서도 여러 차례 전시 기회를 가진 바 있는 프랑스 출신의 모리스 베나윤(Maurice Benayoun)을 들 수 있을 것이다. 그의 "와치 아웃(Watch Out)"과 "세계로 통하는 터널들(Tunnels around world)"은 디지털 기술의 향상을 기반으로 한층 진보한 형식의 인터랙티브 무대를 조성함으로써 관람객들의 참여를 보다 다각적으로 유도하는 작품이라고 평가할 수 있다.

사람들이 지나가다 상자를 발견한다. 원통형 기둥 위에 세워진 배송용 상자 정도의 크기일 수도 있고, 냉장고나 공중전화부스보다 큰 상자일 수도 있다. 상자의 겉면은 노란색, 아니면 노란색과 검은색의 두꺼운 줄무늬가 빗금으로 칠해져 있어, 뭔가를 조심하라는 듯 알려주는 교통표지판을 연상케 한다. 그 상자에는 안을 들여다볼 수 있는 작은 구멍이 있다. 호기심이 발동한 사람들은 – 이제부터는 관람객이자 예술 참여자가 된다 – 가던 길을 멈추고 그 구멍을 들여다본다. 무엇이 들어 있을까? 관람객은 컴컴한 상자 안에서 모니터를 발견하고 그 위에 새겨진 메시지를 읽는다. 메시지는 불특정 다수의 사람이 SMS나 인터넷 사이트를 통해 세상 사람들에게 전하고 싶은 말들로 구성되어 있다. 하지만 인터랙티브는 여기서 그치지 않는다. 모니터의 글귀를 읽고 있는 관람자의 눈이 상자 내부에 설치되어 있는 카메라에 포착되고, 그 영상은 다른 공간에서 디스플레이된다. 다시 말해, 무언가를 엿보고 있는 이 관람객의 지나치다 싶을 정도로 확대된 눈이 여기저기 불특정한 공간에 설치된 스크린을 통해 불특정 다수의 이목을 끄는 것이다. 화면 속에 잡힌 그의 껌뻑거리는 눈은 모니터의 메시지를 향하지만 동시에 거리를 지나는 수많은 사람에게 노출된다. 거리를 지나는 사람들은 스크린 속의 눈을 마주하며 자신이 관찰당하고 있을지도 모른다는 불쾌함을 느낄지도 모른다. 조심하다, 경계하다, 끝까지 지켜보다 등의 여러 표현을 담고 있는 "Watch out"은 디지털이 관찰함과 관찰당함의 동시적 수행을 어떻게 가능하게 하는지를 실감나게 보여주고 있다. 또한 이 작품은 엿보기라는 근원적인 욕망의 표출과 동시에 엿보기 당함이라는 수치심을 환기시킬 뿐만 아니라, 디지털 기술이 인간 감정에 미칠 수 있는 영향력의 크기와 더불어 작품형

싱과 관람객의 관계를 넘어서서 관람객과 관람객들 사이의 인터랙티브가 어떻게 실현 가능한지를 어렵지 않게 실증해 보이고 있다.

"세계로 통하는 터널들"은 디지털 재생기술과 네트워킹의 잠재력이 어느 정도로 융합될 수 있는지를 보여주는 작품이다. 관람객들은 대형 스크린을 마주한다. 스크린에는 파리와 서울의 주요 박물관, 미술관들이 보유하고 있는 예술작품들이 이미지 데이터로 저장되어 사진처럼 등장하는데, 관람객들의 움직임에 따라 크기가 달라지면서 교체된다. 즉, 바닥에는 발자국 모양의 센서들이 부착되어 있어 관람객들이 센서들을 밟으려고 이리 뛰고 저리 뛸 때마다 이미지들이 변화하는 것이다. 뿐만 아니라, 두 팔을 휘저으며 흙을 파내는 동작을 하면, 화면 가운데에서부터 작고 둥근 점이 나타나고 그 점은 마치 사진이 확대되는 것처럼 점점 커지면서 화면을 꽉 채운다. 이 동작을 빠르게 반복하면 같은 방식으로 한 장의 예술작품이 나타났다가 다른 작품에 의해 빠르게 교체되면서 사라진다. 때문에 관람자는 스쳐 지나가는 이미지들을 보면서 "실제 터널을 파듯이 문화 데이터를 뚫고 들어가는 경험을 하게 된다."(박연숙 2013, 99) 베나윤의 독창성은 여기서 멈추지 않는다. 그는 "이미지와 상호작용하는 감상자가 이미지 터널을 파헤치고 종국에는 어느 낯선 곳의 타자와 실시간 대화하도록 작품을"(박연숙 2013, 100) 구성하였다. 다시 말해, 지구 어느 편의 다른 도시에서도 동일한 전시가 진행된다면 두 전시장은 네트워크로 서로 연결된다. 그러므로 각 도시에서 온몸으로 터널을 파헤치며 예술작품들을 발굴하는 관람객들은 어느 한 지점에서 만나 반가운 커뮤니케이션을 시도할 수 있는 것이다. 실제로 어두컴컴한 동굴을 한참 파 내려가다가, 반대편에서 역시 흙을 파내고 돌을 치우는 사람을 극적으로 만난다면 어떤 기분이 들고 어떤 말을 건넬 수 있을까?

지금까지 소개한 인터랙티브 전략은 우선적으로 예술 수용자들의 단순한 관람 태도를 지양한다. 인터렉티브 아트는 예술을 이해하기 위한 바람직한 미덕으로 간주되어 왔던 침착한 관조(Betrachtung)에 제동을 걸고 관조보다는 참여, 심지어는 간섭을 독려한다. 관람객의 입장에서 보면, 그들은 완성된 그림이나 조각품 앞에 서 있을 때, 아니면 콘서트홀에 앉아 있을 때처럼 일정한 거리 두기와 매너 있는 침묵을 강요받지는 않지만, 미결정, 미완결이라는 작품의 불안정한 상황에 직면해야 한다. 참여의 결정 여부와 그 방식은 오로지 관람객의 몫이며, 그 일은 앞일을 알 수 없을 때의 상황처럼 묘한 긴장감을 불러일으킨다. 하지만 관람객은 어떤 결과 또는 성과에 신경을 쓰기보다는 행위와 과정에 몸소 참여함으로써 자유롭고 통제받지 않으며 무목적적인 움직임에 자신을 내맡기고, 그렇게 함으로써 즐거움과 만족을 얻는다. 말하자면, 관람자는 유희적 태도를 견지함으로써 예술을 놀이하는 것이다. 인터랙션이 놀이의 주요한 또 하나의 구성요소라는 점은 의심의 여지가 없다. 대결의 특성을 갖는 전투나 사냥, 스포츠는 말할 것도 없고 역할 놀이도 그에 준하는 상대 – 부자지간이든 애인이든 - 가 필요하다. 혼자 병원 놀이를 하는 아이도 놀라우리만큼 진지하게 환자와 의사를 오갈 수 있다.

> 이렇듯 관람자는 예술과 놀이의 경계가 분명하지 않은 인터랙티브 아트의 특징 속에서 자신이 예술 작품 앞에 있는지, 아니면 놀이를 하고 있는지에 대한 뚜렷한 인식 없이 행위를 하게 되고, 그 행위가 과정으로서의 예술작품을 만들어낸다(박숙영 2016, 160).

디지털을 동반하는 인터랙티브 아트는 시간과 공간에 얽매이지 않고 인간과 인간을 연결할 수 있다는 환상을 현실 세계로 옮겨 놓는다. 디지털 기술은 앞으로도 계속해서 땅속, 바닷속, 태양계, 삼국시대, 로

마제국 시대 그 어디든 가리지 않고 우리를 안내할 것이며, 기발한 방식으로 우리의 참여를 유도하고, 상상력이 미치는 만큼 무궁무진한 미학적 실험과 도전을 진행할 것이다. 덕분에 호모 루덴스는 놀이마당의 전례 없는 확장을 도모할 수 있으며, 그들의 놀이터는 현실과 비현실, 가상과 실재의 구분이 모호한, 또는 구분 자체가 의미 없는 환경 아래 조성될 것이다.

사족을 붙인다면, 인터렉티브 아트를 비롯한 디지털 예술의 파급력은 이미 예술 영역을 넘어 비즈니스의 세계로 뻗어 나가고 있다(Fleischmann 2008, 15 참조). 이는 디지털 예술 자체가 그 특성상 자본과 기술력의 뒷받침을 필요로 한다는 점과 연관성이 있다. 인터랙티브 아트의 효용성을 눈치챈 본 자본의 명민함은 오디세우스의 배를 좌초의 위기로 끌고 가는 세이렌의 노래처럼 디지털의 화려한 기술 장치 – 어떤 면에서는 예술 작품 – 들을 차용해 자본의 넉넉함이 풍요롭고 아늑하며 안락한 세상을 가져다준다는 환상을 심어줄지도 모른다. 호모 디기탈리스는 휘황찬란한 쇼핑몰 광장에 설치된 광장분수를 지나며 내 움직임과 내 발걸음의 속도가 물줄기의 높이와 방향을 결정할 수 있다는 환상 속에서 당찬 걸음으로 쇼핑몰로 향한다. 예술과 자본의 조우에 대한 문제 제기가 최근의 일은 아니지만, 그렇다고 해서 문화산업을 언급했던 독일 철학자 아도르노가 활동하는 시대와 지금이 같다고 볼 수는 없다. 보다 중요한 것은 예술과 자본, 그리고 디지털의 가치를 발굴하고 보존하는 일은 어디까지나 호로 루덴스의 몫으로 남아 있다는 사실일 것이다.

9. 나오는 말: 놀이와 예술의 경계 허물기

놀이에서 시작해 공간을 지나 디지털과 예술까지 넘어왔다. 사방놀이를 하는 아이들은 아스팔트 바닥에 분필로 선을 긋고 하늘과 땅, 그리고 지옥을 나눈다. 아이들은 천상의 세계에 도달하기 위해 제를 지내듯 정성껏 돌을 던지고, 선을 밟지 않으려고 갖은 애를 쓰면서 그 어려운 한 발 뛰기로 한 층 한 층 올라간다. 밟기라도 하면 금방 지워져 버리는 분필 선에 불과하지만 공간에 대한 진지한 이해와 몰입은, 오토바이 배달부가 굉음을 내지르며 그 앞을 지나간다 하더라도 흔들리는 법이 없다. 왜냐하면 그들은 '정말로' 천국에 올라가고 싶지, 지옥으로 떨어지고 싶지는 않기 때문이다. 디지털은 길바닥의 사방놀이 공간을 어렵지 않게 스크린에 옮겨 놓는다. 증강현실의 도움을 받는다면, 2차원 세계의 천국과 지옥은 3차원 세계의 파라다이스와 무저갱을 온몸의 감각으로 경험할 것이다. 관람객들의 요란한 동작들이 어디 설치되어 있는지도 모르는 센서를 자극하면 천상에 이르기 위한 노정이 펼쳐지고, 평면과 입체의 다양한 그래픽과 이미지들이 그들의 여정을 한층 실감나게 이끌 수 있다. 베나윤의 아이디어를 빌린다면, 전 세계 어디서든 사방놀이를 하는 관람객들은 천상으로 오르는 길목의 어느 단계에서 만나 서로 인사를 나누며, 각자의 여정에 행운을 빌어줄 수 있을지도 모른다.

아무튼 지금까지의 논의를 되짚어 보면, 예술은 놀이를 닮았다. 놀이와 예술은 기본적으로 "현실과 가상이 이중화된 도구를 사용한다." (김재철 2013b, 36) 곧, 놀이와 예술은 "[가상으로] 나타나는 존재와 존재하는 가상의 동시성을"(김재철 2013b, 36) 주요 특징으로 삼으며, 어떤 형태로든 현실 속에서 가상의 세계 구현이라는 즐거운 의도를 표면화시킨다. 이와 같은 존재와 가상의 기이한 겹침은 디지털 놀이터에서 더욱 첨예화되고 있다. 디지털 가상공간에 내던져진 인간은, 더 이상 디지털이 자신의 감각 능력과 인지능력을 속인다고 생각하거나 두려워하지 않으며, 비현실 세계에 몰입하는 자신을 부끄러워하지도 않고, 오히려 그 세계를 감지하는 그대로 진지하게 소화하려고 한다. 볼츠의 진지한 예언대로, 인간은 어쩌면 디지털 놀이를 통해서 인간세계가 안고 있는 심각한 문제들을 해결할 수 있는 어떤 실마리를 찾을 수 있을지도 모른다(볼츠 2017, 229 참조).

비현실 공간 또는 가상공간의 구축과 참여라는 측면에서 독일의 사회학자인 니클라스 루만은 상상을 또 다른 상상으로, 가상을 또 다른 가상으로 환원시킬 수 있는 예술 고유의 기능을 언급한다. 그에 따르면, 예술은 "또 다른 현실을 통해 실제 현실을 배가시킬 die reale Realität durch eine andere Realität dupliziert"(Luhmann 1995, 231) 뿐만 아니라, 실제 현실에 머물지 않고, "어떤 상상의 현실을 또 다른 상상의 현실로 복제(das Hinübercopieren einer imaginären Realität in eine andere imaginäre Realität)"(Luhmann 1995, 230이하)할 수 있는 특유의 기능을 발휘한다는 것이다. 따라서 예술은 "세계우연성의 생산(Herstellung von Weltkontingenz)"(Luhmann 2008, 144이하)이라는 고유한 기능을 수행한다. 이는 예술이 현재적인 것과 잠재적인 것, 필연적인 것과 임의적인 것 사이에 있을 수 있는 무수히 많은 의미를 재생산하고, 그렇게 함으로써 고된 노동에 지친 인간에게 삶의 지속을 위한 새로운 자극을 선사한다는 사실을 함축한다. 그러므로 인간이 현실 세계에 대한 다른 방식의 접근 가능성, 실제의 이면에 존재할지도 모르는 다른 실제, 즉 "만약의 세계(Als-ob-Welt)"(Dörner & Vogt 2013, 131)를 체험한다면, 이와 같은 세계 경험은 세계가 다른 방식으로 존재할 수도 있다는 세계 인식의 확대와 긴밀한 연관을 이루게 된다. 다소 거창하게 마무리한다면, 가상의 세계를 즐기는 호모 루덴스는 의도했든, 의도하지 않았든 세계 이해의 지평을 넓힌다고도 볼 수 있는 것이다. 그렇게 인간은 앞으로도 하늘과 우주, 땅속과 바닷속, 과거와 미래를 넘나들며 세계를 놀이할 것이다.

참고문헌

괴테, 요한 볼프강. 2009.『괴테 자서전: 시와 진실』. 전영애, 최민숙 옮김, 서울: 민음사.

김재철. 2013a. "E. 핑크의 놀이존재론(I): 실존범주로서의 놀이."『현대유럽철학연구』 32: 189-216.

김재철. 2013b. "E. 핑크의 놀이존재론(II): 세계상징으로서의 놀이."『현대유럽철학연구』 33: 33-64.

박숙영. 2016.『디지털미디어와 예술』. 서울: 이화여자대학교출판부.

박연숙. 2013. "상호작용적 작품에서 놀이속성: 모리스 베나윤(Maurice Benayoun)의 작품을 중심으로."『미술이론과 현장』 15: 83-109.

볼츠, 노르베르트. 2017.『놀이하는 인간』. 윤종석 외 옮김. 서울: 문예출판사.

손부경. 2012. "제프리 쇼(Jeffrey Shaw)의 뉴미디어 설치미술: 물리공간과 가상공간 사이의 긴장."『서양미술사학회논문집』 37: 145-169.

오은석. 2016. "미디어 파사드와 인터랙티브 아트 인스톨레이션."『방송과 미디어』 21 (2): 61-70.

정낙림. 2018.『놀이하는 인간의 철학』. 서울: 책세상.

하위징아, 요한. 2018.『호모 루덴스』. 이종인 옮김, 고양: 연암서가.

Dörner, Andrea, and Ludgera Vogt. 2013. *Literatursoziologie.* Wiesbaden.

Edmonds, Ernest. "Interactive Art." https://pdfs.semanticscholar.org/e245/df020ff 7f8b8a99750f8c9c4f70f4db7971a.pdf. (2019. 06. 19)

Fink, Eugen. 1957. *Oase des Glücks: Gedanken zu einer Ontologie des Spiels*. Freiburg.

Fleischmann, Monika, and Wolfgang Straus. 2008. "Interaktive Kunst als Reflektion medialer Entwicklung." *Informatik Spektrum* 30.

Hoffmann, Wolfgang. "Existenz zwischen Chaos und Ordnung: Ein Spiel?" https: //wolfgang-hoffmann.info/2008/07/18/existenz-zwischen-chaos-und-ordnung-ein- spiel.

Kampmann, Sabine. 2016. "Visual Aging Studies: Exploring Images of Aging in Art History and Other Disciplines." http://ageculturehumanities.org/WP/wp-content/ uploads/2016/08/Issue2_Kampmann.pdf, 279-290.

Luhmann, Niklas. 1995. *Die Kunst der Gesellschaft*. Frankfurt a. M.

Luhmann, Niklas. 2008. "Das Kunstwerk und die Selbstreproduktion der Kunst." In *Niklas Luhmann: Schriften zu Kunst und Literatur,* edited by Niels Werber, 139-188. Frankfurt a. M.

Uzelac, Milan. 1989. "Intersubjektivität und Welt." In *Eugen-Fink-Colloquium Freiburg 1988*. edited by F. Graf. Freiburg.

그림 출처:

https://commons.wikimedia.org/wiki/File:Bernardo_Strozzi_-_Vanitas_(Old_Coquette)_-_Google_Art_Project.jpg

제6장
디지털 네이티브의 소통

제6장 디지털 네이티브의 소통

변군혁

1. 들어가며

마샬 매클루언(Marshall McLuhan)는 "미디어는 메시지다"라는 명제로 미디어의 중요성을 얘기하였다. 그는 미디어의 '내용'을 도둑이 집 지키는 개의 주의를 돌리기 위해 던져주는 고깃덩어리로 비유하면서, 메시지의 '내용'에 집착한 나머지 그 내용을 담고 있는 '미디어'의 중요성을 외면하는 것을 비판했다. 메시지의 내용이 무엇인지를 따지기 위해서는 '내용'을 어떤 '미디어'에 담아내어 전달하느냐가 매우 중요하다는 것이다. 미디어는 전달자의 정보를 단순히 매개하는 것으로 그치는 것이 아니라 전달하는 내용에 매체가 가지는 의식을 투입한다. 즉, 동일한 내용일지라도 어떤 미디어를 선택하느냐에 따라 전달되는 효과는 매우 달라진다는 것이다.

이처럼 의사소통 시 내용을 전달함에 있어 미디어는 매우 중요한 역할을 담당한다. 전통적 의사소통 수단인 말과 글은 오늘날 새로운 미디어의 등장으로 다양한 양상으로 나타나고 있다. 뉴미디어의 등장은 과거 말과 글의 뚜렷한 특징을 넘어서서 말과 글이 혼재되는 모습을 보인다. 예를 들어, 카카오톡, 페이스북으로 대표되는 소셜네트워크서비스(SNS)상에서 이루어지는 의사소통은 과거 말과 글 중 하나로 설명할 수 없는 혼종 양상을 보인다. 즉, SNS상의 의사소통은 주로 텍스트 형식으로 이루어지는데 이 텍스트 자체는 글이라는 소통수단이지만, 실시간으로 즉각적인 대화가 이루어진다는 점에서 말의 특징인 즉각성이 포함되어 있기도 하다. 따라서 SNS상의 의사소통을 말과 글로 한정해서 특징지을 수 없다. 이렇게 뉴미디어는 과거 말과 글 하나에 국한되어 있던 의사소통의 특징들이 서로 혼재되어 나타난다. 한편 유튜브로 대표되는 영상을 기반으로 한 미디어가 빠르게 보급되면서 청소년들을 중심으로 의사소통의 새로운 주요 수단으로 자리 잡고 있다. 이와 더불어 과거 SNS상에서 이루어졌던 텍스트 위주의 소통 방식은 단순한 기호를 사용하던 초기의 이모티콘뿐만 아니라 그림 또는 동영상을 기반으로 하는 소통 방식으로 바뀌면서 말과 글의 혼종이 더 복잡한 양상을 띠고 있다.

오늘날의 청소년 세대를 '디지털 네이티브(digital native)'라 부르기도 하는데, 이들은 디지털 언어와 디지털 기기를 마치 특정 언어의 원어민처럼 자연스럽게 사용하며 성장한 청소년 세대를 지칭하는 것으로, 2000년경에 태어나 뉴미디어의 편재로 사고방식이나 생활양식에 있어서 이전 세대와는 커다란 차이를 보이는 청소년 세대를 말한다. 뉴미디어 사용에 익숙한 이들 세대는 과거 세대와 다르게 뉴미디어를 소통의 수단으로 자유롭게 사용한다.

최근 들어 뉴미디어 소통과 관련한 사회문제가 자주 발생하는데, 카카오톡 대화방에서 주고받은 부적절한 대화, 단톡방에서 공유하는 부적절한 동영상과 무분별한 자료 공유가 사회문제로 대두되는 것은 이제 흔한 일이 되어 버렸다. 이런 문제점의 이면에는 미디어 사용자들이 의사소통 수단으로 사용하는 해당 미디어의 특성에 대한 인식의 부족이 자리 잡고 있다. 특히 뉴미디어에 익숙하고, 뉴미디어를 주요 수단으로 사용하는 디지털 네이티브들조차도 자신이 사용하는 미디어의 특징을 제대로 파악하지 못하고 있는 실정이다. 본 글에서는 뉴미디어에 익숙한 디지털 네이티브의 소통에 나타나는 특징을 살펴보고자 한다. 그리고 미디어의 변화에 따른 소통의 변화 양상과 뉴미디어가 갖는 각각의 특징을 살펴보고, 디지털 네이티브의 소통에 나타난 문제점들이 왜 생겨나는지를 분석하고 이를 해소하기 위한 방안을 모색하고자 한다.

본 글의 구성은 다음과 같다. 2장에서는 전통적인 의사소통 방식인 말과 글의 차이점을 살펴볼 것이다. 3장에서는 의사소통에 사용되는 주요 미디어 변화에 따른 문화별 특징을 비교할 것이다. 4장에서는 디지털 네이티브가 기성세대와 구분되는 특징을 살펴볼 것이다. 5장에서는 디지털 네이티브의 소통 양상과 소통의 문제점을 해결하기 위해 미디어의 특징을 올바로 이해하고 이를 활용할 수 있는 미디어 리터러시 능력의 중요성을 살펴볼 것이다.

2. 말과 글의 특징

인간의 의사소통에서 동물과 구분되는 가장 큰 특징은 언어의 사용이다. 인간은 동물의 의사소통과는 다르게 언어라는 분절된 소리, 의미 체계를 사용하여 청자에게 무한의 메시지를 전달한다. 그리고 정교함에 있어서도 동물의 의사소통과 차이를 보인다. 동일한 환경에서 정형화된 의미만을 전달하는 동물의 의사소통과는 달리, 인간은 언어를 사용하여 장소, 시간에 국한되지 않고 다양하고 정밀한 의사소통이 가능하다. 언어를 통한 의사소통은 여러 가지 다른 수단, 이를테면 몸짓이나 그림과 같은 수단보다 더 명확하게 자신의 사고를 표현할 수 있다. 이와 같은 언어의 특징 때문에 여러 언어학자는 인간이 언어로 사고하고, 사고가 언어를 통해 객관화된다고 주장한다. 인간은 동물들과 달리 언어를 통한 정교한 의사소통을 함으로써 감정과 정보를 공유하며 사회를 이루어 살아가기 때문에 의사소통은 인간의 활동 중에서 가장 기본적이고 중요한 덕목이 된다.

플라톤은 "파이드로스"에서 본인이 창작한 문자 발명 신화를 통해 말이 글보다 우위에 있다고 주장하였다.

> 문자는 기억을 훈련하는데 소홀히 만들어 배우고자 하는 사람들의 영혼 속에 망각을 낳을 것이네. 더구나 글쓰기를 신뢰하기 때문에 자기 외부 의 다른 흔적들에 의존할 뿐 자기 내부의 힘을 빌려 기억하지 않을 것이네. 그래서 당신이 발명한 문자는 기억의 약이 아니라 환기(還記, hypomneseos)의 약이네. 당신은 제자들에게 진리(aletheia)가 아니라 지혜처럼 보이는 것을 주는 것뿐이네. 그들은 가르침을 받지 않고도 많은 것을 읽게 되어 자신들이 많이 안다고 생각하네. [275b] 하지만 그들은 대부분 무지하고 상대하기 어렵다네. 그들이 [진정으로] 지혜로운 것은 아니며, 단지 지혜로운 것처럼 보이기 때문이네.

플라톤은 문자가 사람의 기억력을 쇠퇴시키고 참된 진리를 얻지 못하게 만들기 때문에 말의 생명력을 보존하기 위한 문자가 오히려 말의 생동감을 저해하고 말 자체의 진리를 위협하게 만든다고 보았다.

> 일단 글로 쓰이면, 모든 이야기는 전혀 격에 맞지 않는 사람들 사이에서나 전문가들 사이에서나 똑같이 아무 데나 돌아다니며, 누구에게는 이야기하고 누구에게는 하지 말아야 할지를 모른다네. 한편 그것이 잘못 연주되거나 부당하게 욕을

먹게 되면, 아버지의 도움이 늘 필요하다네. 그것은 스스로 방어할 수도, 자신을 도울 수도 없기 때문이네(275e)

또한 그는 글은 일단 글을 쓴 저자와 텍스트가 분리되면 의도되지 않은 혹은 자신의 글이 읽히기를 원치 않은 독자에게 읽힐 수 있는 단점과 저자의 의도와 다르게 오독의 가능성이 있다고 문자에 대한 비판적 시각을 나타냈다.

플라톤 자신도 수많은 작품을 '글'로 작성하였음에도 불구하고 글이 지니는 뚜렷한 한계를 지적하며 말을 통해 영혼에 진리의 씨앗을 뿌리는 일이 중요하다고 하였다. 그러나 옹은 플라톤이 언급한 글의 한계를 다음과 같이 기술하였다(옹 1995, 125).

먼저 플라톤은 현실적으로 정신 속에 있는 것을 정신 밖에 설정하려고 한다는 점에서, 글은 비인간적이고 하나의 사물이며 만들어낸 제품이라고 말한다. 둘째, 글은 기억을 파괴한다고 언급한다. 쓰기를 사용하는 인간은 내적인 수단의 결핍을 외적 수단에 의지하기 때문에 망각하기 쉽고 정신을 약하게 만든다. 셋째, 텍스트는 기본적으로 아무것도 대답하지 않는다. 넷째, 실제의 말과 사고는 본질적으로 언제나 실제 인간끼리 주고받는 문맥 안에 존재하는데, 글은 그러한 문맥을 떠나서 비현실적, 비자연적인 세계 속에서 수동적으로 이루어진다.

김기림(1950)은 『문장론신강』에서 말과 글의 특징을 다음과 같이 정리하였다.[1]

---

1) 김기림은 『문장론신강』에서 진술, 표현, 해석의 전 과정을 설명하는 종합적인 언어 이론의 기초 위에 말과 글의 실천적인 양식과 기술로서 새로운 수사학을 모색하였다. 그는 종래의 수사학을 "말과 글의 화장술"로 비판하고 의사소통 중심의 수사학을 제시하였다. 또한 그는 진리란 어디까지 생활 속에 있으며, 그것을 효과적으로 전달하는 데 수사학의 목표가 있다고 하였다. 김기림은 우리

말이 가지는 장점은 몸짓(Gesture)을 동반하고 어조의 변화를 통해 글에서는 느낄 수 없는 풍부하고 생동감 있는 의미 전달이 가능하다는 것이다. 동일한 발화일지라도 표정이나 어조의 변화를 통해 다양한 의미를 전달할 수 있다.

그러나 말은 일회성을 지니고 있다는 단점도 있다. 말은 생각해 가면서 만들고 고칠 수 없이 한번 발화하면 회복이 불가하다. 또한 말은 말하는 그 현장에 그 효과가 국한되는 것이다. 따라서 그 현장에 참여하지 못한 사람과는 의사소통을 할 수가 없다. 이처럼 말은 생생하고 정확한 의사소통을 가능하게 하지만 일회성과 현장성으로 인해 매우 제한적인 범위에서만 소통이 가능하다.

글이 가지는 가장 큰 장점은 보존 가능성이다. 인간이 오늘날의 문명을 이룰 수 있는 것도 선조로부터의 지식체계를 문자로 보존하여 전달하였기 때문에 가능했다. 이와 같이 글은 말의 일회성을 깨뜨리고 글로 적어 보존할 수 있게 함으로써 시간적인 제약을 극복하였다. 말에서는 얻기 어려운 보존성·전파성으로 인해서 글은 시간과 공간의 제한을 넘어서 이전 시대에서 다음 시대로 이곳에서 저곳으로 문화를 보존하여 전승해가며 옮겨가기도 하였다.

글은 현장에 의사소통 행위에 참여하지 않는 사람들에게도 메시지를 전달함으로써 공간적인 제약도 극복하였다. 그리고 글은 통일된 긴 서술이 가능하다. 말로서도 꽤 긴 이야기나 진술이 아주 될 수 없는 것도 아니지만 글에서처럼 장황한 서술은 매우 어렵다. 따라서 세밀하고 정밀한 서술도 글의 장점이라 할 수 있다.

가 말과 글은 오해 없이 명료하게 전달될 수 있다고 보았다. 그리고 말과 글 가운데 중요한 것은 말이며 그의 수사학에서 중요한 것은 말의 전달과 해석이다. 그는 말을 과학적으로 하고, 또 그 말을 똑바로 알아듣고 보는 재간을 훈련해야 하겠다고 강조하였다. 이것이 그가 가장 애써 설명하려고 한 부분이고 그의 수사학의 요체를 이루는 부분이다(이미순 2006, 460)

그러나 글은 말에서 볼 수 있는 생생한 현장감이 매우 희박하다. 그리고 독자에 대해 책임감을 가지지 않고 저자 중심의 일방적인 소통이 이루어진다. 특히 시와 같이 극히 압축된 암시적인 형태의 글에서는 독자가 잘못 해석할 위험이 따른다. 글은 말과 달리 독자를 마주 보지 않기 때문에 그 존재를 아주 잊어버리거나 무시하기 쉽다.

또한 글은 말과 달리 소통에 참여할 대상자를 선택할 수 없다. 일단 글이 써지고 나면 저자는 독자를 선택할 수 없고, 오히려 독자가 저자를 선택함으로써 저자가 원하지 않는 독자에게도 전달이 될 수 있다.

김기림의 말과 글의 장단점을 정리하면 다음과 같다.

표 1. 김기림의 말과 글의 장단점

	장점	단점
말	생생한 현장감 대화 대상자 선택 가능	시공간적 제약 회복 불가능
글	보존 가능성 시공간적 제약이 없음 긴 서술, 수정이 가능	현장감 부족 수용자 선택 불가 오역의 가능성

3. 구술문화, 문자문화, 영상문화

3.1. 구술문화

인간의 의사소통에 주요 수단으로 사용되는 것은 바로 말과 글이다. 말은 글에 앞서서 인간의 의사소통으로 사용되었다. 문자가 발명되기 이전 인간은 말을 의사소통의 주요 수단으로 사용하였다. 순수하게 말의 수단만이 존재했던 시기에는 상대방과의 대면을 통한 의사소통이 필수적인 조건이었다. 말은 공기 중의 소리로 전달되기 때문에

서로의 음성이 전달될 수 있는 근거리에서 쌍방향의 소통으로 이루어진다. 인간은 화자가 청자가 되고 청자가 화자가 되는 상황 속에서 청각의 감각을, 음성과 함께 사용하는 몸짓을 위해 시각의 감각을 예민하게 단련하였다. 문자가 발명되기 이전, 구술에 전적으로 의존했던 시기에 인간은 촉각, 미각, 후각 특히 시각과 청각을 사용하고 온갖 감각을 이용한 의사소통이 이루어졌다. 이처럼 구술문화에서 말을 통한 의사소통은 소통 당사자들이 시간과 공간을 동시에 공유해야 하는 상황 중심적인 특성을 지닌다.

구술문화에서는 기억의 보조적 수단, 지식의 전달 수단으로 사용할 문자가 존재하지 않았기 때문에 교육과 정보 전달은 공동체 구성원들 간의 구전을 통해 이루어졌다. 이에 대한 결과로 화자의 기억을 도와줄 고착화된 정형구와 반복되는 운율이 발달하였다. 그런 시대에서는 기록할 수 있는 매체가 존재하지 않아서 일단 획득된 지식을 잊지 않게 끊임없이 반복해야만 했기에 기억은 구술문화에 있어 굉장히 중요한 역할을 담당했다.

오늘날 문자에 익숙한 현대인은 문자가 배제된 순수한 일차적 구술문화[2]가 어떠한 것인가를 상상하기 매우 어렵다. 구술문화의 말의 소통에서는 시간을 멈출 수가 없다. 글은 시간을 멈추어 사색이 가능하지만, 말은 끊임없는 흐름만이 존재한다. 그리고 개인은 말의 소통에 참여함으로써 공동체와 분리되지 않으며, 사고와 행동이 동시적으로 이루어진다. 매클루언은 문자 이전 시기 인간의 감각이 모두 온전하게 기능했던 구술사회의 의사소통에 대한 열망이 있었다. 말과 청각에

2) 맥클루언과 옹은 인류 역사의 구분을 의사소통 수단으로 구분하였다, 우선 맥클루언은 문자 이전 시대, 문자 시대, 전자시대로 구분하였고, 옹은 문자 이전의 제1 구술문화, 인쇄술에 따른 문자 미디어 문화, 텔레비전을 통한 제2 구술문화로 구분하였다.

의한 구술사회의 의사소통은 말소리가 전달될 수 있는 근거리의 대화는 인간의 모든 감각을 동원해 의사를 교환하던 시기의 의사소통이다. 당시는 기록을 위한 모든 수단이 없었기 때문에 가장 원초적 능력인 말과 청각을 활용하고 구성원 간 자연스러운 참여의 형태를 유발한다는 점에서 민주주의의 구현과 발전에 중요한 요건이기도 하다.

옹은 자신의 저서 "구술문화와 문자문화"에서 구술문화와 문자문화의 특징을 심도 있게 설명하였는데, 문자문화에 영향 받지 않았던 1차 구술문화에 입각한 사고와 표현의 특징을 다음과 같이 정리하였다(옹 1995, 61-80).

(1) 종속적이라기보다는 첨가적이다:

쓰기의 특징은 정교하고 정해진 통사론적 문법에 따라 사용되어 텍스트에서 자연스러운 흐름의 서술이 이어진다. 반면에 말하기는 화용론적 측면의 맥락에 의지하여 쓰기에 비해 문법과 다소 독립적으로 사용된다. 그 결과 말하기에 사용되는 문장은 추론적인 종속절 구조보다는 등위접속사에 의한 첨가가 많이 이루어진다.

(2) 분석적이라기보다는 집합적이다:

개별 단어로 흩어져 있기보다는 정형화된 구나 절에 의존하는 경향이 있으며 어휘를 집합적으로 취급한다.

(3) 장황하거나 '다변적'이다:

구술 발화는 순간적으로 일어났다 사라지기 때문에 화자는 이전에 발화된 사항을 다시 언급하거나 장황하게 표현하기 쉽다. 따라서 구술문화는 유창함, 거친 말투, 다변을 촉발한다.

(4) 보수적이거나 전통적이다:

여러 세대에 걸쳐 습득된 것을 반복한다. 그 결과 지적인 경험들이 유산으로 남겨져 전통적이면서도 보수적인 정신적 틀을 취한다.

(5) 인간의 생활 세계에 밀착된다:

구술문화는 쓰기와 같은 세련된 분석적 카테고리가 결여되어 있어서 모든 지식을 인간 생활 세계에 다소라도 밀접하게 관련시키는 방식으로 개념화하고 언어화한다.

(6) 논쟁적인 어조가 강하다:

구술성은 지식을 인간 생활 세계 속에 파묻힌 채로 놓아둠으로써 지식을 사람들의 투쟁 상황에 놓아둔다. 구술문화나 구술문화의 영향이 잔존되어 있는 문화에서 독설을 퍼붓는 것과 표리의 관계에 있는 것이 거친 표현으로 된 찬사이다.

(7) 객관적 거리 유지보다는 감정이입적 혹은 참여적이다:

구술문화에서 배운다거나 안다는 것은 알려지는 대상과 밀접하고도 감정이입적이며 공유적인 일체화를 이룩한다는 것을 뜻한다.

(8) 항상성이 있다:

구술사회는 이미 현재와의 관련이 없어진 기억을 버림으로 해서 균형 상태 혹은 항상성을 유지하고 있는 그런 현재 속에서 영위된다.

(9) 추상적이라기보다는 상황 의존적이다:

구술문화에서는 상호의존적이고 조작적인 준거 틀에서 개념이 사용되는 경향이 있다. 이러한 준거 틀은 사람의 생활 세계에 아직도 밀착해 있다는 의미에서 추상의 정도는 매우 적다.

3.2. 문자문화

맥클루언은 문자 이전 시대에는 모든 감각이 골고루 발전한 시기인 반면, 인쇄문화의 서구사회는 시각이 편향된 사회로, 논리성이 추구되는 이성이 발달하고 다른 사람들과의 직접적인 대화에 참여하지 않고 독자적으로 글을 읽음으로써 개인주의적 성향이 강화되었다고 보았다. 문자문화에서는 소통에 직접 참여해야 하는 구술문화에서와 달리 화자와 청자가 분리되면서 소통의 수단이 외재화 된다.

한편 시각 기능을 강화하고 확장하는 표음 알파벳은 모든 문자문화에서 청각이나 촉각, 미각 같은 다른 감각들의 역할을 빼앗고 문자문화에 의한 합리적 생활의 선형적 구조화는 서로 잘 짜인 일관성의 구조 속에 우리를 가두었다. 선형적 사고의 경향은 분절 및 단편화와 함께 알파벳을 통한 시각화를 결정짓는 중요한 특성이다. 인쇄된 페이지 안에 단편들의 조합으로 표현된 세계는 그것을 순서대로 읽어나갈 것을 요구한다. 합리성의 개념이 정립됨에 따라 사물의 판단에 획일적이고 계속적이며 원인과 결과가 연속적으로 배열된 것만이 최선의 가치로 전이된 것을 의미한다. 이는 사물들이 동시적으로 공존하는 가능성, 그 당위성을 인정하지 않고 모든 것에 우선순위를 정해야 함을 의미한다. 이와 같은 선형적 계열화는 구텐베르크의 인쇄술이 발달해 획일성과 반복 가능성이 확보됨으로써 더운 탄탄해졌다(맥클루언 2011)

인쇄술의 발달은 공동체에서 떨어져 혼자 읽기라는 상황을 만들어냄으로써 개인주의를 낳았다. 모든 인간이 신 앞에서만 평등할 뿐 각자의 특징과 역할이 유지되었던 이전 시대에 비해 근대의 개인주의적 평등은 개인들이 모든 면에서 궁극적으로 균질적이며 따라서 동일한 단위로 계산될 수 있음을 의미한다. 다른 한편으로 개인주의는 개인적 창의력과 자기표현이라는 이질적인 이데올로기를 내포하기도 한다.

특히 시각의 지배로 인한 청각과 촉각의 마비, 혹은 배제가 몸으로부터의 사고의 분리를 낳고 그런 상태에서 자신 및 타인과 사회에 대한 참여 및 관여라는 인간적인 차원이 배제된 무감각하고 기계적인 분절된 개인이 만들어진다. 맥루한 등의 저작에서 여러 차례 지적된 대로, 문자언어 및 인쇄기술의 발달이라는 미디어의 한 측면이 원자론적 개인주의를 부추기고 사람들은 합리적이라는 명목하에 시각적 방식으로 사물을 관찰하고 해석하는 경향이 증가되었다(Stamps 1995).[3)]

이처럼 문자문화는 구술시대와는 다른 방식으로 인간의 사유방식을 지배하였다. 문자의 시대에서는 구술시대의 기억력 부담을 줄이기 위한 정형구 사용이 줄어들었다. 화자의 어조와 몸짓을 통해 지식의 전달이 이루어지고 화자와 청자의 끊임없는 소통 흐름을 통해 취득되었던 역동성 있는 지식의 전달은 문자와 쓰기로 인해 추상적인 개념으로 변모하고 문자의 테두리 안에서 이전과 전혀 다른 탈상황적인 체계가 형성되었다.

특히 문자문화 인쇄기술과 결합하면서 사람들은 문자를 익히고 의사소통에 참여하는 다수의 무리에서 벗어나 개인적인 독서 활동을 통해 논리적이고 이성적인 사유를 하게 되었다. 문자문화 속에서 인간은 책을 통한 선형적으로 지식을 습득하였다. 문자에 익숙한 사람들은 선천적인 능력보다는 쓰는 기술에 의해서 직간접적으로 구조화된 힘에 힘입어 그 사고 과정을 형성시키고, 쓰기는 어떠한 발명보다도 더욱 강하게 인간의 의식을 변형 시켜 왔다. 구술적 상황에서는 지속적으로 말을 이어나가면서 필요에 따라 장황하게 설명해야 할 경우가 있지만, 글의 경우는 규칙을 면밀하게 지켜가야만 글을 읽는 이들의 객관적 이해가 가능해진다.

새로운 지식의 세계로서 결정적이고도 독창적인 비약이 인간의 의식 내부에서 이루어진 것은 시각적인 표시의 코드체계가 발명되고 그것에 의해서 쓰는 사람이 정확한 말을 결정하여 텍스트를 마련하며, 읽는 사람은 그 텍스트에서 그 말을 인식하게 되었을 때이다. 이것이

---

3) 윤태진(2004) "문자문화, 구술문화, 영상문화의 진화와 상호작용". 정보통신정책연구원. p.30에서 재인용

야말로 정확하게 한정된 의미에서 우리가 오늘날 보통 '쓰기'라고 부르는 것이다. 이러한 의미에서의 쓰기나 스크립트에 의해서 코드화된 시각적인 표시는 말을 사로잡게 되고, 그 결과 지금까지 소리 속에서 발전해 온 정밀하고 복잡한 구조나 지시체계의 특수한 복잡성이 그대로 시각적으로 기록될 수 있게 되고, 나아가서는 그러한 시각적인 기록으로 해서 그보다 훨씬 정교한 구조나 지시체계가 산출될 수 있다. 그러한 정교함의 구술적인 발화가 지니는 잠재력으로서는 도저히 이룩할 수 없는 정도의 것이다. 이렇듯 평범한 의미에서의 쓰기는 인간의 모든 기술적 발명 속에서도 가장 영향력이 큰 것이었으며 지금도 그러하다. 쓰기는 말하기에 단순히 첨가된 것이 아니다. 왜냐하면 쓰기는 말하기를 구술-청각의 세계에서 새로운 감각의 세계, 즉 시각의 세계로 이동시킴으로써, 말하기와 사고를 함께 변화시키기 때문이다 (옹 1995, 133)

3.3. 영상문화

기술의 발전에 따른 미디어의 변화는 사람들의 의식을 재구조화하는 데 중요한 역할을 한다. 미디어의 변화는 문자로 의식을 형성하던 구성원들이 영상으로 세계를 의식하게 되었음을 의미한다. 그중에서도 텔레비전의 등장은 책으로 대변되는 문자문화에서 영상문화로의 이행을 가져왔다. 영상을 통한 영상문화의 소통은 시각적 정보를 개인 또는 다수에게 전달하여 공통의 의식과 정서를 형성하는 방식으로 이루어진다.

이와 관련하여 옹은 언어 표현이 전자의 방식으로 변화하면서, 쓰기에서 시작하여 인쇄기술에 의해 강화된 말과 공간과의 관련이 더욱 깊어졌고, '2차적 구술성'이라는 새로운 시대의 문화로 의식이 이행되

어 왔다고 하였다(옹 1995, 204)

도정일(1998)은 문자언어를 '다이제시스'(digesis), 영상 언어를 '미메시스'(mimesis) 언어로 분류하여 이 둘의 차이를 설명하였다. 다이제시스 언어는 사건 서술과 대상 묘사에 치중하여 화자(혹은 서술자)에 의한 간접적 사건 기술이라는 의미에서 '말하기'라는 개념과 관련되어 있다. 반면에 미메시스 언어는 이미지에 의한 대상 재현에 치중하여 사건의 직접적 제시인 '보여주기'라는 개념과 관련되어 있다. 그러나 주창윤(2003)은 문자언어와 영상 언어의 차이가 단순히 말하기와 보여주기의 차이에 그치는 것이 아니라, 영상 언어가 '보여주면서 말하는 능력'을 지니고 있다고 보았다. 즉, 영상 언어는 재현하고 보여주는 동시에 기술하고 말하는 특성을 가지고 있다고 볼 수 있다.

영화나 텔레비전의 영상 언어는 일방적인 소통으로 이루어진다는 점에서 문자언어와 동일하다. 그러나 문자언어가 시각에 편중된 소통수단인 반면에, 영상 언어는 시각뿐만 아니라 청각을 포함한 오감 전체의 참여를 필요로 하는 소통수단이라는 점에서 차이를 보인다. 문자가 시각을 통해 선형적으로 구성된 텍스트를 이성적으로 이해하는 것이라면, 영상은 수용자가 이미지를 통한 메시지를 오감을 사용하여 비선형적으로 인지하도록 만든다.

한편 2차적 구술성은 용어에서 알 수 있듯이, 이전의 구술문화와 유사점과 차이점을 갖고 있다. 2차적 구술성은 그 속에 사람들이 참가한다는 신비성을 가지며, 고유한 감각을 키우고, 현재의 순간을 중히 여기는 한편, 나아가서 정형구를 사용하기조차 한다. 일차적 구술성과 마찬가지로 2차적 구술성은 강한 집단의식을 낳는다. 왜냐하면 말하기에 귀를 기울이는 것은 그렇게 해서 듣는 청취자를 하나의 현실적인 청중, 즉 하나의 집단으로 만들어내기 때문이다. 이것은 쓰인 텍스트나 인쇄된 텍스트의 읽기가 개개인을 내향화 시키는 것과는 대조적이다.

그러나 2차적 구술성은 일차적 구술성과 차이를 보인다. 영상 언어의 화자는 1차 구술문화에서와 비교할 수 없을 정도로 많은 다수의 청자에게 일방향의 메시지를 전달한다. 2차적 구술성은 그 본질에 있어서는 한층 의도적이고 스스로를 의식하는 구술성이며, 쓰기와 인쇄의 사용에 끊임없이 기초를 두고 있는 구술성이다. 그리고 2차적 구술성에 참여하는 집단은 일차적 구술성에 참여하는 집단과는 비교가 되지 않을 만큼 방대하다. 게다가 쓰기가 나타나기 이전에 구술문화 속에서 살았던 사람들이 집단정신을 가졌던 것은 따로 쓰기를 대신할 만한 것이 없었기 때문이었는데, 우리가 살고 있는 2차적 구술성의 시대에서는 우리는 의식적으로 그리고 실제적인 사고방식으로 집단정신을 가지고 살고 있다. 즉, 개인은 저마다 한 사람의 개인으로서 사회적인 의식을 가져야만 한다고 느끼고 있는 것이다. 일차적인 구술성에 속하는 사람들이 외향적인 것은 내면을 향할 기회가 거의 없었기 때문이었지만, 우리가 밖을 향하고 있는 것은 거꾸로 지금까지 우리가 내면을 향하고 있었기 때문이다(옹 1995, 205-206)

4. 디지털 네이티브

4.1. 뉴미디어 환경

김주환(2000)은 디지털정보 혹은 디지털 텍스트를 '디지털 존재'(digital-being)로 지칭하며 뉴미디어 환경 특히, 인터넷의 특징을 표현하고자 하였다. 디지털 정보는 궁극적으로는 소리나 영상으로 이루어진 감각 대상의 형태로 존재한다. '디지털 존재'는 사람이 몸으로 지각할 수 있는 모든 종류의 디지털 정보를 지칭한다. 하나의 디지털 존재의 생산과 처리, 저장, 전송을 위해서 우리는 반드시 다른 일련의 디지털 존재들을 사용해야만 한다. 디지털 존재는 실행 가능한(executable) 것과 정보적인(informative) 것으로 구분해볼 수 있다. 예컨대, 우리는 실행 가능한 일련의 디지털 존재로 정보적인 디지털 존재를 생산해 낸다.(김주환 2000, 112-113)

디지털 존재는 규정할 수 있는 공간성을 지니지 않는다. 이것은 디지털 존재와 물리적 사물 간의 근본적인 차이를 가져다준다. 물리적 사물이 '여기 아니면 저기'에 있는 반면에 디지털 존재는 '여기 그리고 저기'에 있을 수 있다(김주환 2000, 123) 즉, 물리적 사물은 그 사물이 놓이는 공간을 점유하지만, 디지털 존재는 특정 공간을 차지하지 않고 사이버상에 부유하면서 컴퓨터 사용자가 호출하는 어느 곳이든지 출현한다. 그 이유는 디지털 존재로서의 웹페이지가 객관적 세계-공간 내에서 확정적 위치를 갖지 않기 때문이다.

예를 들어, 컴퓨터 모니터로 신문 기사를 읽는다면, 우리는 그 기사가 오프라인의 물리적인 신문처럼 실재하는 것이 아니라 해당 신문사 서버 컴퓨터의 자료를 내 컴퓨터로 '복제'해 온 것이다. 이렇듯, 디지털 존재들은 서버 컴퓨터에도, 내 컴퓨터에도, 그리고 그 웹 페이지를 보여주었을 전 세계의 수많은 컴퓨터 안에 동시에 존재한다고 할 수 있으며 또 그 어디에도 없다고 할 수 있다.

디지털 존재는 어디에나 있으며, 따라서 어디에도 없다. 디지털 존재의 시간성도 규정지을 수 없기는 마찬가지다. '어떠한 종류의 시계와 같은 물리적 기구도 디지털 존재의 시간성을 측정할 수는 없다. 디지털 존재에서는 이러한 '시점기록 가능성'이 불가능하다. 물론 컴퓨터 파일의 등록정보를 보면 만든 날짜와 시간이 기록되어 있다. 그러나 이것은 파일에 자의적 붙여진 하나의 메모에 불과하다. 현실의 물리적인 사물들은 사체의 속성을 내포하고 있다. 즉, 어떤 사물이 만들어진 이후 현재까지의 시간의 흐름이 그 사물에 고스란히 남아 있다. 하지만 컴퓨터 파일은 실재 사물의 물리적 시간의 흔적이라는 것을 갖지 못하고 따라서 디지털 존재 자체의 시간성은 규정지을 수 없게 되는 것이다(김주환 2000, 123-124).

디지털 방식의 커뮤니케이션은 이러한 디지털 존재의 특성에 유래되었다. 정보를 전기의 강약 신호로 전환시키는 아날로그 방식과 디지털 방식은 근본적인 차이가 있다. 아날로그 방식은 복제하면 할수록 외부의 간섭으로 인해 신호가 심하게 왜곡되거나 훼손될 수 있지만, 디지털 신호는 반복적인 복제와 유통에도 불구하고 원본의 신호 형태를 그대로 유지할 수 있다. 이것은 다양한 물질들에 의해 간섭받는 구체적 현실에서보다 사이버 공간에서는 현실을 더 정밀하고 실제적으로 경험할 수 있다는 것을 의미한다. 디지털 정보 기술은 구체적 현실로부터 추상화된 기호들을 감각적으로 경험할 수 있는 멀티미디어를 발전시키고 있는 것인데, 이에 따라 추상적 정보가 구체적 물질세계에 대해 점차 우선권을 획득하고 있는 것이다.

디지털 존재의 사물적 특징은 컴퓨터 매개 커뮤니케이션(CMC: computer-mediated communication) 환경에 이르러 그 본질을 더욱 명확히 드러낸다. 멀티미디어(multimedia)로서의 성격을 가진 CMC 환경에 이르러 정보 채널이 통합되고 이용자들이 서로 연결되었고 자신을 표현하거나 타인과 커뮤니케이션 하려는 동기가 미디어 이용에 반영되기 시작하였다. 이에 따라 인터넷은 점차 삶의 외부에서 주어진 정보 전달의 도구가 아니라 그로부터 다양한 생존의 양식이 생성되고 결정되는 초월적 미디어로서의 위상을 정립하게 된 것이다. 그러나 현대인들은 자연 현상을 지배하는 법칙이 존재하는 물리적 환경과 디지털 존재로 둘러싸인 커뮤니케이션 환경을 번갈아 경험하게 됨에 따라 기존의 언어적 규범을 그대로 준수하기 어렵게 되었다. 기존의 미디어에서 유추되고 그 기능을 확장하거나 변경하기 위한 것이 디지털 미디어지만 그것이 구현되기 위해서는 아날로그와는 근본적으로 다른 기술이 필요하고, 이는 보이지 않는 영역에서부터 점진적인 변화를 일으키고 있는 것이다(윤태진 외 2004, 52-53).

디지털 뉴미디어는 언제 어디서나 어느 디지털 장치에서나 즉시 접근할 수 있는 이른바 유비쿼터스 환경을 만드는 매체를 말한다. 디지털 네이티브는 인터넷으로 대표되는 뉴미디어를 통해 필요한 정보들을 공유하는 네트워크를 형성한다. 뉴미디어를 사용하는 디지털 네이티브는 정보를 이용함에 있어서, 타인이 제공하는 정보에 대해 과거와 마찬가지로 수동적인 정보 수용에 머물지 않고 네트워크를 통해 전달되는 정보를 조작, 가공하여 다시 정보 제공자의 역할도 수행하며 상호작용할 수 있게 만들 수 있다.

오늘날 디지털 네이티브들은 컴퓨터에 국한되지 않고 언제 어디서나 정보에 접속할 수 있는 모바일의 유비쿼터스의 환경 속에 살고 있다. 기기의 발전은 무선 네트워크 성능의 향상과 더불어 디지털 네이티브들의 일상에 더 깊숙하게 침투하고 있다.

4.2. 디지털 네이티브의 등장

오늘날의 청소년을 지칭하는 용어로 디지털 네이티브(digital natives)가 있다. 이는 태어날 때부터 컴퓨터와 인터넷을 비롯한 다양한 디지털 미디어 환경에서 성장하여 디지털 기기를 특정 언어의 원어민처럼 자유자재로 활용하는 세대를 말하는 것으로 마크 프렌스키(Marc Prensky)가 최초로 이 용어를 사용하였다. 한편 디지털 네이티브와 대비되는 기성세대는 디지털 이주민(Digital Immigrants)으로 명명되었다. 디지털 네이티브가 디지털 언어와 장비를 원어민처럼 사연스럽게 사용하는 반면에 디지털 이주민은 30대 이상의 기성세대들로 디지털 언어를 활용함에 있어 마치 외국어를 구사할 때 모국어의 억양(Accent)이 나타나는 것처럼 디지털 시대 이전의 흔적이 남아 있어서 디지털 이주민이라 하였다. 이 두 집단은 사회 환경의 전반에 걸친 급격한 변화를 수용하는 자세가 다른 만큼 서로 다른 성향을 보인다고 주장하였다. 즉, 디지털 네이티브에게 디지털이란 본래부터 있었던 친숙한 것이지만, 디지털 이주민은 새롭게 접하여서 낯선 것으로 여기며 디지털에 대해 어려움을 느끼고 다소 비판적인 자세를 취한다.

디지털 네이티브는 넷 세대(Net generation), D 세대(Digital generation) 등 다양한 표현으로도 사용되는데, 탭스콧(Tapscott)은 젊은 디지털 유저들을 중심으로 형성된 네트워크 세대의 속성을 바탕으로 이들을 넷 세대라고 불렀다.

탭스콧은 넷 세대들이 자신들의 부모 세대와 구분되는 8가지 특징을 다음과 같이 분류하였다(Tapscott, 82-86).

1) 모든 일에서 '자유'를 원한다.
2) 맞춤화하고 개인화하는 것을 사랑한다.
3) 새로운 감시자다.
4) 무엇을 사고, 어디서 일할지 결정할 때 기업의 성실성과 정직함을 중요하게 여긴다.
5) 일, 교육, 사회생활에서 엔터테인먼트와 놀이를 원한다.
6) 협업과 관계를 중시한다.
7) 속도를 요구한다.
8) 혁신을 주도한다.

디지털 네이티브는 문자문화에서 그랬던 건처럼 인터넷상에서 수동적 수용자로 남아 있으려 하지 않는다. 그들은 인터넷에 접속하여 정보를 내려받는 것이 아니라 온라인 콘텐츠를 창조함으로써 인터넷을 자신의 입맛대로 바꾸어 놓는다. 예를 들어, 인터넷에서 제공하는 뉴스 기사에 자신들의 의견을 달고 여론을 생성함으로써 단순한 수용자가 아닌 콘텐츠 생산자로서의 역할을 한다. 그리고 텔레비전이 켜져 있을 때도 그들은 자신들의 부모 세대가 그랬던 것처럼 가만히 앉은 채로 텔레비전을 시청하지 않는다. 텔레비전은 인터넷이나 문자 메시지를 통해 정보를 확인하거나 친구들과 대화할 때 듣는 배경음악에 불과하다. 그들에게 휴대폰은 유용한 커뮤니케이션 수단 차원을 뛰어넘어 친구들과 연결하는 필수적인 수단이다.

디지털 네이티브는 정보 공유를 좋아하여 친구나 가족들과 항상 연결되어 있기를 바란다. 그래서 그들은 휴대폰이나 소셜 네트워크에 이르기까지 온갖 미디어를 동원하여 연결을 지속시킨다. 이러한 디지털 네이티브의 정보 공유의 특징은 단지 친구나 가족들에게만 국한하는 것이 아니라 인터넷상의 모든 사람에게까지 확대하였다.

디지털 네이티브는 구술문화의 음성, 문자문화의 문자, 영상문화의 이미지에 익숙하여 소통에 있어 다중의 감각을 자유롭게 이용한다. 그들에게 있어서 뉴미디어는 일상적 삶과 문화적 도구이고, 세계에 대한 인식의 틀로 작용한다.

Prensky(2001)는 디지털 네이티브의 특성을 몇 가지로 정리하였는데, 첫 번째 그들은 각종 정보를 실시간으로 주고받으며, 모든 행위를 함에 있어 병렬처리와 멀티테스크를 선호한다. 또한 문자 위주의 텍스트 정보보다는 그림, 영상, 소리 등의 복합적인 멀티정보를 좋아하며, 정보를 접근하는 데 있어 무작위적인 성향이 강하다. 또 삶 전체에 네트워크가 자리 잡고 있어 상호작용적인 평가에 즉각적으로 반응하고,

일과 놀이를 별개의 것이라고 생각하지 않아 하나의 놀이처럼 즐거워야 집중하는 것으로 나타났다.

4.3. 영상 세대로서의 디지털 네이티브

문자 세대가 책을 처음부터 끝까지 읽고 사실을 기술(記述)한다면, 영상 세대는 비선형적으로 정보를 탐색하고 선택하여 수용한다. 제공되는 정보를 순차적으로 받아들이는 것이 아니라 널려 있는 정보 중에서 원하는 정보를 선택하는 것이다. 비록 인간의 삶이 과거-현재-미래의 순환적이고 역사적인 시간 속에서 진행된다 하더라도, 영상 세대는 비가역적인 시간마저 거슬러 올라가는 데 개의치 않는다. 이는 영상 세대들이 시간의 흐름보다 공간의 탐색을 더 우선하는 것을 의미한다. 정보를 선택하고 경로를 만들어 가면서 다양한 공간을 창조해 가는 것이 영상 세대 사유방식의 특징인 것이다. 이러한 모습에서 영상 세대들은 방사형 네트워크를 형성한다고 말하기도 한다. 정리해보면, 영상 세대는 문자 세대가 '분명히 그것이 거기에 있다'는 사실성에 대한 추구를 중시여기는 것과 달리 '어쩌면 그것이 그럴 수도 있겠다'는 우연성을 강화시킨다. 그리고 이들은 논리와 이성, 합리보다는 인간의 직관과 감성, 상상을 자유롭게 분출하는 데 거리낌이 없다(이상민 2018, 46)

최혜실(2003)은 영상 세대가 시각에 편중되어 있는 것이 아니라, 시각, 청각, 촉각 등 신체의 모든 감각을 동원하며 직관적으로 사물을 인지하는 세대로 다음과 같이 문자 세대와 영상 세대의 차이를 구분하였다.

표 2. 문자 세대와 영상 세대의 차이

문자 세대	영상 세대
이성 중심	감성 중심
옳고 그름으로 판단	좋고 싫음의 선호로 판단
논리적 심사숙고	감각적 판단에 따른 행동
미래의 득실이 기준	당장의 好惡가 기준
동질 지향 가치관	이질 지향 가치관
<나도 남들처럼 살고 싶다>	<남들과 다르게 살고 싶다>
자기 절제	자기 표현
남이 창조한 가치에 동의	스스로 가치 창조
남에 대한 의식함	자기 자신에게 충실하려는 자기지향적
억제된 감성	해방된 감성
보고 듣고 구경하던 정적 문화	직접 참여의 즐거움을 추구하는 동적 문화
소유에 대한 욕구	사용가치의 중시

문자 세대는 저자가 정한 위계를 따라 첫 장부터 마지막 장까지 선형적인 텍스트를 읽고, 저자가 부재한 상태에서 그가 전달하고자 하는 바를 이성을 통해 파악하는 과정을 거친다. 저자의 의도를 파악해야 하기 때문에 타인 지향적인 특징을 갖는다. 과거 구술시대의 청각적 감각은 무뎌지고 오직 시각적인 감각만이 사용되었다.

이에 반해 영상은 아주 짧은 영상에 함축된 의미를 담을 수 있고, 영상과 함께 전달되는 음성은 구술문화에서처럼 정보 전달자의 의도를 정확하게 파악할 수 있는 톤이 존재한다. 또한 영상은 크기나 색채를 다양하게 표현함으로써 즉각적인 감각적 판단이 가능하다.

5. 디지털 네이티브의 소통 양상

대표적 뉴미디어 기기인 휴대폰의 소통 방식은 과거 구술 - 문자 - 영상의 변화를 따라 소통 양상의 순서를 반복하고 있다. 휴대폰이 맨 처음 등장했을 당시, 이 기기의 주된 기능은 음성 통화 기능이었다. 즉, 구술로 의사소통을 하기 위한 것이었다. 이후 젊은 세대를 중심으로 휴대폰 문자 기능이 활성화되면서 문자 텍스트 송수신이 많이 이루어졌다. 문자 시대의 시각 기능이 활성화된 것이다. 최근에는 영상 통화뿐 아니라 문자 송수신에서도 단순히 텍스트 전송에 그치는 것이 아니라 텍스트 대신 이모티콘을 사용하거나, 간단한 영상을 함께 전송한다. 이는 문자를 기반으로 하는 시각뿐 아니라 청각, 촉각 등의 다양한 감각의 활성화를 가져온다.

한편 앞선 표 2에서 보듯이, 텔레비전의 등장과 함께 영상의 이미지가 폭발적으로 증가하였다. 이에 따라 문자 시대의 이성 중심의 논리적 사고는 감성 중심의 감각적 판단이 중요한 시대로 전이되었다. 이는 디지털 네이티브의 소통에도 그대로 드러난다.

과거 정보 전달에 있어서도 긴 텍스트의 논리적 서술 구조 속에서 이성적인 소통이 있었다면, 오늘날 소통의 주된 방법은 영상을 통한 직접적인 전달 방식을 채택하며, 수용자의 여러 감각을 자극하여 시각에 집중되어 있던 것을 다양한 감각을 활성화 시킨다.

따라서 디지털 네이티브들에게는 기존 세대의 텍스트를 읽고 이해하는 리터러시 능력만큼이나 디지털을 이해하고 활용할 수 있는 디지털 리터러시 능력이 매우 중요하다. 미디어 리터러시 능력만으로 보면 기존 세대들은 디지털 네이티브에 비해 매우 뒤처져 있다. 카카오톡이 초창기에 등장했을 때, 노인 세대들이 이용에 매우 어려움을 겪었던 것을 예로 들 수 있다. 그러나 디지털 네이티브들에게도 디지털 리터러시에 대한 이해와 교육이 필요하다. 디지털 네이티브들의 미디어의 특성에 대한 올바른 인식을 하지 못한 결과로 야기되는 여러 문제는 아직까지 체계적인 미디어 리터러시 교육이 이루어지지 않은 현실에서는 당연한 것이다.

본 장에서는 디지털 네이티브의 의사소통의 소통 양상을 살펴볼 것이다. 특히 개별 미디어의 특징에 대한 올바르지 못한 인식으로 인해 생겨나는 문제점들도 살펴보고, 디지털 리터러시 교육의 필요성에 대해 논하고자 한다.

5.1. 카카오톡 : 말인가 글인가

디지털 네이티브라고 해서 모든 미디어를 올바르게 이해하고 미디어의 특징에 맞게 이용하는 것은 아니다. 디지털 네이티브들도 미디어의 특징을 잘 이해하지 못하여 많은 문제를 야기하기도 한다. 이와 관련한 대표적인 예는 바로 카카오톡으로 대표되는 SNS를 통한 의사소통 시 해당 미디어의 특징에 대한 이해 부족으로 발생하는 문제들이다. 최근 들어 SNS상의 부적절한 언행과 영상들이 사회적으로 문제를 일으키는 경우를 심심치 않게 발견할 수 있는데, 이는 SNS가 말과 글의 특징이 혼재되어 있는 미디어이지만 기성세대뿐 아니라 디지털 네이티브들도 이러한 미디어의 특징을 고려하지 않음으로써 문제가 발생하고 있다.

한편 디지털 네이티브에 해당하는 청소년들은 사이버상에서 이루어지는 폭력을 신체적으로 가해지는 물리적인 폭력과 다르게 심각하게 인지하지 못하는 경향이 있다. '청소년의 소셜미디어 이용실태' 조사 결과에 따르면 청소년 10명 중 3명이 소셜미디어를 통해 남에게 욕을 하거나 누군가를 놀린 적이 있다고 답하였다. 사이버 폭력은 대부분 아는 사이에서 행해지는데 가해 학생들의 대부분은 자신들의 행위를 폭력이 아닌 장난으로 치부하는 경향이 강하다(Kowalski et al. 2008; Li 2010; 이창호 외 2012).[4]

SNS상에서 이루어지는 소통은 말과 글의 일방적인 특징이 아니라, 말과 글의 특징 일부를 각각 내포하고 있다. 먼저 SNS에 나타나는 말의 특징을 살펴보면, 말의 소통에서 단점으로 여겨지는 발화자의 발화에 대한 수정 불가능성이 SNS상의 대화에서도 나타난다. SNS상의 대화는 글에서처럼 논리적인 구성을 갖추고 있는 것이 아니어서 말의 소통에서처럼 순간적인 실수 또는 비논리적 소통이 이루어지는데, 이와 같은 실수를 수정할 수 없다는 것이다. 그리고 대화에 참여하는 당사자들끼리 송신이 끝나는 동시에 수신이 이루어지는 즉각적인 송수신이 이루어지고, 심지어는 대화 도중 끼어들기의 양상도 나타난다. 이런 점은 말의 특징이라 할 수 있다.

한편 SNS에 소통에서는 다음과 같은 글의 특징도 나타난다. 발화와 동시에 바로 사라지는 말과 달리 글은 보존 가능성의 특징을 갖는다. SNS를 통해 전달된 텍스트는 송신과 수신이 즉각적으로 이루어지는 말의 특징 이외에 텍스트로 전달이 되기 때문에 그 내용이 그대로 보존된다. 글이 가지는 단점 중 하나는 수신자를 특정할 수 없다는 것인데, 이와 같은 특징이 SNS 소통에서도 발생한다. 물론 SNS 대화방에서는 제한된 인원들이 참여함으로써 수신자가 제한된다고 할 수 있으나, 특정 그룹 내에서 이루어지는 텍스트가 다른 사람들에게 쉽게 전달될 가능성이 있다는 것이다. 특히 인터넷을 통한 디지털 환경에서는 이전의 글에서 보여졌던 것보다 더 큰 파급효과를 보이는데, 클릭 한 번으로 엄청난 수의 불특정 다수에게 순식간에 전달되어 회복 불가

4) 배상률 (2014)『디지털 시대의 청소년 미디어교육 제도화 방안 연구』. 한국청소년정책연구원. p.24에서 재인용.

능한 경우가 발생할 수 있다.

오늘날 SNS상의 소통이 사회적으로 문제가 되는 가장 큰 이유는 SNS 소통의 특징을 제대로 인지하지 못한 결과로 나타난 것으로 볼 수 있다. 즉, SNS상에서 즉각적인 송수신이 이루어지는 것이 마치 말의 소통을 하는 것으로 오인하여 SNS상에 남아 있는 텍스트의 보존 가능성에 대해 인식하지 못하기 때문이다. 말의 소통에서는 폐쇄적인 구성원들 사이에서 휘발성을 지닌 내용이 글의 보존 가능성의 특징이 있음을 쉽게 인식하지 못하고 즉각적인 대화를 통해 숙고의 과정을 거치지 않음으로써 정제되지 않은 언행과 문제가 될 영상의 송수신이 이루어진다. 이처럼 SNS 소통의 특징에는 말과 글의 단점들을 내포하고 있지만 디지털 네이티브들은 이러한 특징에 대한 고려가 있지 않다.

5.2. 유튜브 컬처

디지털 네이티브는 과거 세대와 달리 수동적 수용자의 역할을 거부한다. 기성세대는 일반적으로 어떤 일을 처리할 때 일정한 순서에 맞추어 진행하지만 디지털 네이티브는 순차적으로 일을 진행하지 않는다. 그들은 TV를 볼 때 인터넷에 접속하여 정보를 찾거나 친구들과 전화 통화를 TV를 시청한다. 그리고 그들은 기성세대와 달리 TV를 최적의 매체로 인식하지 않고, 스마트폰이나 인터넷을 통해 자신이 원하는 콘텐츠를 스스로 선택하고 가공한다.

이러한 디지털 네이티브의 특징은 1인 미디어 문화를 만들어 냈다. 1인 미디어란 개인이 정보를 전달하는 매체로서 다양한 콘텐츠를 직접 생산하고 공유할 수 있는 새로운 형태의 커뮤니케이션 플랫폼으로, 유튜브가 대표적이다.

1인 미디어 등장은 미디어 기기의 발달과 인터넷 네트워크 환경의 개선으로 가능해졌고, 기술의 발달과 함께 빠르게 진화하고 있다. 2015년 선진국의 스마트폰 보급률이 평균 66%에 불과한 반면, 한국의 보급률은 20%p 높은 88%이었다(Pew Research Center, 2016). 국내 무선데이터 유통량(traffic)은 2012년 12월 5만 6천 테라바이트(TB)에서 2016년 11월 25만 5천 테라바이트로 4년 동안 약 4배 증가하였다(미래창조과학부, 2016). 방송통신위원회(2015)의 조사 결과에 의하면, 2015년부터 TV(44.1%)보다 스마트폰(46.4%)이 일상생활에서 더 필수적인 매체로 인식되었다. 특히 10대의 경우에는 TV(19.4%)보다 스마트폰(67.9%)을 더 필수적으로 인식하는 비율이 3.5배 높았으며, 20대의 경우에는 4.1배 (TV=17.1%, 스마트폰=69.5%) 더 높았다.(안대천 외, 2012)

이와 같은 환경의 변화로 어디에서나 방대한 정보의 접근이 용이해지고, 대중들 간에 의사소통과 상호작용이 활발해졌다. 그런데 여기서 눈 여결 볼 것은 전문가뿐 아니라 일반인들이 자신의 경험, 지식, 취미 등을 바탕으로 제작한 콘텐츠 생산이 활발하게 생산, 공유되기 시작한 것이다.

디지털 네이티브들은 유튜브를 통해 많은 정보를 공유할 뿐만 아니라 학습의 도구로도 사용한다. 온라인에서 정보를 찾거나 제공하는 사람들이 더 많아지면서 유튜브는 거대한 도서관처럼 진화했다. 디지털 세상에서 성장한 디지털 네이티브는 그림, 그래프, 아이콘과 같은 이미지를 읽는 방법을 배웠다. 그들은 부모 세대보다 더 시각적이다. 디지털 네이티브 대학생들을 대상으로 실시한 연구 결과는 그들이 문자 기반의 이미지보다는 시각적 이미지로부터 훨씬 더 많은 것을 배운다는 사실을 보여주고 있다.

유튜브의 비디오를 결정하는 가장 큰 힘은 시청자들의 호기심이다. 가장 가치 있는 순간들을 결정하는 것은 시청자의 필요인 것이다. 유튜브 비디오는 각자의 호기심이 합쳐졌을 때 얼마나 큰 힘을 발휘하는지를 보여준다. 우연하게 제작된 재미있는 콘텐츠들이 실시간 소통이 가능한 인터넷과 결합하여 새로운 의미를 갖게 되는데, 시청자들의 개성이 방송과 결합해 신개념의 콘텐츠를 제작하는 것이다.

그러나 여기에서 유튜브를 이용하는 디지털 네이티브들에게 문제가 발생한다. 유튜브에서 생산되는 검증되지 않은 정보와 심지어는 잘못된 정보들이 단지 흥미롭다는 이유만으로 많은 사람에게 전파되는 사례가 빈번하게 일어나고 있다. 유튜브에서 정보를 제공하는 사람들은 서적의 저자나 TV의 콘텐츠 제작자와 달리, 공인된 전문가가 아닌 경우들이 많다. 그러나 유튜브 이용자들은 이와 같은 구분을 하지 않고, 흥미 위주의 오락성이나 본인의 자의적인 판단에 따라 수용하는 경향이 있다. 특히, 청소년기에 있는 디지털 네이티브는 콘텐츠의 수용 여부가 주로 오락성에 좌우되는 경우가 있어서 폭력성과 선정성의 문제가 있는 콘텐츠에 쉽게 노출된다. 한편 유튜브 동영상을 제작하는 유튜버들은 이러한 디지털 네이티브의 선호를 이용하여 더 강도 높은 폭력성과 선정성을 가진 콘텐츠를 만드는 악순환을 이루고 있다.

문자언어가 시각에 편중된 소통 수단인 반면에, 유튜브는 시각뿐만 아니라 청각을 포함한 오감 전체의 참여를 필요로 하는 소통수단이다. 그리고 선형적인 지적 능력이 필요한 문자언어와 달리, 유튜브의 영상 언어는 비선형적이고 즉흥적이고 감각을 중시한다. 따라서 폭력성과 선정성이 강한 유해한 콘텐츠에 쉽게 이끌릴 가능성이 높다.

5.3. 미디어 리터러시

미디어의 변화는 해당 미디어에 따라 요구되는 능력의 변화로 이어진다. 현재의 뉴미디어는 과거 라디오, 텔레비전 등 소수의 매체에 머물렀던 것에 비해 인터넷, 휴대폰을 기반으로 한 다양한 미디어들이 등장하고 있고, 이에 따른 미디어 활용 능력과 관련한 미디어 리터러시(media literacy)가 중요하게 대두되고 있다.

미디어 리터러시는 인쇄 매체를 해독하는 능력이라는 의미의 리터러시(literacy)에서 파생된 용어로 "다양한 유형으로 메시지에 접근하고, 분석하고, 평가하고, 소통하는 능력(Aufderheide 1993)"을 말한다. 디지털 리터러시라는 용어는 새로운 매체의 등장과 학자에 따라 여러 가지 의미로 사용된다. 본래 디지털 시대의 미디어 리터러시는 디지털 텍스트를 읽고, 쓸 줄 아는 것을 의미한다(Hague & Williamson 2009) 예를 들어 소셜 네트워킹 사이트에 사진을 업로드하여 쓰는 능력을 갖추고, 하이퍼링크를 통해 웹사이트를 검색하고 정보를 찾음으로써 읽을 줄 알게 되는 것이다. 이런 의미에서 디지털 시대의 리터러시는 기능적 기술을 의미하지만, 이러한 기능적 기술들은 이용자가 미디어를 운영하고 커뮤니케이션 할 수 있는 능력도 의미한다. 그리고 이러한 능력은 디지털 시대의 미디어 리터러시는 어떻게 기술과 미디어가 세상에 영향을 미치는지를 인지하고, 다른 사람들과 커뮤니케이션하고, 지식을 얻고, 이해하는 것이며, 또한 이것이 어떻게 사회에 영향을 미치는지를 이해하는 것을 의미한다. Buckingham(2009)은 디지털 시대의 미디어 리터러시를 접근, 이해, 창의의 세 차원으로 확장하였다. 디지털 도구를 알고 활용할 수 있는 지식, 이를 평가하고 맥락화 할 수 있는 비판적 기술, 그리고 자신의 정체성을 이해하고 다른 참여자들과 협력, 소통할 수 있는 사회적 인식이 주요 요소로 제시되고 있다. 이 세 가지 요소는 의미를 생산하고 커뮤니케이션 하는 활동, 참여할 수 있는 능력을 모두 포함하는 것으로 미디어 리터러시 개념의 확장이라 할 수 있다(박주연 2013)

Jenkins(2006)는 미디어 이용자들이 적극적으로 미디어를 변형하고 공유하며 정보를 추구하는 현상을 '컨버전스(Convergence)'로 개념화하였다. 여기서 컨버전스는 하나의 기기 안에 여러 기능을 통합하는 기술적 과정이 아니라 이용자가 스스로 새로운 정보를 찾고, 흩어진 콘텐츠를 연결하는 문화적 전환을 의미한다. Jenkins는 이와 같은 컨버전스 향상을 위한 핵심 기술을 다음과 같이 분류하였다.[5)]

표 3. 미디어 리터러시의 핵심 기술

핵심 기술	내용
놀이(Play)	문제해결의 방법으로써 자신의 주변 환경을 이용해 실험할 수 있는 능력
시뮬레이션 (Simulation)	실제 현실 세계의 역동적인 모델을 해석하고 구성할 수 있는 능력
수행 (Performance)	새로운 발견과 즉흥적 적응을 위해 가상의 대안적 정체성을 적용해볼 수 있는 능력
전용 (Appropriation)	미디어 내용을 취사선택하여 의미 있는 방식으로 재조합할 수 있는 능력
멀티태스킹 (Multitasking)	주변 환경을 살펴보고 특정 목적 기반의 중요 세부사항에 집중하는 능력
분산된 인지 (Distributed Cognition)	정신능력을 확장시키는 도구로써 유의미하게 상호작용하는 능력
집단지성 (Collective intelligence)	공동의 목표를 이루기 위해 다른 사람들과 지식을 모으고 서로의 지식을 비교하는 능력
판단력(Judgement)	다른 정보 출처의 신뢰성과 진실을 평가하는 능력
범미디어 내비게이션 (Transmedia Navigation)	여러 모드를 통틀어 다양한 미디어의 이야기와 정보의 흐름을 파악하는 능력
네트워킹(Networking)	정보를 종합하고 다른 사람에게 퍼뜨리고 검색하는 능력
협상력 (Negotiation)	다양한 커뮤니티를 넘나들며 다양한 관점을 식별하고 존중하며 대안적인 규범들을 이해하고 따를 수 있는 능력

5) 박주연 (2013) 디지털 시대 청소년의 미디어 리터러시에 관한 탐색적 연구: Jenkins의 참여문화 향상을 위한 '리터러시 핵심능력' 분석을 중심으로. 『커뮤니케이션학 연구』, 21(1). p.79에서 재인용

위의 <표 3>에서 보듯이, 미디어 리터러시는 단순히 미디어를 어떻게 활용할 것인가의 문제에 그치는 것이 아니라 미디어를 어떻게 활용하여 효율적으로 사회적 커뮤니케이션을 수행할 것인가에 대한 능력을 말하는 것이다.

따라서 디지털 시대의 미디어 리터러시 교육은 크게 두 가지 방향에서 이루어질 필요가 있다. 먼저 다양한 정보를 읽고 그 내용을 선별할 수 있는 분별력에 대한 교육이 필요하다. 인터넷의 넘쳐나는 정보들 가운데, 어떤 정보가 유익하고 유의미한 것인지를 가려내는 능력이 우선 필요하다. 둘째로, 정보의 가치를 파악하고, 필요한 정보를 생산, 활용할 수 있는 능력을 길러주는 교육이 필요하다. 즉, 콘텐츠를 비판적으로 처리할 수 있는 능력과 기술을 통해 복잡하고 다양한 형태의 정보를 다각적으로 분석하고 활용할 수 있는 것을 의미한다.

앞 절에서 디지털 네이티브들의 소통에 문제점을 살펴보았는데, 그 원인은 미디어의 올바른 특성을 이해하지 못한 결과라고 볼 수 있다. 예를 들어, 전 세계적으로 많은 사람이 이용하는 페이스북은 이메일, 출신학교, 직장, 취미 등의 개인 정보가 그대로 외부에 공개되고 있기 때문에 이러한 개인 정보를 악용하는 사례가 발생하기도 한다. 그렇지만 개인의 사생활 노출의 위험성에도 불구하고 디지털 네이티브는 다른 사람과의 소통이 주는 즐거움이 더 크기 때문에 이에 대한 경계를 하지 않는다.

이와 같은 문제점을 해소하기 위해서는 디지털 미디어의 활용 방법에 대한 교육이 아니라 매체 환경의 변화에 맞추어 새로운 환경에 적합한 통합적인 미디어 리터러시 능력을 배양하여 궁극적으로 디지털 환경에 부합하는 디지털 네이티브를 만들어 내야 할 것이다.

6. 나오며

전통적인 의사소통은 말과 글을 통해 이루어졌다. 문자가 발명되기 이전 순수하게 말의 수단만이 존재했던 시기에는 상대방과의 대면을 통한 의사소통이 필수적인 조건이었다. 구술에 전적으로 의존했던 시기에 인간은 촉각, 미각, 후각 특히 시각과 청각을 사용하고 온갖 감각을 이용한 의사소통이 이루어졌다. 이처럼 구술문화에서 말을 통한 의사소통은 소통 당사자들이 시간과 공간을 동시에 공유해야 하는 상황 중심적인 특성을 지닌다. 문자의 발명으로 도래한 문자문화에서는 감각 중에서 시각에 편향된 사회로 논리성이 추구되는 이성이 발달했던 시기이고, 다른 사람들과의 직접적인 대화에 참여하지 않고 독자적으로 글을 읽음으로써 개인주의적 성향이 강화되었다고 보았다. 오늘날에는 기술의 발전과 네트워크 환경이 변하면서 디지털 뉴미디어 시대로, 디지털 기술을 이용하여 네트워크를 형성하고 정보의 공유와 의사소통이 이루어지고 있다.

오늘날의 청소년들은 태어날 때부터 컴퓨터와 인터넷을 비롯한 다양한 디지털 미디어 환경에서 성장하여 디지털 기기를 특정 언어의 원어민처럼 자유자재로 활용하는 세대로 분류하여 디지털 네이티브라고 부르며 기성세대와 구분 짓고 있다. 디지털 네이티브에게 디지털 기기는 본래부터 있었던 친숙한 것이지만, 특정 미디어의 사용에 있어서 미숙한 면을 노출시켰다. 이는 전통적인 말과 글의 특징이 뉴미디어에서는 복합적으로 작용하고 있음에도 이에 대한 충분한 이해 없이 미디어를 사용하는 데서 문제가 발생한다. 앞에서 살펴보았듯이, 디지털 네이티브들이 많이 이용하는 카카오톡이 말과 글이 혼재되어 있는 의사소통 수단임을 이해하지 못하고 문제점이 생겨난다고 볼 수 있다. 또한 유튜브와 관련해서는 엄청난 양의 정보 속에서 어떤 정보가 올바르고, 가치 있는 정보를 분별할 수 있는 능력이 없어서 조회 수 혹은 유튜버의 권위에 의존하여 정보를 선택하는 경향성이 있다는 것이다. 이외에도 개인정보 유출에 대한 인식이 부족한 것도 문제로 여겨진다.

디지털 네이티브는 디지털 기기를 원어민처럼 잘 다루는 세대이다. 그렇다고 이 세대가 미디어의 특징을 올바르게 이해하고 적절하게 의사소통의 수단으로 사용한다는 것은 아니다. 따라서 올바른 의사소통을 위해서는 디지털 미디어의 활용 방법을 익히는 것뿐만 아니라 각각의 매체 특징을 이해할 수 있는 통합적인 미디어 리터러시 능력을 배양하는 것이 필요하다.

참고문헌

김기림. 1950.『문장론신강』. 서울: 민중서관.

김주환. 2000. “월드와이드웹의 존재론.”『영상문화』 창간호: 110-135.

도정일. 1998. “영상시대의 문학의 힘과 가능성.”『현대문학』 517: 50-64.

박주연. 2013. “디지털 시대 청소년의 미디어 리터러시에 관한 탐색적 연구: Jenkins의 참여문화 향상을 위한 ‘리터러시 핵심능력’ 분석을 중심으로.”『커뮤니케이션학 연구』 21 (1): 69-87.

배상률. 2014.『디지털 시대의 청소년 미디어교육 제도화 방안 연구』. 한국청소년정책연구원.

안대천·김상훈. 2012. “SNS유형별 광고속성 평가 및 태도에 관한 연구: 블로그, 트위터, 페이스북, 유튜브의 비교.”『광고학연구』 23 (3): 53-84.

옹, 월터 J. 1995.『구술문화와 문자문화』. 이기우·박명진 옮김. 서울: 문예출판사.

윤태진·박현구·박 경우. 2004.『구술문화, 영상문화의 진화와 상호작용』. 정보통신정책연구원.

이상민. 2018. “영상문화시대, 하이퍼리얼의 세계 구축과 공감적 상상력: 드라마와 웹툰 작품을 중심으로.”『한국문화융합학회』 40 (5): 43-64.

이수현·김정연. 2018. “소셜 미디어로 본 디지털 콘텐츠의 영향.”『한국전자거래학회지』 23 (4): 127-136.

이미순. 2006. “김기림의『문장론신강』에 대한 수사학적 연구.”『한국현대문학연구』 20: 435-465.

이창호. 2012. 『청소년의 SNS 이용실태 및 전망: NYPI 기획세미나 청소년과 SNS 소통』. 한국청소년정책연구원.

이창호·성윤숙·정낙원. 2012. 『청소년의 소셜미디어 이용실태 연구』. 한국청소년정책연구원.

이하림·유홍식. 2017. "국내 유튜브 1인 창작자 콘텐츠의 내용적 유해성에 대한 분석 연구." 『한국소통학보』 16 (1): 119-152.

주창윤. 2003. 『영상 이미지의 구조』. 파주: 나남.

최혜실. 2003. "디지털 시대의 영상 문화." 『한국의류학회 학술대회 논문집』, 9-19.

플라톤. 2005. 『국가』. 박종현 옮김. 서울: 서광사.

Aufderheide, P. 1993. "Media Literacy: From a Report of the National Leadership Conference on Media Literacy." In *Media Literacy in the Information Age: Current Perspectives* (Vol. 6), edited by R. Kubey. New Brunswick: Transaction Publishers.

Buckingham, D. 2009. "Beyond Technology: Re-Thinking Learning in the Age of Digital Culture." In *Youth, Media, Democracy: Perceptions of New Literacies*, edited by J. Pettersen, 36-42. Dublin: Dublin Institute of Technology.

Flew, T. 2002. *New Media: An Introduction*. Oxford University Press.

Goody, J. 1987. *The Interface Between the Written and the Oral*. Cambridge, UK: Cambridge University Press.

Hague, C., and B. Williamson. 2009. *Digital Participation, Digital Literacy, and School Subjects: A Review of the Policies, Literature and Evidence*. Futurelab August.

Jenkins, H. 2006. *Confronting the Challenges of Participatory Culture: Media* Education for the 21st Century. MacArthur

Foundation.

Kowalski, R. M., S. P. Limber, and P. W. Agatston. 2008. *Cyberbullying: Bullying in the Digital Age*. Malden, MA: Blackwell.

Li, Q. 2010. "Cyberbullying in High Schools: A Study of Students' Behaviors and Beliefs about This New Phenomenon." *Journal of Aggression, Maltreatment & Trauma* 19: 372-392.

Prensky, M. 2001a. "Digital Natives, Digital Immigrants, Part 1." *On the Horizon* 9 (5): 1-6.

Prensky, M. 2001b. "Digital Natives, Digital Immigrants, Part 2: Do They Really Think Differently?" *On the Horizon* 9 (6): 1-6.

Stamps, J. 1995. *Unthinking Modernity: Innis, McLuhan, and the Frakfrut School*. Montreal: McGill-Queen's Univ. Press.

제7장

'호모 탕진재머'의 놀이성

제7장 '호모 탕진재머'의 놀이성

엄소연

1. 들머리

디지털 정보화 시대의 매체적 환경 속에서 인간은 호모 텔레포니쿠스(Homo Telephonicus),[1] 호모 디지쿠스(Homo Digcus),[2] 호모 모빌리언스(Homo Mobilians),[3] 호모 비르투엔스(Homo Virtuens),[4] 호모 비르투엔스 루덴스(Homo Virtuens Ludens),[5] 호모 나이트쿠

---

1) 휴대전화가 없으면 불안을 느낄 정도로 항상 휴대전화를 지니고 다녀야 하는 현대인의 모습을 전화에 빗대어 표현한 용어이다. 네이버.오픈사전.오픈국어. URL=<https://ko.dict.naver.com/#/userEntry/koko/6f01234c337fad10b78e2f9ca4017780>.

2) 윤종록, 『호모디지쿠스로 진화하라』, 생각의 나무, 2010. 디지털 시대의 신인류를 뜻한다.

3) 이민화, 『호모 모빌리언스(Homo Mobilians)』, 북콘서트, 2012. 과거와는 매우 다른 초강력 네트워크로 새롭게 부상한 모바일 네트워크 시대를 주도하는 신인류이다.

4) 엔티엔 바랄/송지수, 『오타쿠 가상 세계의 아이들』, 문학과 지성사, 2002. 오타쿠를 인간 진화의 다음 단계인 '호모 비르투엔스(가상 인간)'라고 명한다.

5) 최혜실, 『가상 놀이 인간의 탄생』, 경희대학교 출판국, 2005.

스(Homo Nightcus)[6] 등 다양한 양태의 신인류로 변모하고 있다. 특히 디지털 세대인 밀레니얼 세대와 z세대[7]는 디지털 환경에 밀착하여 자신의 생각, 경험, 욕망 등을 유감없이 표현하는 동시에 소셜 미디어(social media)를 통해 소통하며 즐긴다.

하지만 디지털 세대가 처한 현실은 이른바 3불(불신·불안·불황) 시대로 호모 솔리타리우스(Homo Solitarius),[8] 9포 세대로서의 삶이 놓여 있다. 그래서 이들은 불확실한 미래와 불분명한 희망 대신에 현재의 확실한 심리적 만족, 행복, 재미를 중시할 수밖에 없다. 'YOLO(You Only Live Once, 한 번뿐인 인생)',[9] '소확행(小確幸, 작지만 확실한 행복)'[10]은 디지털 세대에게 지금 나의 즐거움과 사소한 일

---

6) 해가 진 후에 활동하는 사람. 자기 계발, 여가 활동, 경제 활동 따위를 밤에 하는 현대인을 이른다. 네이버. 오픈사전. 오픈국어. URL=<https://ko.dict.naver.com/#/entry/koko/def268b9241046b7b2e3778a5ab7031c>.

7) 인구통계학적 분류로는 대체로 1980년~1990년대 중반까지 태어난 이들을 밀레니얼 세대라 부르고, 1990년대 후반과 2000년대 초에 태어난 세대를 z 세대라고 한다…두 세대는 모바일과 SNS 등 정보 기술에 능통하다는 공통점이 있지만, 한편으로 전혀 다른 행동 특성을 보이기도 한다…z 세대는 '디지털 네이티브 혹은 모바일 네이티브'라 불릴 정도로 모바일과 함께 성장했기 때문에 SNS를 이용한 소통, 공감이 익숙하고 사회 이슈에 적극적으로 대응한다. "소셜데이터가 말해주는 z 세대", <DBR> 269호(2019년 3월 Issue 2). URL=<http://dbr.donga.com/article/view/1101/article_no/9064>.

8) 외로운 인간이란 뜻으로, 취업난 때문에 혼자서 모든 것을 하는 20대 청춘들을 이르는 말이다. 혼밥족과 아싸족이 전형적인 사례라 할 수 있다. 김환표 엮음, 『트렌드 지식 사전 5』, 인물과 사상사, 2015.

9) 현재를 즐기며 사는 태도를 일컫는 신조어다. 한 번뿐인 인생에서 기회를 놓치지 말고 현재를 즐기며 살아야 한다는 의미가 있다…현재를 중시하는 20·30 세대의 가치관이 욜로 문화로 나타났다고 보는 시각도 있다. 다음. 다음백과. URL=<http://100.daum.net/encyclopedia/view/47XXXXXd1340>. 이와 관련한 내용은 김난도 외 7인, 『트렌드코리아 2018』, 미래의 창, 2018(2017), 105-116 참조.

10) 무라카미 하루키/김난주, 「소확행」, 『랑겔한스 섬의 오후』, 백암, 1994, 49-50. '소확행'과 관련한 내용은 김난도 외 7인, 같은 책, 247-268 참조.

상이 의미 있음을 시사하며 소비문화에까지 파급된다.

이러한 배경에서 최근 등장한 신인류가 '호모 탕진재머',[11] 즉 ''탕진잼(소소하게 낭비하며 느끼는 재미)'[12]하는 인간'이다. 큰돈으로 '큰 사치'를 하지 못하는 디지털 세대가, 수중의 작은 돈을 탕진하는 '작은 사치'의 재미로 순간의 행복과 만족을 얻는 것이다. 이들은 소비조차 일이 아닌 재미를 위한 놀이로 즐긴다.[13] '탕진잼'은, 그러므로, 현재 나의 즐거움과 행복을 위한 '탕진 놀이'이자 '소비 놀이'라 할 수 있다.

이와 같은 맥락에 따라 본고는 '호모 탕진재머'의 놀이성에 주목하고 다음과 같이 논구해 보려한다, 먼저 2장에서는 '호모 탕진재머'의 '탕진잼'을 언어적·매체적·소비적 측면으로 살펴보고, 3장은 놀이의 경향·규칙·평가로 구분해 놀이성을 상세화할 것이다. 그 결과를 바탕으로 4장에서는 '호모 탕진재머'의 놀이성이 갖는 의미와 가치를 밝혀 보고자 한다.

---

11) 이 용어를 처음 사용한 곳은 광고회사 '이노션 월드와일드'의 보고서, <대한민국 신인류의 출현: #호모_탕진재머>이다. "소소한 낭비로 행복 찾기...' 탕진잼' 소비트렌드 확산", <한국일보>(2017.3.8), URL=<https://news.naver.com/main/read.nhn?mode=LSD&mid=sec&oid=469&aid=0000191624&sidl=001>.

12) 한국문화산업에 있어 탕진과 재미의 중요성을 지적한 최혜실은 2002년 월드컵이 "놀이 공간과 생활공간, 노는 것과 일하는 것, 노는 것과 배우는 것, 노는 것과 돈 버는 것의 구분이 모호해져 버린 이 시대의 현상을 단적으로 보여주는 예(例)"라며 "허리띠를 졸라매지 말고 탕진해야 한다. 낭비해야 한다. 여가시간을 희생해가며 먼지 낀 공장에서 기계를 돌리기 이전에 어떻게 하면 재미있게 인생을 즐길 수 있을까 궁리해야 한다. 나의 즐거움은 돈으로 따질 수 없이 소중하다."고 보았다. 최혜실, 앞의 책, 15-16 참조.

13) 이성 위주의 신념에 대응하여 재미는 행위 자체를 즐기는 놀이라는 개념을 내세웠다. 마이클 폴리/김잔디, 『본격재미탐구』, 지식의 날개, 2018, 19.

2. '호모 탕진재머'의 '탕진잼'

2.1. 언어적 측면

소셜 미디어에는 '재미가 있다'를 '잼'으로 축약한 여러 조어(造語)의 신어(新語, neologism)를 찾아볼 수 있다. 예를 들면, '꿀잼'의 '꿀'은 재미를 강조해 '매우 재미있다'를 뜻하는데, '허니잼'은 '꿀'을 영어 '허니(honey)'로 바꿔 강조한 표현이다. 또한, '꿀잼' 앞에 '개(정도가 심한, 정말, 완전)'를 붙인 '개꿀잼'은 '완전 재미있다'를 뜻하며 '핵(핵폭탄처럼 매우 강력)'을 붙인 '핵꿀잼'은 '개꿀잼' 보다 더 강한 재미를 의미한다. 사용의 빈도는 떨어지지만, '대(大)'와 '유(有)'와 '재미'를 더한 '대유잼' 역시 '엄청나게 재미있다'는 뜻이다.

반면에, '재미가 없다'는 영어 '노(no)'와 '잼'이 결합한 '노잼'이며 여기에 접두사 '개'를 붙인 '개노잼'은 '어떠한 일이나 말장난 등이 심하게 재미가 없다'는 뜻이다. 아울러 '꿀노잼'은 '재미없지만 볼만하다'라는 뜻으로, 재미를 강조하는 '꿀잼'과 재미를 부정하는 '노잼'이 혼성된 '모순형용(oxymoron)'을 나타낸다. 한편 '소확행'(소소하지만 확실한 행복)과 재미의 축약어 '잼'이 합성된 '소확잼'은 '소소하지만 확실한 재미'를 뜻하고, 이와 관련한 '탕진잼'은 '탕진'(재물·시간·힘·정열 등을 헛되이 다 써버리다)과 '잼'이 더해져 '소소하게 낭비하는 재미'를 비유적으로 이르는 말이다.

이와 같이, 재미를 '잼'으로 축약해 '꿀', '개', 영어, 소확행, 탕진 등 서로 무관한 어휘들과 합성하는 양상은, 소셜 미디어에서 양산되고 있는 '신어'가 일종의 놀이처럼 창의적이고 재미있게 만들어지는 것과 무관하지 않다. '호모 탕진재머'가 사용하는 재미관련어들은 쾨슬러(Arthur Koestler)가 말한 '이종(異種)연합(bisociation)'의 창의적인

과정이며 '이질적인(대립적인/비양립적인) 두 의미영역이 서로 겹쳐있는 것'으로 볼 수 있다.[14)]

2.2. 매체적 측면

'탕진잼'이 디지털 매체에 처음 등장한 것은 현이씨의 웹툰으로 알려져 있다.[15)] 작가의 제주도 여행 마지막 이야기를 다룬 <즐거우리 우리네 인생> 제78화('여행을 가자 4', 2014.10.21)에서 작가는 과도한 업무가 반복되는 일상에서 벗어나고자 갑자기 제주도 여행을 결심하고 떠난다. 그곳에서 마닥뜨린 궂은 날씨와 부족한 여비 등으로 고생을 겪지만, 여행 후에는 다시 돈을 모아 떠나겠다고 다짐하며 "돈을 쓰고 돌아다니는 건 신나고 재밌는 것 같아!! 탕진잼!"이라 외친다. '탕진잼'의 확산은 주로 SNS상 짤방문화를 통해 이루어졌다. 즉, 웹툰 이야기의 맥락은 상대적으로 약화되고, 탕진잼이 등장하는 웹툰 마지막 컷

---

14) 강병창, 『언어와 유머』, HUiNE, 2016, 116-118 참조. 강병창은 은유와 유머 관련 논의를 다음의 3가지로 정리했다. 첫째, 비유와 유머는 서로 관련이 없고 양립할 수 없는 것으로 보이던 두 차원이 한데 다시 만난다는 면에서 공통점이 있다. 아서 쾨슬러의 용어로 말하자면, 은유와 유머는 '이종(異種)연합(bisociation)'의 창의적인 과정이 된다. 쾨슬러는 창의성의 본질은 의식 속에서 이전에 서로 관련이 없었던 두 관념(준거 틀, frame of reference)이 한 지평에서 새롭게 통합되는 것으로 보았다. 일반적으로 '연합(association)'이 양자 사이에 서로 비슷한 성질이 이미 확보되어 있는 것을 전제하는 반면에, '이종연합'은 전혀 연관성이 없어 보이던 두 차원이 한데 만나는 것을 말한다. 둘째, 은유와 유머에서는 이질적인(대립적인/비양립적인) 두 의미영역이 서로 겹쳐 있게 되는데, 원래의 표면상 의미영역은 무효화되면서도 동시에 보존됨으로써 두 의미영역 사이에 긴장 관계가 유지된다. 셋째, 은유적 언어표현들 가운데는 웃기는(유머러스한/익살스러운/재치 있는) 것들도 있지만, 그렇지 않은 것들이 더 많다.

15) 강보라, "즐겨 탕진잼!", 『한겨레 21』 제1143호(2016.12.28). URL=<http://h21.hani.co.kr/arti/ culture/culture_general/42883.html>.

[그림 1]만 선택적으로 차용·강조된 이미지가 해시태그 등을 통해 확대 재생산돼 왔다는 것이다.[16]

그림 1. 제78화 '여행을 가자4'의 마지막 컷
(출처: 2019년 3월 KTOON 직접 구독)

같은 해 tvN에서 상영된 드라마 <도깨비> 4화(김은숙 극본, 2016.12.10 방영)에서는 만취한 주인공(공유)이 편의점에서 지은탁(김고은)에게 "내가 여기서부터 저~기까지 다 사줄 수 있어. 일시불로"라며 호기롭게 재력을 과시하는 장면이 나온다. 그런데 주인공이 가리키는 것은 고가의 품목들이 아니라 칫솔 등 소소한 일상용품들로 '탕진잼'의 대상이다. 주인공이 지은탁과 '탕진잼'을 즐기는 장면으로 볼 수 있다.

---

16) 강보라, 같은 글. 강보라는 이전에 유행했던 '지름신(사고 싶은 게 있으면 앞뒤 가리지 않고 바로 사 버리는 사람이 믿는 가상의 신)'이 몇몇 만화를 패러디한 장면(가장 많이 알려진 건 <공포의 외인구단> 여주인공이 놀라는 장면에 "어머! 저건 사야 해!"라는 대사를 덧입혀 패러디한 컷)을 통해 널리 퍼져나간 것과 유사하고, 웹툰의 '탕진잼' 컷이 '어머 저건 사야 해!'의 새로운 버전이라 보고 있다.

그림 2. <도깨비> 제4화의 한 장면(부분)
(출처: <도깨비> 공식홈페이지)

음악매체 역시 '탕진잼'을 직접 다뤘는데, 방탄소년단이 2017년 발표한 <고민보다 GO>에서이다. 방탄소년단의 한 멤버는 사회적 이슈를 자신들의 시선으로 해석하려 했고, 젊은 세대들이 '탕진잼', '욜로'를 왜 쓰는지 생각하면서 들어달라고 했다.[17] 가사의 내용은 다음과 같다.

DOLLAR DOLLAR 하루아침에 전부 탕진
달려 달려 내가 벌어 내가 사치
(중략)
돈은 없지만 떠나고 싶어 멀리로
난 돈은 없지만 서로 풀고 싶어 피로
(중략)
티끌 모아 티끌 탕진잼 다 지불해

17) 미래의 창, "'YOLO YOLO YOLO YO~' 방탄소년단의 '탕진잼' 들어보셨나요?"(2017.12.1) URL=<http://blog.naver.com/PostView.nhn?blogId=miraebookjoa&logNo=221153179905>.

내버려둬 과소비 해버려도

내일 아침 내가 미친놈처럼 내 적금을 깨버려도

WOO 내일은 없어 내 미랜 벌써 저당 잡혔어

WOO 내 돈을 더 써 친구들 wussup

Do you want some DOLLAR DOLLAR

하루아침에 전부 탕진 달려 달려

(중략)

YOLO YOLO YO 탕진잼 탕진잼 탕진잼

(중략)

내 일주일 월화수목 금금금금

내 통장은 yah 밑 빠진 독이야

난 매일같이 물 붓는 중 차라리 걍 깨버려

걱정만 하기엔 우린 꽤 젊어

오늘만은 고민보단 Go해버려

쫄면서 아끼다간 똥이 돼버려 문대버려

DOLLAR DOLLAR 하루아침에 전부 탕진

달려 달려 man i spend it like some party

DOLLAR DOLLAR 쥐구멍 볕들 때까지

해가 뜰 때까지 YOLO YOLO YOLO YO

YOLO YOLO YO 탕진잼 탕진잼 탕진잼

(중략)

고민보다 Go Go

Everybody

(중략)

<고민보다 GO>는 젊은 세대들이 겪는 미래에 대한 불안감과 희망의 부재, 현실의 걱정과 고민에 매몰되지 말고, 비록 '텅장(텅텅 빈 통장을 표현하는 신조어)'이 되는 사치, 과소비일지라도 '탕진잼'을 즐기며 욜로라이프를 추구하자 말하고 있다.

TV, 대중음악 등 다양한 매체를 통해 표현된 '탕진잼'은 로제 카이와(Roger Cailois)가 말한 "가난한 자가 특권계층을 따라잡기까지는 여러 세대가 걸리기도 한다."를 떠올리게 한다. 카이와는 이러한 막막한 현실 속에서 사람들이 '대리만족(delegation)'을 통해 위안을 찾는다고 본다. 예컨대, 고난을 딛고 정상에 오른 연예인이나 스포츠 스타에 대해 팬들은 그들의 삶을 마치 자기 것인 양 받아들이고 사랑하게 되는데, 카이와는 '대리만족'을 '미미크리(mimicry: 흉내: 승패가 없는 놀이)의 타락한 형태'라고 부른다.[18] 이에 따라, '호모 탕진재머'는 '탕진잼'의 여파로 발생하는 심적 후회나 경제적 손실 등을 희석시키고 탈일상의 놀이로 즐긴다고 할 수 있다.

2.3. 소비적 측면

'호모 탕진재머'가 추구하는 욜로라이프의 '탕진잼'은 지금 나의 만족과 행복을 위해 '소소하게 낭비하는 재미'를 말한다. 사실 '소소한 낭비'의 기준은 상대적이다. 기존의 자본주의 경제 관념에서 보자면, 소소하더라도 헛되고 헤픈 소비는 적절하지 못한 행위로 여겨져 왔다. 하지만, 지금 나의 만족과 행복을 중시하는 '탕진잼'의 소비 주체의 인식과 목적은 과거와 다르다. [그림 3][19]처럼 '탕진잼'은 인형 뽑기나 <

18) 로제 카이와/이상률, 『놀이와 인간-가면과 현기증』, 문예출판사, 1994 참조.
19) 출처: 이남희, "[FASHION#] 新소비 트렌드 #탕진잼을 아십니까?", <FASHION SEOUL>, (재)한국패션유통정보연구원(2017.7.25), URL=<https://www.

다이소>에서 가성비(가격대비 성능비) 좋은 물품을 구입하거나 나를 위한 선물과 여행이 주를 이루며 그 '체험'의 공유까지를 포함한다.

'탕진잼'의 소비를 결정하는 기준은 가성비 외에 여기서 파생된 가심비(가격대비 마음의 만족도),[20] 가용비(가격대비 용량의 비율), 가행비(가격대비 행복감), 가잼비(가격대비 재미) 등 주로 심리적 만족감이나 즐거움과 관련된다. 특히, 일상의 스트레스 강도가 심할 경우 보다 과격한 '탕진잼'인 '시발비용'[21]을 쓰게 된다. "이 단어를 처음 쓴 '오월암'이라는 트위터 유저에 따르면 시발비용이란 '스트레스를 받지 않았다면 쓰지 않았을 비용, 예를 들어 스트레스 받고 홧김에 치킨 시키기, 평소라면 대중교통을 이용했을 텐데 짜증이 나서 택시 타기' 등이다."[22] '시발비용'을 통해 당장의 스트레스를 날리는 '쾌감의 재미'에 몰두하는 것이다.

---

fashionseoul.com/147988>.

20) 2016년에 가성비가 트렌드였다면, 2017년에는 'B⁺ 프리미엄'이 화두였고, 2018년에는 가심비로 진화했다. 심리적 만족을 가격으로 나눈 가심비는 '플라시보(Placebo) 소비'라 할 수 있다. 김난도 외 7인, 앞의 책, 271-273 참조.

21) 비속어인 '시발'과 '비용'을 합친 단어로 '스트레스를 받지 않았으면 발생하지 않았을 비용'을 뜻하는 신조어이다. pmg 지식엔진연구소, 『시사상식사전』, 박문각, 2017, URL=<https://terms.naver.com/entry.nhn?docId=4294478&cid=43667&categoryId=43667>.

22) 아트만(텍스트씽크), "탕진잼과 시발비용의 시대 YOLO LIFE", 『매일경제 Citylife』 제578호 (2017.5.16), URL=<https://news.v.daum.net/v/20170511100405330>. "평소에 참고 살았던 쇼핑이나 하자, 친구들을 해방촌으로 불러내 하소연 파티나 하자, 분위기 쩌는 레스토랑에 혼자 들어가 시가 8만원 짜리 스테이크에 와인 한 잔 마시고 모범(택시) 타고 집에 가자" 등으로 나타난다고 한다.

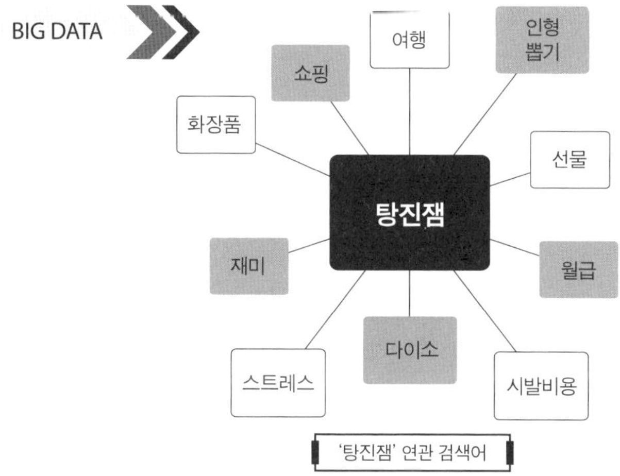

그림 3. 탕진잼 관련 빅 데이터

심리적 만족, 재미와 그 '체험'의 소통을 지향하는 '호모 탕진재머'의 소비행태는 더글러스 홀트(Douglas B. Holt)가 제시한 소비의 4가지 유형으로 설명 가능하다. 홀트는 소비를 행위 목적에 따라 자기 목적적 행위(autotelic action)와 도구적 행위로 구분하고, 행위 구조에 따라 대상 지향적 행위와 대인간 행위로 구분한다. 이 2가지 축에 따라, 체험으로서 소비, 놀이로서 소비(타인과의 관계를 위한 소비행위), 통합으로서 소비(자신을 드러내는 수단으로서의 소비행위), 분류로서 소비로 유형화한 것이다.[23] 홀트의 소비 유형화의 관점에서 말하자면, '호모탕진재머'는 소비행위를 통해 느끼는 감정, 만족감, 행복을 위해 소비(체험으로서 소비)하며 타인과의 관계, 공유, 소통을 위해 소비(놀이로서 소비)한다. 또한, 현실의 불만을 스스로 보상하는 자신을 드러내는 수단으로 소비(통합으로서 소비)한다고 볼 수 있다.

---

23) D. B. Holt(1995), How consumers consume: A typology of consumption practices, *Journal of Consumer Research*, 22(June), 1-22.

소비의 즐김으로 자기 존재를 표현하고 자기 가치를 확인(self-affirmation)한다는 점에서 '호모 탕진재머'는 "소비적 인간(Homo Consumus)"이기도 하다. 윤태일은 물질, 속물의 세속적 영역이었던 소비가 '성화 과정'[세속적인 것의 성화(sacralization of the secular)]을 거치게 된 것은 소비를 체험으로 이해하면서부터라고 본다.[24] 그는 신명을 일종의 소비 체험으로 개념화하고, 신명 나는 소비 체험의 속성과 브랜드 관련성을 4가지로 정리했다. 첫째, 신명 나는 소비 체험은 자아실현적 소비다. 둘째, 신명 나는 소비 체험은 유희적 소비다. 셋째, 신명 나는 소비 체험은 집단적 혹은 대인적 소비(interpersonal consumption)다. 여가 소비 체험의 중요한 동기 중 하나는 사회적 교류이며 이런 성격이 가장 분명하게 드러나는 영역은 이른바 브랜드 공동체(brand community)다. 이것은 촌락에 기초한 과거의 지역적 혈연 공동체와 달리 동일한 브랜드의 소비자를 중심으로 결성되며, 여기에 소속되어 소비를 통해 자신의 정체성을 확인하고 동질감을 부여해 강한 유대감을 느끼게 된다.[25] 넷째, 신명 나는 소비 체험은 제의적 소비다. 소비의 문화적 의미가 상품으로부터 소비자 개인에게 옮겨가는 과정이 제의를 통해 이루어진다는 것이다.

24) 윤태일, 「성(聖)과 속(俗), 혹은 신명과 소비 체험」, 『인문학 연구』 17집, 2011, 51-81.

25) 네이버 카페의 '다이소털이범'을 예로 들 수 있다.

3. '호모 탕진재머'의 놀이성

3.1. 놀이 경향

재미를 추구하는 '호모 탕진재머'의 체험적 소비행위는 이들이 '탕진잼'을 하나의 놀이로 즐기고 있음을 시사한다. 모리스 홀브룩(Morris Holbrook)과 엘리자베스 허슈만(Elizabeth Hirschman)은 놀이를 일종의 소비 체험으로 개념화하면서 소비 체험의 유희적 측면에 주목할 것을 제안했다. 특히, 기능적 효용성 때문이 아니라 즐거움과 재미, 환상이 주목적인 소비를 쾌락적 소비(hedonic consumption)로 범주화했다.[26] 1938년 '놀이하는 인간', '호모 루덴스(Homo Ludens)'의 개념을 제시했던 요한 하위징아(Johan Huizinga)에 따르면, "자연은 우리에게 긴장과 쾌락과 재미를 함께한 놀이를 우리에게 주었다."[27] 즉, 재미라는 요소가 놀이의 본질을 규정한다는 것이다.

그러므로, '호모 탕진재머'의 소비체험이 나타내는 동향을 그들의 놀이 경향으로 치환해 논의해 볼 수 있다. 예컨대, '호모 탕진재머'에 대한 3가지 소비트렌드(가성비파, 득템파, 기분파)[28]는 곧 3가지 놀이 경향이 될 것이다. 먼저 '가성비파'는 스트레스를 받거나 다소 경제적 여유가 생겼을 때, 특정 매장(<올리브영>, <다이소> 등)을 방문해 탕

---

26) M. B. Holbrook & E. C. Hirschman(1982), The experiential aspects of consumption: Consumer fantasies, feelings, and fun. Journal of Consumer Research, 9(2), 132-140.

27) J. 호이징하/김윤수, 『호모 루덴스』, 까치, 1998, 12.

28) 각주 11. '이노션 월드와일드' 내 빅데이터 분석 전담 조직인 디지털 커맨드 센터(digital command center)가 1년 간 주요 포털사이트, 블로그, 카페, 커뮤니티 등에서 수집한 '탕진잼'과 관련된 약 6만 건의 소셜 데이터를 분석한 결과다.

진하며 즐거움과 위로를 받으려 한다. 적은 비용으로 가성비 좋은 품목들(가성비템)의 구입이 가능하기에 가책 없는 '알뜰한 낭비'를 할 수 있다. 따라서 '가성비파'는 특정 매장을 자주 방문해 반복적으로 '가성비템'을 다량 구매하며 만족감이 큰 경향을 나타낸다.

'득템파'의 경우에는 나만의 가치를 부여한 '취향저격(취저)' '애정템(좋아하는 특정 제품)'[29]을 수집·소장하는 '덕후'로, 정보 탐색에 적극적이며 공동구매·해외직구 등 번거로운 구매 과정도 기꺼이 감수한다. 이를 통해, '득템파'는 행복을 느끼는 경향이 크다.

'기분파'는 우연히 가볍게 탕진하는 경향이 강하다. 예컨대, 지나가다 우연히 발견한 동전노래방이나 인형뽑기방에서 재밌고 즐거운 시간을 보내며 탕진하는 것이다. 이들이 '가성비파'나 '득템파'와 다른 점은 제품 자체 보다 행위를 통해 얻는 성취, 쾌감, 재미 등 긍정적 기분을 구매하는데 있다. 또한, '기분파'는 자신의 행위뿐 아니라 타인의 행위를 통해서도 즐거움을 간접 경험한다. 단, 충동적 소비인 만큼 후회, 반성, 죄책감 등 부정적 경향도 보인다.

표 1. '호모 탕진재머'의 놀이 경향

놀이 경향	가성비파	득템파	기분파
원인	즐거움/위로 (반복적)	수집·소장 (지속적)	우연성/충동 (일시적)
과정	- 특정매장 방문 - '가성비템' 다량구매	- '애정템' 정보탐색 - 적극적 구입	- 특정업장 방문 - 물건보다 기분 구매
결과	- 높은 만족감	- 조건부 행복	- 직·간접 즐거움 - 후회/반성 수반

이렇듯 '가성비파'는 '가성비템'의 탕진 놀이로, '득템파'는 '애정템

29) 대표적인 '애정템'은 피규어로 조사됐으며. 문구류, 스티커, 만화, 액세서리, 신발, 딸기 등이 뒤를 이었다.

(좋아하는 특정 제품)'을 수집·소장하기 위한 탕신 놀이로, 또한 '기분파'는 일시적 기분에 따른 충동적 탕진 놀이라고 할 수 있다. '호모 탕진재머'의 놀이 경향을 놀이의 원인-과정-결과로 정리한 것이 [표 1]이다.

3.2. 놀이 규칙

3.2.1. 기본형

하위징아는 수많은 초기 의식(儀式)이 진지한 면도 있지만 한편으로는 일정한 규칙을 따르는 일종의 놀이이며, 의식에는 "믿음과 불신의 통일성과 불가분성, 신성한 전조와 '환상이나 재미' 간의 뗄 수 없는 관계"가 따른다고 밝혔다.[30] 그래서 놀이는 의식처럼 일정한 '놀이 규칙'을 갖게 된다. 다시 말해, "놀이는 간접적이며 실제적인 목적을 추구하지 않으며, 움직임의 유일한 동기가 놀이 자체의 기쁨에 있는 정신적 또는 육체적 활동이다. 놀이란 모든 참여자에 의해 인정받는 어떤 일정한 원칙과 규칙, 즉 '놀이 규칙'에 따라 진행되는 활동이며, 거기에는 성취와 실패, 이기는 것과 지는 것이 있다."[31]

그렇다면, 당장의 만족과 행복을 위한 자발적 탕진 놀이 역시 '놀이 규칙'이 있을 것이다. 앞서 살펴 본 [표 1]의 놀이 과정의 방식은 일종의 '놀이 규칙'에 해당하게 된다. '호모 탕진재머' 중에서 '가성비파'를 예로 들면, '가성비템'이 가득한 편의점이나 <다이소> 등은 하나의 '성지(聖地)'이자 '놀이터'가 되며 '가성비템'은 '신성함-재미'의 징표이므로 자주 또한, 많이 접할수록 행복하게 된다. '가성비파'는 가성비·가심비·

30) 마이클 폴리/김잔디, 앞의 책, 50.
31) J. 호이징하/김윤수, 앞의 책, 317.

가용비·가잼비 등의 놀이 조건으로 수행한 자신의 '의식적(ritual) 놀이 체험'을 같은 공동체와 공유하며, 소소한 '탈금욕'의 결과인 '꿀템(좋은 품목)'이나 저렴한 최신 '(핵)인싸템'[32]의 획득으로 '탕진력(탕진하는 능력)'을 인정받아 놀이를 완수하게 된다.

트위터 등 SNS에는 '탕진잼'의 '놀이 규칙'에 관한 '고백'이 가득하다. 예를 들면,[33] "돈 쓰는 재미 말고 통장 잔고가 많아지는 재미를 알아야할 텐데 쓰는 재미만 2n년 째(20대 들어 계속) 알고 있다. '탕진잼'이 제일 재미있다", "월급 들어왔으니 '탕진잼'을 할 것이다. 잔고를 한 자리수로 만들겠다. 잔고는 없어져도 마음만은 풍요로울 것이다", "우울증 치료에 도움 되는 민간요법 아무리 떠들어대도 다 별 효과 없다. 효과 좋은 것은 '탕진잼'이다", "월급 들어와서 바로 '탕진잼'하니까 기분이 너무 좋아졌다" 등등 기대감, 만족감, 즐거움을 표현하고 있다.

반면, "인생이 너무 우울해서 '탕진잼' 좀 즐기고 싶은데 '텅장'이 문제다", "길 가다 문구점에서 공책 세 권과 포스트잇을 샀다. 4,500원이다. 인생은 '탕진잼'이라는 말을 체감하고 있다. 하지만 미래는 불안하다"라고 하는 등의 경제적·심리적 우려를 표명하기도 한다. 이와 같은 불만족감·불안감은 '놀이 규칙'의 변화를 초래하게 된다.

---

32) '인싸'는 인사이더(insider)의 줄임말로, 아웃사이더와는 다르게 무리에 잘 섞여 노는 사람들을 말한다. '인싸템'은 자신이 '인싸'가 되게 해주는 트렌디한 품목이다. '핵인싸템'은 매우 트렌디한 '인싸템'을 뜻한다.

33) SNS상 사례는 "탕진하는 재미가 있다? SNS 타고 등장한 '탕진잼'", <노컷뉴스>(2017.1.15), URL=<https://www.nocutnews.co.kr/news/4717926>에서 재인용.

3.2.2. 변형

3.2.2.1. 대리탕진잼

'대리탕진잼'은 '탕진잼' 놀이로 소진되는 '텅장'의 위험성을 보완하고자 다른 참여자의 '탕진잼'에서 대리만족을 느끼고 정보를 소통하는 것이다. 주로 유튜브 등의 동영상 채널에서 활동하는 '대리탕진잼'의 제공자들은 자신의 구매 이야기를 '추천템'과 함께 보여준다. 이들은 '탕진잼' 놀이 의식의 대행자이며 '호모 탕진재머'는 그 대행 의식에 몰입하고 상호작용한다. 따라서 '대리탕진잼'의 제공자들은 스토리텔러가 되어 사용자들의 관심과 반응을 자극하고 유도한다.

여기서 '하울(haul)'[34]과 '언박싱(unboxing, 상자에서 꺼내기)'이란 놀이 형식이 개입해 놀이의 대리만족감과 상호소통을 도모하게 된다. 예컨대, '놀이 규칙'의 기본형을 견지한 만원 이하의 '꿀템하울' 콘텐츠도 있지만, 욕망적 쾌락을 자극하는 고가의 '명품하울'이란 '놀이 규칙'의 변형도 발생한다.

3.2.2.2. '몰아주기/지르기'

'몰아주기/지르기'는 소소한 낭비로 제한된 '가성비파'를 중심으로, 다량의 '가성비템'의 반복적 구매 보다 소수의 고가품 탕진에 올인하는 '놀이 규칙'의 변형 방식이다. 이들 고가품은 '명품하울'에 등장하는 외국 유명 브랜드(GUCCI, GIVENCHY, TANDY, BALENCIAGA 등) 제품이다. 단, 의류·가방 등이 아니라 화장품, 넥타이, 신발 등 보다 덜 비싼 품목들이 주를 이룬다. 이들에 탕진을 '몰아주기/지르기'하는 방식은 비싼 명품의 구매에 버금가는 만족감을

---

34) 원래는 '(아주 힘들여) 끌다'는 뜻이다. '특정 브랜드나 특정 분야의 상품을 한꺼번에 많이 구입하는 것'을 말한다. 자신이 산 것을 자랑하고 설명하는 내용의 UCC에서 많이 쓰는 표현이다.

얻으려는 '작은 사치(small luxury)'를 위한 것이다.

"명품은 아무나 가질 수 없는 제품이라는 이미지를 통해 자신이 남과 다르다는 쾌감을 얻기에 작은 물건이더라도 명품을 소비하는 것만으로 '특별하다'는 기분을 느끼게 해주므로 자기를 위한 위안이자 작은 사치라고 할 수 있다."[35]

이제 탕진 놀이의 대상은 놀이 주체의 심적 쾌감과 특별한 기분을 집중적으로 보상해 줄 수 있는 '이미지템'으로 이동한다. '작은 사치'를 누릴 수 있는 음식,[36] 여행 등도 같은 맥락이다. 특히, '작은 사치'를 위한 '이미지템'으로 각광받는 것은 명품슈즈이다. "SNS에서 구입한 사진을 올려 과시하고 소통하는 데 있어서 고가의 슈즈만큼 멋져 보이는 것도 없다."[37] 예컨대, 약 100만 원대인 발렌시아가의 '스피드러너'(일명 지드래곤 슈즈)는 젊은 층의 '핫템(인기가 있어 반응이 뜨거운 품목)', '잇템(꼭 필요하거나 갖고 싶은 품목)' 중 하나이다. 이에 따라 탕진 놀이는 물질 자체보다 물질의 이미지(사진, 동영상), 자신의 체험보다 디지털 인플루언서[38]와 같은 타인의 경험에 의존하여 '몰아주기/지르기'하는 방식으로 변형된다.

---

35) 각주 19.

36) 최근에는 명품을 구입하거나 고가의 미슐랭 레스토랑 이용을 주저하지 않기도 한다. "밀레니얼 세대, 명품 소비의 핵으로 떠올랐다", <조선일보>(2019.3.19) B9면.

37) "[심희정 기자의 'All that 럭셔리'] 명품 슈즈 탕진잼 '올해 승자는 누구'", <서울경제신문>(2017.4.10.), URL=<https://news.v.daum.net/v/20170410092915414>.

38) 인플루언서(Influencer)는 (SNS상에서 팔로워가 많아) 영향력이 있는 사람을 뜻한다.

3.3. 놀이의 평가

'예쁜 쓰레기'는 SNS상에서 사용되는 신조어로 '크게 쓸모는 없지만 예쁘다는 이유로 구매한 물품'을 뜻한다. 용어 역시 이질적 2개념이 결합된 '모순형용'으로 재미를 추구한다. '예쁜 쓰레기'를 사는 요인은 첫째, 적은 돈으로 하는 기분전환 둘째, 재미[39]에 있으며 피규어, 각종 문구류, 컵받침, 쇼핑백 등 잡화가 주를 이룬다. 이들은 탕진 놀이의 결과물인 동시에 '호모 탕진재머'의 자체 평가를 반영하고 있다. 다시 말해, 탕진 놀이는 물품의 합리적 소유가 아닌 스트레스 해소와 일상에서 느끼는 즐거운 경험에 있으며, 이러한 평가 가치에서 '예쁜 쓰레기'는 '득템'으로 인정된다.

특히, '가성비파'와 '득템파' 중의 '취미덕후'들은 자신만의 주관적 기준에서 '예쁜 쓰레기'에 만족하고 기꺼이 수용한다. 트위터상에서 "롯데리아 #품절 인줄 알았는데 #포켓몬대형인형 #피카츄와 #이브이가 있어서ㅜㅜ #이브이인형으로 택함ㅜ #쓸데없다그램 #오늘도예쁜쓰레기 #득템 #lotteria #pokemon #pikachu #eevee #doll…" 등을 예로 들 수 있다.

4. 마무리

지금까지 살펴본 '호모 탕진재머'의 탕진 놀이는 종료된 후에도 소셜미디어상의 '떼 샷(떼를 지어 같이 찍은 사진)' 이미지로 그 흔적을 남긴다. 그런데 놀이는 현상에 대한 이미지이자 해석이라 할 수 있다. 하

39) ""예쁜 쓰레기 들어봤나요?"…'라이프스타일숍'은 왜 대세가 됐나", <중앙일보>(2017.7.25), URL=<https://news.joins.com/article/21787140>.

위징아(Johan Huizinga)의 관점에서 말하자면, 놀이(Spiel)는 현실을 이미지로 바꾸는 이미지 조작에 근거한다. 다시 말해, "놀이의 본질은 현실(사물)을 이미지로 전환시키는 형상화 작용(Verbildlichung)에 있으며, 형상화는 결국 가다머(Hans-Gerog Gadamer)의 표현에 따르면 해석(Verstehen)의 과정"[40]이기 때문이다.

그렇다면, '떼 샷'은 탕진 놀이의 일차적 이미지가 재편된 이차적인 것이 된다. 즉, 생략·과장·압축·변형을 통해 왜곡된 '가짜' 이미지라 할 수 있다. 이와 관련하여 김용섭은 소유가 아닌 경험에 투자하는 첫 세대인 Y세대(밀레니얼 세대)의 부상에 주목하고, '아주 멋진 가짜(classy Fake)'를 핵심 트렌드로 제시한다.[41] 그에 따르면, 소셜 미디어상 이미지의 진위여부 보다 더 중요한 것은 가상공간이 우리에게 이미 일상적이고 보편적 문화가 됐다는 것, 그리고 현실이 힘들고 미래가 불안할수록 '아주 멋진 가짜'로 채워지는 디지털 가상공간에 매혹되고 열광한다는 것이다.

따라서 '떼 샷'은 현실에서 탕진 놀이를 치룬 개체의식(individual ritual)이 '집단의식(group ritual)'으로 재구된, '아주 멋진 가짜' 이미지의 가상공간이라 할 수 있다. 답답하고 무거운 현실 속에서 크지만 성취가 불확실한 행복을 대신해, 욜로라이프의 '소확행'으로 작지만 일상에서 얻기 쉬운, 소소하게 행복한 삶의 '한 순간'이 정박된 이미지들이다. 이러한 '호모 탕진재머'의 가상공간은 자발적으로 재미를 추구한 놀이 공간이며 누구나 행복할 권리가 있다는 자유와 행복의 공간이자 자기 존재의 가치를 확인하는 공간이기도 하다.

---

40) 서동은, 『하이데거와 가다머의 예술이해』, 누멘, 2009, 157-159 참조. 서동은은 하위징아가 놀이의 형상화 작용으로 원초적 명명행위(언어, 신화, 제의)를 고찰한 것을 가다머의 해석의 과정과 유사하게 보고 있다.

41) 김용섭, 『라이프 트렌드 2018-아주 멋진 가짜, classy Fake』, 부키(주), 2012, 65-71 참조.

하지만, '휘소가치'[42]로 획득한 만족과 행복은 "액면 가치만이 유일한 가치이고 표면 아래에 있는 어떤 것에 대한 인식은 더 이상 없다… 더 이상 아래는 없고 표면만 있다…반짝이는 인터페이스만 있다."[43] 그럼에도 불구하고, '호모 탕진재머'는 당장 닿을 수 없는 행복의 본질을 탕진 놀이의 '소확행'으로 대신하는 한편, '떼 샷'의 디지털 가상공간에 행복의 가능성이 잠재돼 있으리라 상상하며 '아주 멋진 가짜 이미지'의 첨탑을 구축해 올리는 것은 아닐까. 그래서 오늘도 그들의 탕진 놀이는 반복되고, 그 이미지가 집적된 디지털 가상공간 역시 무한 생성 중이다.

---

42) '희소가치'에 '휘발'이라는 말을 더해 만든 합성어이다. 휘발이란 액체가 기체가 되어 날아가는 것을 의미하므로 이 신조어는 희소가치가 금세 사라진다는 뜻을 가진다. 요즘의 소비 트렌드는 잠시 잠깐의 만족과 쾌락을 위해 기꺼이 돈을 지불하는 경향이 커지는 것이다. 이것을 휘발성 소비라고 할 수 있다. 소비의 목표가 순간적 자기만족에 있다. 또 다른 트렌드는 사람마다 '휘소가치'가 다르고 그것을 인정한다는 것이다. "[ESC] 휘소가치", <한겨레신문>(2018.6.28.),URL=<http://www.hani.co.kr/arti/specialsection/esc_section/851005.html>.

43) 마이클 폴리/김병화, 『행복할 권리』, 어크로스, 2011, 181.

참고문헌

강병창. 2016. 『언어와 유머』. 서울: HUiNE.

김난도 외 7인. 2017). 『트렌드코리아 2018』. 서울: 미래의 창.

김환표. 엮음. 2015. 『트렌드 지식 사전 5』. 서울: 인물과 사상사.

김용섭. 2012. 『라이프 트렌드 2018-아주 멋진 가짜, classy Fake』. 서울: 부키(주).

바랄엔, 티엔. 2002. 『오타쿠 가상 세계의 아이들』. 송지수 옮김. 서울: 문학과 지성사.

서동은. 2009. 『하이데거와 가다머의 예술이해』. 서울: 누멘.

윤종록. 2010. 『호모디지쿠스로 진화하라』. 서울: 생각의 나무.

윤태일. 2011. 「성(聖)과 속(俗), 혹은 신명과 소비 체험」. 『인문학 연구』 17집. 51-81.

이민화. 2012. 『호모 모빌리언스(Homo Mobilians)』. 서울: 북콘서트.

최혜실. 2005. 『가상 놀이 인간의 탄생』. 경희대학교 출판국.

카이와, 로제. 1994. 『놀이와 인간: 가면과 현기증』. 이상률 옮김.서울: 문예출판사.

폴리, 마이클. 2011. 『행복할 권리』. 김병화 옮김. 서울: 어크로스.

폴리, 마이클. 2018. 『본격재미탐구』. 김잔디 옮김. 서울: 지식의 날개.

하루키, 무라카미. 1994. 『랑겔한스 섬의 오후』. 김난주 옮김. 서울: 백암.

호이징하, 요한. 1998. 『호모 루덴스』. 김윤수 옮김. 서울: 까치.

Holbrook, M. B., and E. C. Hirschman. 1982. "The Experiential Aspects of Consumption: Consumer Fantasies, Feelings, and

Fun." *Journal of Consumer Research* 9 (2): 132-140.

Holt, D. B. 1995. "How Consumers Consume: A Typology of Consumption Practices." *Journal of Consumer Research* 22: 1-22.

네이버. 오픈사전. 오픈국어. URL=<https://ko.dict.naver.com/#/userEntry/koko/6f01234c337fad10b78e2f9ca4017780>.

네이버. 오픈사전. 오픈국어. URL=<https://ko.dict.naver.com/#/entry/koko/def268b9241046b7b2e3778a5ab7031c>.

다음. 다음백과. URL=<http://100.daum.net/encyclopedia/view/47XXXXXd1340>.

pmg 지식엔진연구소. 2017. 『시사상식사전』. 서울: 박문각. URL=<https://terms.naver.com/entry.nhn?docId=4294478&cid=43667&categoryId=43667>.

<노컷뉴스>(2017.1.15). "탕진하는 재미가 있다? SNS 타고 등장한 '탕진잼'", URL=<https://www.nocutnews.co.kr/news/471926>.

『매일경제 Citylife』 제578호(2017.5.16.). 아트만(텍스트씽크), "탕진잼과 시발비용의 시대 YOLO LIFE". URL=<https://news.v.daum.net/v/20170511100405330>.

미래의 창. (2017.12.1). "'YOLO YOLO YOLO YO~' 방탄소년단의 '탕진잼' 들어보셨나요?". URL=<http://blog.naver.com/PostView.nhn?blogId=miraebookjoa&logNo=221153179905>.

<서울경제신문>(2017.4.10). "[심희정 기자의 'All that 럭셔리'] 명품 슈즈 탕진잼 '올해 승자는 누구'". URL=<https://news.v.daum.net/v/20170410092915414>.

<조선일보>(2019.3.19). "밀레니얼 세대, 명품 소비의 핵으로 떠올

랐다". B9면.
<중앙일보>(2017.7.25.). ""예쁜 쓰레기 들어봤나요?"…'라이프스타일숍'은 왜 대세가 됐나". URL=<https://news.joins.com/article/21787140>.
<한국일보>(2017.3.8). "소소한 낭비로 행복 찾기...'탕진잼' 소비트렌드 확산". URL=<https://news.naver.com/main/read.nhn?mode=LSD&mid=sec&oid=469&aid=0000191624&sidl=001>.
『한겨레 21』 제1143호(2016.12.28.). 강보라, "즐겨 탕진잼!". URL=<http://h21.hani.co.kr/arti/culture/culture_general/42883.html>.
<한겨레신문>(2018.6.28). "[ESC] 휘소가치". URL=<http://www.hani.co.kr/arti/specialsection/esc_section/851005.html>.
<DBR> 269호(2019년 3월 Issue 2). "소셜데이터가 말해주는 z 세대". URL=<http://dbr.donga.com/article/view/1101/article_no/9064>.
<FASHION SEOUL>. (재)한국패션유통정보연구원(2017.7.25.). 이남희, "[FASHION#] 新소비 트렌드 #탕진잼을 아십니까?". URL=<https://www.fashionseoul.com/147988>.

제8장

소셜 미디어에서의 사회적 표현의 진화

- 스페인의 인터넷 밈을 중심으로

제8장 소셜 미디어에서의 사회적 표현의 진화

– 스페인의 인터넷 밈을 중심으로

최지영

1. 머리글

10년 전만 해도 인터넷 혁명이 최고조에 이르지 못했을 때는 대중에 향한 자신의 의견 및 불일치 등의 다양한 감정을 표현할 수 있는 곳이 거의 존재하지 않았다. 공공연하게 자신의 의견을 홍보하고 자유롭게 표현할 수 있는 도구가 없었기 때문에 거리와 공공장소에서 배포된 포스터, 팸플릿, 대자보 등과 같은 저급 매체를 통해 전파되는 다소 느린 전달이 가능하던 시기였다. 하지만 요즘의 우리는 인터넷의 다양한 플랫폼 위에서 자기 생각, 감정, 경험, 의견, 관점 등을 자유롭게 표현하고 다른 사람들과 빠르게 공유하고 있다. 이러한 활동은 하나의 문화로 자리 잡고 있으며 소셜 네트워킹 서비스상에서 표현할 수 있는 수단과 도구는 다양하다. 꼭 언어가 아니더라도 이모티콘, 이미지, 동영상 그리고 인터넷 밈(meme) 등으로 우리가 전달하고 싶은 감정이나 의견을 더욱 섬세하고 정확하게 표현할 수 있다. 인터넷 사용자가 자기 생각을 단순히 말이나 글만으로 전달하는 것보다 그 의견에 어떠한 시각적 콘텐츠를 생성하면 대중에게 훨씬 강력하고 설득력 있게 전달할 수 있다.

이렇게 자신의 의견이나 감정을 공유하는 플랫폼에는 나라마다 그들의 고유한 문화가 소셜 미디어 속에서 형성되어 독특한 특색을 지닌다. 즉, 나라마다 소셜 네트워킹 서비스를 중심으로 그들만의 미디올로지[1]가 구축되어 있다는 것이다. 이에 스페인에서 이루어지고 있는 미디올로지의 특징은 어떠한지 살펴보고자 한다. 스페인은 한국과 달리 소셜 미디어에서 주로 사용되는 도구는 바로 '인터넷 밈'이다. 이것은 미국에서 시작되어 스페인어로 전파된 유행으로 '새롭게 등장한 디지털속의 문화' 그리고 '유희적 소통 놀이'로 스페인에서 자리매김하였다. 인터넷 밈이란 사회라는 한 그룹을 통해서 확장되는 '하나의 시각적인 표시'로서 언어학적 기호 역할을 지니며, 또한 그 그룹 혹은 사회에서 카피 되고 파급되면서 '문화적인 지식'을 생성하고 이 과정을 통해, 인터넷 사용자는 의미를 해석하고 이해한다. 이에 스페인에서는 인터넷상에서 인터넷 밈이 어떻게 이루어지고 있는지 그리고 이러한 현상은 세미오시스와 어떤 상호작용으로 미디어 속에서 담론을 형성하여 재미를 발생시키는지 살펴보고자 한다.

2. 인터넷 밈이란 무엇인가?

'인터넷 밈'이란 무엇이고 어디서 나온 개념일까? 한국에서 인터넷 밈은 아직 친숙한 용어는 아닌 듯하다. 오히려 '짤' 혹은 '짤 방' 이라

1) 미디올로지(mediology)란 인간·자연·사회에 대해 품는 현실적이며 이념적인 의식의 제형태 (이데올로기)를 새롭게 돋우는 온갖 장소에 관한 사유라 설명할 수도 있겠다(임태훈 (2012), *우애의 미디올로지*, 9).

는 표현이 더 익숙할 것이다. 밈(meme)이란, 간단히 말해서 '문화적 유전자'라고 말 할 수 있으며, 사람들 사이에서 빠른 속도로 전달되는 모방 가능한 미디어상의 흐름 또는 문화라고 볼 수 있다.

이 어휘의 어원을 살펴보면, 밈(meme)은 그리스 단어인 *mímēma* 에서 유래하였으며 의미는 '모방하다', '흉내 내다'(imitate)라는 뜻이다. 주된 밈의 성격은 개인과 세대 사이에 배포 그리고 복제하는 능력이다. 또한 생식적으로 다음 세대에 전달하는 유전자와 달리 '언어, 사상, 태도, 유행과 같이 모방으로 정보를 전달하는 자기 복제자'로 리처드 도킨스(Richard Dawkins) 가 <이기적 유전자>를 통해서 체계화한 개념이다. 사람에게서 사람으로 전달되는 이런저런 생각, 신념, 정보, 관습, 지침, 행동을 가리키는 용어로 자연 선택에 의한 생명체의 진화가 유전자 간의 경쟁에 의해 일어나는 것처럼, 인간 분화 또는 사회의 진화는 밈 간의 경쟁에 의해 일어난다는 가설을 제시했다.[2] 도킨스 이후 여러 학자가 밈의 개념을 더욱 발전시켰으나, 밈이라는 용어의 시작은 도킨스에 의해서 각인되고 대중화되었다고 볼 수 있다. 밈이라는 단어는 현재 옥스퍼드 사전에서 다음과 같이 정의한다:

1. A cultural element or behavioural trait whose transmission and consequent persistence in a population, although occurring by non-genetic means (esp. imitation), is considered as analogous to the inheritance of a gene (옥스퍼드 영어사전).

옥스퍼드 사전에서는 밈을 '사람들 사이에서 전달되고 지속되는 문화적 요소 혹은 행동적 특성, 비록 비유전적 수단(특히 모방)에 의해

2) 리차드 도킨스(1976), *이기적 유전자*, 322-323.

발생하지만 유전자의 고유성과 유사한 것'으로 간주하였다. 한편, 국립국어원의 표준국어대사전과 스페인의 왕립 학술원(Real Academia Española)[3]에서는 '밈'의 말뜻 확장을 확인할 수 있다:

「명사」『사회 일반』 인터넷에서 유행어·행동 따위를 모방하여 만든 사진이나 영상. 또는 그것을 퍼뜨리는 문화 현상. 1976년에 도킨스(Dawkins, R.)의 저서 ≪이기적 유전자≫에 처음 등장하였으며, 작가는 인간의 이러한 모방심리를 통해 문화도 유전자처럼 진화한다고 설명하였다. ⇒ 규범 표기는 미확정이다 (국립국어원의 표준국어대사전).

1. m. Rasgo cultural o de conducta que se transmite por imitación de personaa persona o de generación en generación.
2. m. Imagen, video o texto, por lo general distorsionado con fines caricaturescos, que se difunde principalmente a través de internet (스페인 왕립 학술원 사전).

1. 세대 간에 혹은 사람들 간에 모방으로 인해 전달되는 행동이나 문화적인 특징.
2. 주로 인터넷을 통해서 배포되는 만화처럼 일반적으로 왜곡된 텍스트 혹은 비디오, 이미지.

옥스퍼드 사전에서는 밈을 '문화적인 요소'로만 정의하고 있고, 한국과 스페인에서는 '문화적 요소'라는 말뜻 외에도 '유행처럼 퍼트려지는 사진이나 영상물'의 의미로 확장되어 사용되어진다.[4] 밈은 유전

3) 스페인 왕립 학술원, 스페인어 사전 (Diccionario de Lengua Española, 2014).
4) 이에 본고에서는 밈의 사용을 두 가지(밈과 인터넷 밈)로 분류하였다. '밈'은

자가 복제되고 변이하고 경쟁하여 살아남은 유전사가 있는 것처럼, 문화도 복제되고 변이되고 경쟁하여 살아남은 우월한 문화는 유포되고 복사된다는 개념이다.[5] 도킨스는, 일상생활에서 이루어지는 소소한 습관이나 모방, 모두를 밈으로 보았고, 밈을 '문화의 시발점'으로 간주하였다.[6] 우리는 무의식적으로 누군가를 모방하려고 하고, 특히 존경 혹은 닮고 싶다는 갈망이 들어가는 대상이나 목표라면 더욱 우리는 그것을 모방 하려고 한다는 것이다. Sperber(1990)[7]는 "사상은 한 장소에서 다른 장소로, 한 사람에게서 다른 사람에게로 번진다."라고 말했고, Blackmore(2010)[8]는, 인간은 우리와 비슷한 것에서 관찰된 행동을 모방하려는 우리의 적성 덕분에 문화에 대한 예외적이며 타고난 소질이 있는 영장류라고 했다. 즉, 밈이란, 개인을 넘어 한 세대에게로 전파되고 공유되는 하나의 문화로 볼 수 있다. 이때 중요한 것은, 밈이 가진 강력한 개별성과 독특성 때문에 한 그룹의 미디올로지를 구축한다는 것이다.

문화적 요소로 간주하고, 텍스트가 포함된 이미지를 표현하는 용어로는 '인터넷 밈'으로 사용하였다.

5) Barcia Pedro Luis (2007), *La lengua en los nuevos medios electrónicos,* 240.
6) Baldwin, James. Mark.(1896), *A new factor in evolution*, 441-442 (밈이라는 용어를 대중화 시킨 것은 도킨스의 저서덕분이지만, 이 용어의 첫 등장은 19세기 초반에 등장하였다).
7) Sperber, Dan (1990). *The epidemiology of beliefs,* 28.
8) 수잔 블랙모어 (2010), *밈: 문화를 창조하는 새로운 복제자*, 40.

3. 스페인에서의 인터넷 밈 문화

스페인 소셜 미디어를 더욱 재미있게 만들어주는 인터넷 밈은 이제 없으면 안 될 도구가 되었다고 해도 과언이 아니다.[9] 인터넷 밈에 소개되는 간략한 언어는 우리에게 인상을 주는 기호로 즉각적으로 전달되고 언어만으로는 전달하기 아쉬운 감정과 상황을 그림과 이미지로 직관적으로 이해할 수 있도록 전달한다는 면에서 인터넷 밈은 재미와 더불어 유용성까지 갖추었다. '모방을 통해서 유전자처럼 복제되고 증식하는 문화적 요소'라는 다소 복잡해 보이는 도킨스의 개념이 이제는 그리 어렵지 않게 대중매체의 장면 등에 재치 있는 쉽게 만날 수 있게 된 것이다. 인터넷 밈의 현상은 정보를 전달하는 독창적이고 혁신적인 방법으로 최근의 가장 큰 미디어 혁명 중 하나로, 스페인에서의 인터넷 밈은 '최신의 문화적 경향'으로 간주한다. 그리고 이러한 문화의 움직임은 갈수록 더욱 그 사용이 빈번해지고 있으며 인터넷의 플랫폼뿐만 아니라 정치적인 소통의 마케팅 혹은 비판 및 풍자를 목적으로 정치적 포스터 등의 광고물에서도 인터넷 밈이 사용된다.

그림 1은 스페인 현직 대통령 뻬드로 산체스(Pedro Sánchez)의 사진이다. 산체스 대통령은 국가 전용기를 개인적인 용무(가족여행 등: 왼쪽 사진)로 사용하는 횟수가 잦아지자 스페인 국민들은 그의 행동을 비판하였고 네트워크에서는 인터넷 밈이 제작되었다. 현직 대통령을 향해 그의 처신을 비판하는 간단한 텍스트(비행기 제가 가져도 돼

9) Elmundo.es, elpais.es, forbes.com, elequipo.com, expansion.mx 등 스페인뿐만 아니라 중남미의 주요 웹 싸이트에서 인터넷 밈의 영향력과 대중성을 소개하고 있다. (http://www.elequipo.com/blog-consultoria-politica/316-el-poder-de-los-memes.html, http://politicacomunicada.com/el-poder-de-los-memes, https://www.forbes.com.mx/los-memes-definicion-esencia-y-poder)

그림 1. "비행기 제가 가져도 돼요?"(출처: El butanero)

요?)와 어린아이처럼 울며 조르는 듯 보이는(오른쪽 사진) 모습은 그 어떤 글의 문장보다 강한 전달력을 가지고 있다. 스페인 현재 대통령의 이름을 검색하면 제일 많이 등장하는 인터넷 밈은 '비행기'와 관련된 인터넷 밈이다.

3.1. 밈의 생성 과정

인터넷 밈은 어떤 상황이나 감정을 뚜렷하고 명백한 방법으로 표시하는 그림이나 이미지를 통해서 만들어지곤 한다. 이러한 이미지는 사진이나 인터넷 밈을 위한 목적으로 제작된 그림 등을 첨가하여 소통의 이해를 돕는다. 이러한 그림은 인터넷에 공표되고 만약 이것이 성공을 거두게 되면 인터넷 밈을 취급하는 커뮤니티에 소개되는데, 여기서 성공한 인터넷 밈은 전문 웹사이트[10)]를 통해서 바이러스 식으로 확산, 전파되어 자리를 잡게 된다. 공식적인 이미지로부터 유일하고 독특한 자신만의 이미지까지 다양한 그림을 수집하여 선별하고 텍스트 기호를 붙인다. 또한 자신만의 인터넷 밈을 만들 수 있는 웹사이트(meme generator)도 생겨났다.

---

10) 스페인 인터넷 밈 주요 웹싸이트로는 *Cuantocabron, Top Memes Nuevos, El Butanero, Finofilipino, Visto en las redes, TirasDeHumor* 등이 있다.

한편, Martín(2018)에 의하면 인터넷 밈도 생명이 있는 도구이며 '삶의 단계'가 있다고 소개한다.[11]

- 채택: 밈 사용이 축척되는 쌓이는 기간 즉 수용 기간
- 절정·최고조: 비슷한 정도의 사용량으로 유지되는 기간
- 사용에서 멀어짐: 사용이 멈추는 기간
- 사장: 사라짐 (더 이상 사용하지 않음, 즉 사람들에게 유희의 목적을 잃음)

인터넷 밈의 현상이 언어학적인 현상이라고는 볼 수 없으나 인터넷 밈의 '삶의 단계'는 한 어휘가 태어나고 사라져가는 모습과 유사한 모습을 가진다. 다음의 그림 2를 살펴보면, 신조어가 탄생되면서 사용되는 기간, 즉 사용의 빈도가 최고조에 이르는 절정의 시간을 거치고 서서히 사용에서 멀어져 가는 것을 확인 할 수 있다. 어휘는 사장되는 것이 아니라 전문 용어나 오래된 문학 텍스트 혹은 특정 소규모 지역에서 그 사용이 계속 유지되고 있다는 점에서 아예 그 사용이 사장되는 인터넷 밈과는 차이를 보이지만, 인터넷 밈이 생성되고 절정기를 거쳐 사라져간다는 넓은 의미에서는 신조어의 생성과 소멸과정과 흡사한 '삶의 단계'를 가진다.[12]

---

11) Prada, Juan Martín (2018), *El ver y las imágenes en el tiempo de internet*, Editorial: AKAL, 45.

12) Rafael, Cano Aguilar (1993), *La muerte de las palabras*, 55.

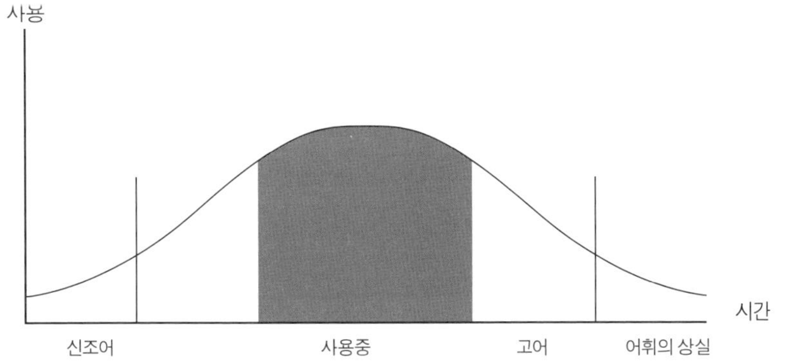

그림 2. 어휘의 탄생과 소멸과정[13]

3.2. 소셜 미디어에서 인터넷 밈의 특징

이것이 '인터넷 밈이다'라고 말해주는 인터넷 밈만이 가지는 고유한 특징을 요약해 보면 다음과 같다.[14]

- 자유: 사용자는 원하는 감정을 넣어서 자신의 기호에 맞게 제작 공유 가능
- 이질성: 미디어상에서 퍼지고 번지는 다양한 형태의 자료
- 속도: 증식되고 번식되어져 퍼져가는 속도
- 휘발성: 사회의 일상이 끊임없이 변화하듯이 밈이 겪는 지속적인 변화
- 다국성: 유포되는 목적에 대한 초점은 없이 다양한 방향에서 시작되고 끝나고 유포되는 다원성

그림 3은 인터넷 밈의 특징을 잘 보여주는 용례이다. 그림 3은 고속

13) 최지영 (2019), *사용에서 멀어진 중남미 스페인어 어휘: 고어 범주의 재인식*, 206.
14) 리차드 도킨스 (1976), *이기적 유전자*, 325-326.

'모든 남자들은 똑같아'
'사랑을 믿지 않을거야'
'어떤 남자도 가치가 없어'
'내 마음을 찢었어'

그림 3. 사용에서 멀어진 인터넷 밈
(출처: meme center)

도로로 보여지는 갈림길 앞에서 여성 운전자로 설명되는 자동차가 표지판을 보고 오른쪽 길을 선택하고 그 결과를 아래 그림(망가진 자동차)에서 텍스트로 설명하고 있다. 인터넷 밈 그림 3은 풍자와 재미 그리고 독특함으로 스페인 인터넷 플랫폼에서 큰 인기를 누렸고, 순식간에 배포되어 스페인뿐만 아니라 다양한 스페인어 사용권 국가에 전달되었지만, 현재는 인터넷 밈의 기능을 상실하였다. 다시 말해, 사용자에게서 멀어져 사용되고 있지 않다. 이것은 인터넷 밈의 특징인 휘발성을 잘 보여주고 있으며, 대중에게서 멀어진 인터넷 밈은 더 이상 그 기능을 발휘하지 못하게 되므로 '사장'의 단계에 놓이게 된다.

반면 그림 4는 현재 스페인 소셜 네트워킹 서비스에서 대중들에게 재미와 유용성을 갖추어 큰 호응을 받고 있는 인터넷 밈으로 '절정

(최고조)'단계에 이른 인터넷 밈이다.

그림 4. "저는 상관없어요"
(출처: memecrunch.com)

'KEMEDAIWÁ', 'KETOMEDAIWÁ'라는 표현은 소리 나는 대로 적은 스페인어 문장이다. 정확한 스페인어 표현은 'Que me da igual', 'Que todo me da igual'이라는 문장으로 '저는 상관없어요'라는 뜻으로 스페인에서 자주 사용되는 표현이다. 스페인어는 지역마다 발음이 조금씩 차이가 나는데 남부 지역인 안달루시아(Andalucía)에서는 발음을 흐리게 하는 특징이 있다. 이 인터넷 밈은 이러한 안달루시아 지역 사람들의 스페인어 발음을 재미있게 표현한 것으로 그림 4는 인터넷 밈이 가지는 특징을 모두 갖춘 현재 소셜 네트워킹 서비스에서 가장 인기 있는 인터넷 밈으로 현재 스페인 소셜 미디어상에서 큰 인기를 끌고 있다.

3.3. 밈의 목적: 밈이 전달하고자 하는 것

이전의 포스터, 팸플릿 및 대자보처럼 의사소통하는 방법도 진화를 거듭하여 오늘날에는 새로운 버전의 인터넷 인터페이스가 확산되었다.[15] 인터넷 밈은 메시지의 중요성을 보여주기 때문에 이전의 수단보다 더욱 효과적으로 메시지를 바이러스 식으로 전파하는 기능을 가진다.[16] 인터넷 밈이 우리에게 제공하는 역할은 전통적인 미디어의 사회적 기능과 동일하지만 실시간으로 세계 어디에서나 인터넷 밈을 생성 할 수 있다는 차이가 있다. 인터넷 밈의 본질은 의사소통에 중요한 역할을 하지만, 우선적으로 인터넷 밈은 '웃음'을 전달하려는 목적이 있다. 즉, 유머를 이미지, 그림 문자, 동작이 들어간 이미지를 통해서 소셜 네트워킹 서비스(Facebook, Twitter, Instagram 등)와 같은 가상공간에서 사람들과 소셜 네트워킹 서비스라는 공간에서 유희의 미디올로지를 구축하고 있는 것이다.[17] 인터넷 플랫폼에서 이루어지는 모든 메시지는 강력하고 간단하게 전달하고자 하는 목적이 메인이지만, 비평이든 호평이든 그 이면에는 항상 '즐겁게 놀며 장난치는' 행위를 전제하고 있다.

---

15) Carrión, Juan (2009), *Culturas innovadoras 2.0*, 78.

16) Sivera, Silvia (2015), *Publicidad contagiosa: Claves creativas del marketing viral*, 35-36.

17) 미디어 권역의 역사적 변화는 언어와 문자를 사용한 언어권에서 인쇄술에 기반한 문자권으로 그리고 오디오와 영상을 기반한 영상권으로 기존의 미디어 권역이 확장되었다. 즉, 인간의 사유방식과 삶의 방향이 미디어에 의해서 결정된다는 것이 미디올로지의 관점이다 (이기원 (2003), *미디올로지: 사회적 상상과 매체문화*, 3-6).

3.4. 밈의 종류

3.4.1. 이미지 밈

스페인에서 대중적으로 사용되었던 인터넷 밈은 이미지 밈이었다. 처음에는 그림 5처럼 단순하게 표정을 묘사하거나 간단한 단어나 감정적 표현을 삽입함으로써 언어 대신 사용했다면 이제는 그림 6과 같이 유명인의 독특한 표정 이미지에 간단한 텍스트를 사용하면서 이미지 밈을 사용하는데, 이미지 밈은 주로 표정을 통해 감정을 표현하는

그림 5. 초기 이미지 밈
(출처: animoapps.com)

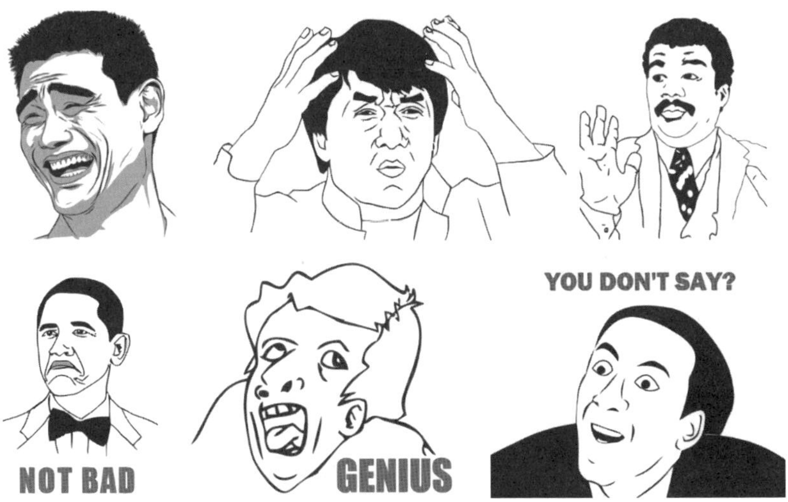

그림 6. 후기 이미지 밈
(출처: mundotkm.com)

방식으로 사용된다.

3.4.2. 자기 홍보

자기 사진이나 유명인의 사진 혹은 동물 사진으로 사용하여 만든 인터넷 밈으로 이름에서 알 수 있듯이 자기 홍보나 자신의 생각을 담은 텍스트 그리고 자신이 표현하고 싶은 감정이 잘 나타난 이미지를 선택하여 자신을 소개하는 수단으로 창출되는 인터넷 밈이다. 이러한 자기 홍보 인터넷 밈은 주로 스페인의 대학생들 그리고 정치인들이 주로 사용한다.[18] 자신의 소셜 네트워킹 서비스나 학교의 동료들과의 모임 등 특정 그룹에서 자신을 소개할 때 말이나 글 대신 이러한 인터넷 밈으로 자신을 홍보하기도 한다.

그림 7. "나를 생각하고 있죠? 나도 알아요"
(출처: memegenerator.com)

18) https://barriozona.com/el-poder-de-los-memes-en-internet/

그림 8. 멕시코 대통령의 자기 홍보 "Saving México"
(출처: barriozona.com)

3.4.3. 이미지 편집(Face Swapping)

'페이스 스와핑'이라고도 불리는 이미지 편집은 특히 인터넷을 통해 대중에게 잘 알려져 있는 사건에 대한 당사자의 이미지를 편집하여 전달하고 싶은 텍스트를 재미있게 전달하려는 목적으로 인터넷 밈을 사용한다.[19] 이 유형의 인터넷 밈은 사용되어진 이미지가 발생한 사건에 대한 사람들의 반응을 담거나 결과를 이미지로써 제시할 때 사용

그림 9. "Trump works out a Trade Deal with Kim Jong-Un"
(출처: me.me)

19) Gutiérrez-Rubí, Antoni (2011), *Tecnopolítica*, 56.

한다.

그림 9의 인터넷 밈은 전형적인 페이스 스와핑으로 이 이터넷 밈의 제목은 “Trump works out a Trade Deal with Kim Jong-Un”(트럼프는 김정은과 무역 거래를 한다)이다. 사용된 이미지는 두 유명인의 얼굴을 교차 편집함으로써 이 사건에 대한 반응을 이미지와 텍스트에 담아 의미가 강력해지고 재미까지 전달한다.

3.4.4. 최근 일어난 혹은 유행하는 문화에 대한 언급

충분히 언급 할 가치가 있거나 국가적 또는 국제적 비상사태의 특정 사건을 이미지를 통해 메시지를 전달하는 인터넷 밈이다.

그림 10. 지금의 카탈루냐
푸지데몬: “잠깐 나갔다가 금방 올게요”
(출처: cuantocabron.com)

그림 10은 작년 2018년 스페인을 떠들썩하게 했던 스페인의 카탈루냐 독립선언 사건에 기인하는 인터넷 밈이다. 스페인의 카탈루냐 독립은 역사적, 민족적, 경제적인 복합적인 이유를 가진다. 카탈루냐 주민들은 스페인 왕국이 성립되기 이전부터 독립적인 국가였다고 주장한다. 카탈루냐는 그리 큰 면적은 아니지만 스페인에서 경제적인 영향력이 큰 지역이기에 중요한 의미를 가진다. 카탈루냐 주민들은 자신들의

세금이 빈곤한 남부 지방에서 사용되는 것, 다른 지역보다 자치세가 높고 또한 더 인상되었다는 점 등으로 2018년 카탈루냐 정부 총리를 중심으로 독립선거를 실시하였다. 스페인 정부는 이를 쿠데타로 선포하고 카탈루냐 정부 총리인 푸지데몬(Carles Puigdemont)을 구속하려고 하자 푸지데몬은 벨기에로 망명한다. 그림 10에서 왼쪽의 푸지데몬은, "Voy a por tabaco"라고 말하고 이를 직역하면 "담배 하나 사러 혹은 피러, 담배 때문에 잠시 가요"라는 의미이지만, 스페인어로 이 표현은 관용화 되어 "잠시 다녀온다"는 의미이지만, 실제로는 곧 돌아오지 못할 것을 알고 사용하는 말이다. "잠깐 나갔다가 금방 올게요"라는 말은 벨기에로 망명하여 스페인으로 돌아오지 않고 있는 그를 풍자한 것이고, 오른쪽 그림의 카탈루냐주의 기(旗)는 카탈루냐 주민을 상징한다.

3.4.5. 유명인에 대한 비판이나 풍자

스페인은 국왕체제를 유지하고 있다. 유럽의 타 국가에 비해서 스페인의 왕실에 대한 스페인 국민들의 존경이나 애정이 그리 높지 않다. 그래서 특히 스페인 왕가에 대한 비판이 많다. 스페인 왕비인 레티시아(Leticia Ortiz)는 방송이나 매체에서 대중에게 보인 부정적인 모습 때문에 그녀에 대한 비판과 풍자의 인터넷 밈은 많이 존재한다. 그림 11은 레티시아의 과장된 얼굴을 이미지로 삽입된 텍스트에는 "나는 당신들의 여왕이에요"라는 메시지가 있다. 이는 그녀에 대해 가지는 스페인 국민들의 부정적인 이미지가 쉽고 빠르게 전달되는 전형적인 유명인에 대한 풍자가 담긴 인터넷 밈이다. 마찬가지로 그림 12는 현재 스페인의 국왕인 펠리페(Felipe VI de España)와 레티시아의 두 딸이다.

그림 11. “나는 당신들의 여왕이예요”
(출처: memedroid)

그림 12. “나는 지금 여기서 일어나는 일에 대해서 아무것도 이해를 못하겠어” (왼쪽)
“왜 언니는 공주고, 왜 나는 아니야?”
(오른쪽)
(출처: cuantocabron.com)

그림 13. “그는 왕실에 의해 산다”
(출처: finofilipino.org)

그림 13의 사진 속 남자는 스페인의 공작(duke) 우르단가린(Iñaki Urdangarin)이고 오른쪽의 작은 사진 속 여자는 그의 부인인 크리스티나 (Cristina de Borbón)이며 그녀는 현재 국왕의 누나이다. 그는 특별한 직업 없이 왕족으로서 왕가의 돈으로 살아가고 있는데다 탈세혐의 및 세금사기로 5년을 선고 받아 현재 교도소에 복역 중에 있다. 스페인어로 ‘왕가’를 ‘REAL’이라고 말하는데 이는 유명 브랜드인 로레알(Lo’Réal)의 발음과 비슷하여 사용된 문장, 즉 언어유희에서 나오는

표현이다. "Él vive de lo Real (Lo'Réal)", '그는 왕실에 의해서 산다'라는 의미이다.

4. 인터넷 밈의 문화적 영향

이전의 벽에 붙이는 형식의 포스터 등의 광고물이 특별한 행동을 촉구하고, 생각 부과하고, 비판을 제기하고, 불만을 표출하는 방향으로 지향되었다면, 인터넷 밈은 다소 냉소적이고 풍자적이며 우스꽝스럽게 제작된다. 인터넷 밈을 본질적으로 특징 짓는 '독창성'(풍자와 유희)의 요소가 반드시 추가되어야만 소셜 미디어 속에서 등장할 수 있고 영향력을 가질 수 있다. 인터넷 밈은 문화적으로 큰 영향을 주었고 뿐만 아니라 자유롭게 그리고 예술적으로 사람들이 말하고 싶어 하는 것을 표현할 수 있는 목소리를 높였다.

스페인에서 주로 사용되는 인터넷 밈은 정치적 영역뿐만 아니라 스페인의 사회적 이슈, 관습, 전통, 역사 등의 다양한 주제로 다국적으로 인터넷 플랫폼에서 게시되어 배포된다. 인간의 사회적 학습은 내재적 또는 외적 동기에 의해 주어지게 되는데, 이는 자신이 속한 사회 모형을 관찰함으로써 다른 사람들의 행동을 살피고, 제한되는 일은 삼가는 식의 메커니즘이 형성되기 때문이다.[20] 인터넷 밈은 이러한 표현의 수단으로서 역할을 하는 것 외에도, 문화적 요인을 결정짓는 특성을 인터넷 밈에 담아 전송하여 각 국가의 문화를 새로운 세대의 중요한 문화적 변화를 일으킨다.[21] 오늘날 우리는 두려움 없이 자신을 드러

20) Hahn, Scott/ Wiker, Benjamin (2011), *Dawkins en observación: Una crítica al nuevo ateismo,* 120.

21) Battram, Arthur (2001), *Navegar Por La Complejidad,* 66-68.

낼 가능성을 즐기기 때문에 더 투명하고 무수한 표현을 용인하는 사회적 맥락에서 창출되기 때문이다.

5. 언어의 변용과 인터넷 밈의 미디올로지

인간의 언어능력은 대체로 선천적이며 학습이나 지능에 의해서 습득되는 것이 아니다. 인터넷 밈 역시 학습되는 것이 아니라 언어 능력처럼 자연스레 습득되고 이해되는데 이때 언어와 다른 점은 이미지와 함께 사용되는 언어는 기호로서 이미지와 함께 전달된다는 것이다. 언어학자인 소쉬르는, "기호학은 '사회 안에서 일어나는 기호들의 삶에 대해서 연구하는 학문'이다"라고 말했다.[22] 그렇다면 밈에서의 기호학적 의미 창출과 해석을 살펴볼 만 하다. '기호'는 기호 그 자체가 아닌 '다른 어떤 것'을 나타내는 혹은 지시하거나 재현하는 '어떤 그것'이며, 그것은 상징, 징후, 신호, 표시 등을 모두 함축하고 있는 포괄적인 언어학적 용어이다. 이러한 기호를 통해 궁극적으로 밈은 의사소통과 관련된 다양한 체계를 연구하는 학문 분야로까지 볼 수도 있을 것이다.[23] 인터넷 밈은 언어로만 전달되는 유희가 아니라 언어를 사용하지 않지만 이미지의 기호로 우리는 전달받고 공감한다. 인터넷 밈은 어떤 고어나 의미 변화처럼 언어학적인 의미가 있는 것은 아니다. 왜냐하면 그저 스쳐지나가는 하나의 '유행'이며 인터넷을 사용하는 사람들 사이에서 사회적인 공감에서 이루어진 이미지를 통해서 '소통'하고자 하는 것이다. 하지만 그 유행으로 지나가는 도구 안에 언어학적 기

---

22) "La ciencia que estudia la vida de los signos en el seno de la vida social" (Pierre Guiraud (1979), *La semiologia,* 7).

23) Guiraud Pierre (1979), *La semiologia,* 33-34.

호가 있다는 점이 주목할 만하다. 다시 말해서, 구조(구문)와 해석(의미) 이 두 가지의 구성요소에 합치된 표시를 우리는 인터넷 밈에서 찾아볼 수 있다. 즉, 기의(signifie)와 기표(significant)의 연합을 통해서 이루어지는 '의미작용(sifnification)'에 있다. 기의란 정신적으로 내용물을 이해함이며 기표는 의미를 전달하는 수단 즉, 어떠한 표시의 개념(언어)을 뜻한다. 이 두 가지 요소는 인터넷 밈에서 필수적인 요소로 항상 등장한다.

그림 14에서의 언어학적 기호를 살펴보면, 그림 속의 남자가 자신의 여자 친구를 옆에 두고 지나가는 여자를 쳐다보는 본 행위는 '기의'이고, 그림 속의 메시지는 수단, 다시 말해, 기표가 된다. 우리는 그림 속의 남자의 표정과 '미래의 사람(people of the future)'이란 메시지를 통해 인터넷 밈의 의도를 해석한다. 이때 발생하는 현상을 의미작용이다. 이때 기표를 가지고 기의를 표현하는 인터넷 밈뿐만 아니라, 기표를 보고 반응하여 이를 받아들이는 인터넷 밈 사용자들에게도 의미작용이 일어난다. 정보를 전달하는 인터넷 밈도, 정보를 받은 대상에

그림 14. '언어'와 '인터넷 밈'의 미래(출처: cuantocabron.com)

게서도 의미작용이 동일하게 일어난 경우, 성공한 소통이 일어났다고 말할 수 있다. 즉, 인터넷 밈이 가지는 특징이 효과적으로 발휘되고 재미와 유희의 인터넷 밈 목적이 이루어진 것이다.

6. 맺음말

인터넷이 등장하면서 세상이 변했고 소셜 네트워킹 서비스가 활성화되면서 새로운 문화가 출현하고 그들만의 다양한 그룹에서 또는 각각의 나라에서 그들만의 미디올로지를 형성하고 있다. 특히 오늘날은 스마트폰의 진화로 시간과 장소에 구애받지 않고 온전히 개인이 전 세계와 소통할 수 있게 되었다. 그리고 사회적 표현을 들어내는 매체의 양상도 바뀌었다. 행동, 관습과 지식을 보거나 쓰거나 입으로, 혹은 들어서 '모방'하는 것이 아니라 웹상에서 '복사', '유포' 되고 있다. 새로운 도구인 인터넷 밈의 진화가 등장했고, 이제 언어는 더 이상 말이 아닌 기호로 복사되고 복제되고 확산 되고 있다. 이에 스페인 소셜 미디어를 이끌고 있는 인터넷 밈이 어떤 특징을 가지는지 어떻게 생겨나는지 그리고 어떤 종류가 있는지를 살펴보았다. 또한 스페인 플랫폼상에서 인터넷 밈으로 기호(텍스트)와 이미지로 자기 생각을 표현하고, 또는 타인의 감정을 이해하면서 서로 간에 의사소통의 도구로 사용되고 있음을 확인했다.

자기 생각을 표현하거나 다른 사람의 의견을 읽어내는 행위를 '의미작용'이라고 한다는 측면에서 충분히 인터넷 밈은 언어학적인 측면을 포함하고 있는 도구라고 볼 수 있다. 변화에 맞추어 기호를 읽어내는 것이 지금 이 시대에 맞는 새로운 언어학이라고 간주한다면 충분히 지속적인 연구를 통한 사회 매체의 진화를 살펴볼 만할 것이다. 인터넷 밈에는 늘 기호가 존재하고 우리는 그 기호들 해석함으로써 우리가 살아가는 사회와 역사를 이해하고 우리의 삶을 반영한다. 소셜 미디어 속의 질서에서 사용자는 의미를 부여하고 그것을 번역하고 해석하여 우리의 사회를 이해하고 도움이 되는 방향으로 바꾸어나가는 것이다. 현재 스페인의 소셜 미디어 속의 문화는 인터넷 밈을 해석하고 그 의미를 유희하면서 그들만의 사회적 담론으로 미디올로지를 형성하고 있다.

참고문헌

도킨스, 리차드. 1976. 『이기적 유전자』. 홍영남, 이상임 옮김. 서울: 을유문화사.

블랙모어, 수전. 2010. 『밈: 문화를 창조하는 새로운 복제자』. 김명남 옮김. 서울: 바다.

이기현. 2003. 『미디올로지: 사회적 상상과 매체문화』. 서울: 한울아케다미.

임태훈. 2012. 『우애의 미디올로지』. 서울: 갈무리.

Baldwin, James Mark. 1896. *A New Factor in Evolution.* American Nautralist.

Barcia Pedro Luis. 2007. *La lengua en los nuevos medios electrónicos,* BA, Academia Argentina de Letras-Dunken.

Battram, Arthur. 2001. *Navegar Por La Complejidad,* Granica.

Cano Aguilar, Rafael. 1993. "La muerte de las palabras"en Alcaide Lara, E. R. (coord.), Salguerolamillar, F. J. (coord.), Ramos Marquez, M. del M. (coord.), *Estudios lingüísticos en torno a la palabra,* Sevilla: Dpto Lengua Española, Lingüística y Teoría de la Literatura, Facultad de Filología, Universidad de Sevilla, D.L., pp. 41-57.

Guiraud Pierre. 1979. *La semiologia,* Siglo XXI.

Gutiérrez-Rubí, Antoni. 2011. *Tecnopolítica.* Ideograma.

Hahn, Scott, and Benjamin Wiker. 2011. *Dawkins en observación: Una crítica al nuevo ateismo,* Rialp.

Martín Prada Juan. 2018. *El ver y las imágenes en el tiempo de internet,* Editorial: AKAL.

Sivera, Silvia. 2015. *Publicidad contagiosa: Claves creativas del marketing viral,* Editorial UOC, S.L.

Sperber, Dan. 2005. *Explicar la cultura: un enfoque naturalista,* Ediciones Morata.

Carrión, Juan. 2009. *Culturas innovadoras 2.0,* LID Editorial.

사전 및 인터넷 검색 홈페이지

국립 국어원 표준어대사전

옥스퍼드 영한 사전

스페인 왕립 학술원 스페인어(DLE)

http://www.elequipo.com/blog-consultoria-politica/316-el-poder-de-los-memes.html

http://politicacomunicada.com/el-poder-de-los-memes

https://www.forbes.com.mx/los-memes-definicion-esencia-y-poder

필자 소개 (가나다순)

강병창

한국외국어대학교 독일어과를 졸업하고, 같은 대학교 대학원에서 "통사-화용 접점(정보구조)"에 대한 논문으로 박사학위를 받았다. 현재 한국외국어대학교 세미오시스 연구센터 인문한국(HK) 교수로 재직하고 있다. 주요 논문으로는 「Metaphor and Its Humorousness: The Case of Nominal Compounds in German」(2016), 「Unifying Opposites through Metaphor: A Cognitive Approach to the Buddhist Metaphors for the Mind in the *Awakening of Faith* Discourse」(2018), 「언어기호의 매체상호성」(2017) 등이 있다. 저서로는 『언어와 유머』(2016), 『내러티브와 매체』(2014, 공저), 『인지와 감정의 내러톨로지』(2015, 공저), 『세미오시스의 매체성과 물질성』(2017, 공저), 『말과 그림 사이: 융합의 매체상호성』(2018, 공저) 등이 있고, 역서로는 『거짓말의 언어학』(2010, 공역), 『번역이론 입문: 번역학 꿰뚫기』(2011, 공역) 등이 있다.

김요한

한국외국어대학교 독일어과를 졸업하고, 같은 대학교에서 "하이퍼텍스트 문학 연구 - 하이퍼텍스트의 구조적 특성과 새로운 문학의 가능성"이란 논문으로 박사학위를 받았다. 현재 영남대학교 유럽언어문화학부에 교수로 재직하고 있다. 주요 논문으로는 「원형과 전형, 그리고 변용」, 「소설 보기, 영화 읽기」, 「아리아드네의 실」, 「괴물열전」 등이 있고, 저서로는 『디지털 시대의 문학하기』, 『매체와 장르』(공저), 『내러티브와 매체』(공저) 등이 있다.

류은영

한국외국어대학교 불어과를 졸업하고, 파리 3대학에서 현대프랑스 작가 M. 레리스에 대한 논문("미셸 레리스, 그림에서 자아이미지의 글쓰기까지: 정신분석학적 관점에서 본 그림과 문학")으로 박사학위를 받았다. 현재 한국외국어대학교 프랑스어학부 강사로 재직하고 있다. 주요 논문으로는 「그로테스크와 카타르시스의 정신분석학적 상관성 연구」, 「오토픽션의 논리: 오토=픽션의 미학과 현대성」, 「내러티브와 스토리텔링: 문학에서 문화콘텐츠로」, 「프랑스 한류의 의미와 글로벌 비전」 등이 있고, 저서로는 『문학장과 문학권력』(공저), 『문체론 용어사전』(공저), 『프랑스 문화정책』(공저), 『문화콘텐츠 입문』(공저), 역서로는 『스토리텔링, 이야기를 만들어 정신을 포맷하는 장치』(역서) 등이 있다.

변군혁

부산외국어대학교 노어과를 졸업하고, 한국외국어대학교에서 러시아 음성학에 대한 논문으로 박사학위를 받았다. 현재 한국외국어대학교 미네르바 교양대학 교수로 재직하고 있다. 주요 논문으로는 「러시아어 자음 탈락의 최적성 이론 분석」, 「합성을 통한 러시아어 평서문 운율 구조 분석」, 「러시아어 마찰음에 나타나는 연자음의 음성적 특징 연구」 등이 있다.

서송석

한국외국어대학교 독일어과를 졸업하고, 독일 뒤셀도르프 대학에서 니클라스 루만의 체계이론을 통한 괴테의 소설 『빌헬름 마이스터』 분석으로 문학박사학위를 취득하였다. 현재 한국외국어대학교 세미오시스 연구센터에서 인문한국(HK) 연구교수로 재직하고 있다. 주요 논문으로는 「예술 및 문학사회학의 지평 확대를 위한 새로운 모색」(2018), 「니클라스 루만의 인간과 주체 개념」(2017), 「사회구조변동과 명예의 의미론」(2016) 등이 있으며, 『괴테사전』(2016), 영화평론 시리즈 『택시운전사』(2018), 『밀정』(2017), 『신과 함께』(2019) 등을 공동 저술하였고, 『몰교양 이론』(2018), 『괴테, 예술작품 같은 삶』(2017)을 공동 번역하였다.

엄소연

이화여자대학교 철학과를 졸업하고, 홍익대학교에서 조선후기 동물상징에 대한 논문으로 박사학위를 받았다. 현재 한국외국어대학교 세미오시스 연구센터에서 인문한국(HK) 연구교수로 재직하고 있다. 주요 논문으로는 「우정의 내러티브로서의 정선(鄭敾)의 <경교명승첩(景郊名勝帖)>」(2015), 「蕙園 申潤福의 風俗畵에 나타난 妓女의 이미지 텔링(image telling)」(2015), 「한글전시매체의 시학(Poetics)과 정치학(Politics)」(2017) 등이 있다. 저서로는 『기의분류로 본 한국의 동물상징』(2013)과 『내러티브와 자아』(공저, 2015), 『세미오시스의 매체성과 물질성』(공저, 2017), 『말과 그림 사이: 다이어그램의 매체상호성』(공저, 2018) 등이 있다.

이윤희

덕성여자대학교 불어불문학과를 졸업하고, 고려대학교에서 "활동 기호학의 이론적 토대: 상징적 매개와 대화적 상호작용"에 대한 논문으로 박사학위를 받았다. 현재 한국외국어대학교 세미오시스 연구센터에서 인문한국(HK) 교수로 재직하고 있다. 주요 논문으로는 「퍼스의 다이어그램적 추론과 알레고리적 독서: 김연수의 작품을 중심으로」(2018), 「The rhetoric of love and self-narratives in the cinema image: A Peircean approach」(2016), 「A dialogical semiosis of traveling narratives for self-interpretation: Towards activity-semiotics」(2018) 등이 있다. 저서로는 『찰스 샌더스 퍼스』(2017), 『내러티브와 세미오시스』(2019)가 있고, 역서로는 『퍼스 기호학의 이해』(2013/2019개정), 『퍼스 철학의 이해』(2016/2019개정), 『의미의 이해: 찰스 퍼스와 구조주의, 그리고 문학』(2016)이 있다.

최지영

한국외국어대학교 스페인어통번역학과와 같은 대학교 교육대학원 스페인어교육과를 졸업하고, 스페인 마드리드 꼼플루텐세 대학교에서 "18세기-20세기 어휘 진화"에 대한 논문으로 박사학위를 받았다. 현재 한국외대 및 덕성여대 강사로 재직하고 있다. 주요 논문으로는 「신조어 연구를 통해 재발견된 어휘진화」, 「중남미 스페인어 고어 연구」 등이 있다.

디지털 문화와 놀이
미디어 세미오시스 분석

초판 인쇄	2019년 8월 23일
초판 발행	2019년 8월 30일
지은이	세미오시스 연구센터
발행인	김인철
총괄 · 기획	가정준 Director, University Knowledge Press
편집장	신선호 Executive Knowledge Contents Creator
기획 · 물류	이현진 Planning Expert
사전 · 도서편집	정준희 Contents Creator
전자책 · 도서편집	장혜린 Contents Creator
도서편집	이병철 Contents Creator
	이근영 Contents Creator
재무관리	강현주 Managing Creator
발행처	한국외국어대학교 지식출판콘텐츠원
	02450 서울특별시 동대문구 이문로 107
	전화 02)2173-2493~7
	팩스 02)2173-3363
	홈페이지 http://press.hufs.ac.kr
	전자우편 press@hufs.ac.kr
	출판등록 제6-6호(1969. 4. 30)
디자인 · 편집	(주)이환디앤비 02)2254-4301
인쇄 · 제본	네오프린텍 02)718-3111

ISBN 979-11-5901-609-7 94080 정가 20,000원
ISBN 978-89-7464-831-2 (세트)

*잘못된 책은 교환하여 드립니다.

HUINE은 한국외국어대학교 지식출판콘텐츠원의 어학도서, 사회과학도서, 지역학 도서 Sub Brand이다. 한국외대의 영문명인 HUFS, 현명한 국제전문가 양성(International +Intelligent)의 의미를 담고 있으며, 휴인(携引)의 뜻인 '이끌다, 끌고 나가다'라는 의미처럼 출판계를 이끄는 리더로서, 혁신의 이미지를 담고 있다.